◇ 现代经济与管理类系列教材

中级财务会计

理论、实务与案例

陈文军　徐中伟　主编

清华大学出版社
北京交通大学出版社
·北京·

内 容 简 介

本教材在内容的安排上遵循实用原则,尽可能与企业会计实务相结合,使读者能够学以致用。

本教材以我国企业会计准则为依据,主要内容包括:总论,货币资金,金融资产,存货,固定资产,无形资产,长期股权投资,投资性房地产,负债,收入、费用和利润,所有者权益,财务会计报告。本教材按照"理论联系实际、由浅入深"的写作思路、"形象直观、由简入繁"的阐述方式,对复杂会计问题处理的阐述做到既有一定的理论深度,又通俗易懂。同时,每章均设计了相关的引导案例,以强化读者对知识点的理解与运用。

本教材可作为高等院校会计学、财务管理等本科专业的教材,也可作为会计实务工作者的学习参考书。

本书封面贴有清华大学出版社防伪标签,无标签者不得销售。
版权所有,侵权必究。侵权举报电话:010-62782989　13501256678　13801310933

图书在版编目(CIP)数据

中级财务会计:理论、实务与案例/陈文军,徐中伟主编. —北京:北京交通大学出版社:清华大学出版社,2022.10

ISBN 978-7-5121-4822-2

Ⅰ.①中… Ⅱ.①陈… ②徐… Ⅲ.①财务会计-高等学校-教材 Ⅳ.①F234.4

中国版本图书馆 CIP 数据核字(2022)第 195325 号

中级财务会计——理论、实务与案例
ZHONGJI CAIWU KUAIJI——LILUN,SHIWU YU ANLI

责任编辑:刘　蕊	
出版发行:清 华 大 学 出 版 社　邮编:100084　电话:010-62776969	
北京交通大学出版社　邮编:100044　电话:010-51686414	
印 刷 者:北京鑫海金澳胶印有限公司	
经　　销:全国新华书店	
开　　本:185 mm×260 mm　印张:16　字数:399千字	
版 印 次:2022年10月第1版　2022年10月第1次印刷	
印　　数:1~2 000册　定价:46.00元	

本书如有质量问题,请向北京交通大学出版社质监组反映。对您的意见和批评,我们表示欢迎和感谢。
投诉电话:010-51686043,51686008;传真:010-62225406;E-mail:press@bjtu.edu.cn。

前 言

作为财务会计三大组成部分之一,中级财务会计在近年来受到了越来越多的关注。目前,西方国家企业会计改革方兴未艾,我国财务会计改革正在加速推进,这些都预示着中级财务会计将在经济管理领域扮演不同于以往的重要角色。

随着我国社会主义市场经济体制的不断完善以及经济的不断全球化、市场化和信息化,经济结构和管理方式已经发生了深刻的变化,出现了不少新的问题和新的矛盾。在新形势下如何使我国的财务会计与国际惯例接轨,如何通过加强会计管理来提高经济效益,还没有从理论和实践的结合上得到很好的解决。我国的经济发展带来了会计事业的拓展,也为会计实践和理论提供了极大的发展余地,经济全球化的发展又在客观上对我国会计水平提出了更高的实践要求。我国现有的中级财务会计理论与国际先进的中级财务会计发展的水平相比,仍然存在着很大差距。虽然我国引进了大量理论,但是还停留在基本概念和公式上,不能满足财务会计工作实践的需求,理论对实践的指导作用相对滞后。因此,为了博采众长,研究适应我国国情的财务会计理论与方法,本教材试图从一个新的角度来研究新形势下我国企业财务会计的一些理论及实践问题,探索适应我国国情的中级财务会计理论,并将之应用于实践。

本教材之所以冠以"中级",是因为它主要是一本针对我国深化改革开放过程中企业会计的共性问题而进行研究的教材。

本教材具有以下特点:

1. 注重理论与实践的结合。本教材涉及的内容大多属于共性的、普遍性的热点、难点问题,我们对此从理论上进行了较深入的研究,并提出了自己的见解;同时,在对问题的阐述中注重实用性和可操作性。

2. 具有前瞻性。本教材就当前会计领域若干新的、难度较大的、有代表性的问题进行了论述。在论述过程中,充分考虑中级财务会计的发展趋势和国际惯例。

3. 课证融合,接轨考试。本教材的内容、例题和案例设置,结合了会计职称、初级会计师、注册会计师等考试的大纲,力求为读者通过上述资格考试奠定知识基础。

4. 体系完整,思路清晰。本教材就当前会计界公认的会计假设下的一般交易和事项的会计问题进行了比较系统的论述。

5. 形式新颖,资源丰富。本教材提供教学课件、模拟试卷和同步测试题及其参考答案、教学大纲等配套资源，便于教师教学。

本教材由南京师范大学金陵女子学院陈文军教授、中共山东省委党校（山东行政学院）徐中伟教授主编，曹婧雯、娄文杰、黄艳萍、骞海昕、王子怡、刘小瑜、赵梦圆、罗丹妮等参与编写。本教材编写过程中，得到了南京师范大学金陵女子学院党委书记薛传会研究员、院长赵媛教授的悉心指导和大力帮助，也得到了会计与财务管理系主任李云博士、陈名博士等诸多领导和同事的帮助与支持，在此一并致以最诚挚的谢意。同时，编写中参考了诸多相关文献，在此对全体文献作者表示衷心的感谢。此外，还要对北京交通大学出版社刘蕊编辑等各位编审人员表示感谢，他们为本教材的出版付出了辛勤的劳动，不仅保证了本教材的顺利出版，还减少了教材中的错误，使本教材增色不少。

尽管我们竭尽所能编写本教材，但由于时间、水平和角度的局限，其中难免存在一些问题，某些方面的探讨还不够详尽。我们恳请读者对本教材提出批评和建议，以便及时匡正和改进。

编　者

2022 年 7 月 1 日

目 录

第一章 总论 1
    第一节 中级财务会计概述 1
    第二节 会计目标及其基本假设 5
    第三节 会计核算基础与会计信息质量特征 8
    第四节 会计规范 12

第二章 货币资金 23
    第一节 货币资金概述 23
    第二节 货币资金的账务处理 30
    第三节 货币资金的管控 33

第三章 金融资产 38
    第一节 金融资产的定义及分类 38
    第二节 债权投资 40
    第三节 其他债权投资与其他权益工具投资 42
    第四节 交易性金融资产 46
    第五节 应收账款 48

第四章 存货 54
    第一节 存货的确认和初始计量 54
    第二节 发出存货的计量 59
    第三节 存货的期末计量 61

第五章 固定资产 67
    第一节 固定资产的确认和初始计量 67
    第二节 固定资产的后续计量 73
    第三节 固定资产的处置 78

第六章 无形资产 81
    第一节 无形资产的确认和初始计量 81
    第二节 内部研究开发支出的确认和计量 91

  第三节 无形资产的后续计量 ········· 94
  第四节 无形资产的处置 ············· 99

第七章 长期股权投资 ················· 101
  第一节 长期股权投资中的关键词 ····· 101
  第二节 长期股权投资的确认和初始计量 ····· 103
  第三节 长期股权投资的后续计量 ····· 109
  第四节 长期股权投资核算方法的转换及处置 ····· 115

第八章 投资性房地产 ················· 125
  第一节 投资性房地产的特征与范围 ····· 125
  第二节 投资性房地产的确认和初始计量 ····· 129
  第三节 投资性房地产的后续计量 ····· 132
  第四节 投资性房地产的转换和处置 ····· 135

第九章 负债 ·························· 143
  第一节 负债概述 ··················· 143
  第二节 流动负债 ··················· 145
  第三节 非流动负债 ················· 153

第十章 收入、费用和利润 ············· 158
  第一节 收入 ······················· 158
  第二节 费用 ······················· 174
  第三节 利润 ······················· 180

第十一章 所有者权益 ··················· 184
  第一节 实收资本 ··················· 184
  第二节 其他权益工具 ··············· 188
  第三节 资本公积和其他综合收益 ····· 191

第十二章 财务会计报告 ················· 199
  第一节 财务报表概述 ··············· 199
  第二节 资产负债表 ················· 204
  第三节 利润表 ····················· 210
  第四节 现金流量表 ················· 215
  第五节 所有者权益变动表 ··········· 228
  第六节 财务报表附注披露 ··········· 231

附录 A 模拟试卷 ······················· 234
参考文献 ······························· 250

第一章

总　　论

引导案例

中级财务会计的特点

在某高校"中级财务会计"的最后一节课上，徐教授要求同学们用一句话来概括本课程的特点，结果班上有90%以上的同学，直接以徐教授对中级财务会计的界定"这种研究、应用和修正原有的财务会计理论和方法以及创建新的会计理论和方法，用以核算和监督在新的社会经济条件下出现的'共有经济业务'，向外部与企业有利害关系者提供更为真实有用的相关经济信息的会计学科，我们称之为'中级财务会计'"作为答案交给他，同学们都认为中级财务会计是"最重要"的会计。

思考并讨论：

1. 什么是会计？
2. 什么是中级财务会计？
3. 中级财务会计与高级财务会计的关系如何？

第一节　中级财务会计概述

一、市场经济与中级财务会计

市场经济是商品经济发展的一个高级阶段。这个阶段由于商品概念与内容的扩展，形成一个广泛的市场体系。除生活资料这类物质产品的市场外，其他生产要素市场，如金融、技术、信息、人才、产权等市场也都陆续形成，并建立起全国统一的市场。市场经济的一般特征被人们概括为以下"四化"。

(1) 资源配置市场化。在社会化生产中，资源配置有两种方式：一种为计划配置方式；另一种为市场配置方式。计划配置方式是按照行政指令由政府来进行资源配置。市场配置方式则是按照市场需求、供给的变动引起价格的变动来实现资源配置。在市场经济中，市场机制是推动生产流动和促进资源优化配置的基本运行机制，一切经济活动都直接或间接地处于市场关系之中，价格由市场供求形成，资源配置的调整与变动要按市场价格的变化进行。在市场经济中，虽然也存在计划，但计划要建立在市场的基础上，并且要接受市场的检验。计划只能尊重市场规律，弥补市场的不足，而不能人为地操纵市场信号和市场机制的运行，否则必将影响整个社会经济的运行效率。

（2）企业行为自主化。在市场经济中，企业是独立的市场主体。企业理应拥有作为商品生产经营者的全部权利和独立的经济利益，成为自主经营、自负盈亏、自我约束、自我发展的经济主体和独立的法人。唯有如此，企业才能够充满活力地去参与市场竞争，并根据市场信息，调整生产经营战略，行使主体权利，在商品交换中获得自己独立的经济利益，并推动整个社会经济的发展。

（3）宏观调控间接化。现代市场经济以市场为基础进行资源配置的同时，并不排斥政府对经济的宏观调控。但政府并不直接干预企业的生产经营活动，而是通过各种经济手段、法律手段、行政手段，按照一定的社会经济发展目标的要求，引导、调节和规范企业的生产经营活动，即通过间接的宏观调控来保证经济健康有序地运行。

（4）市场管理法制化。现代市场经济并不是一种无所约束、完全自由的经济，而是一种权利和义务均有明确规范的经济，是一种法制经济。整个交易过程通过法律的形式规范化。在市场交换活动中，所有从事市场交易的主体，其地位和机会在法律上都是平等的，既不享有任何行政、宗教的特权，也不依靠权利、地位形成某种等级差别。在《中华人民共和国反垄断法》等一系列法律法规的维护下，市场主体之间的竞争所依据的是建立在价值规律基础之上的成本与效率原则，进行竞争所凭借的是各自的经营实力和比较利益，它们在机会均等、公平交易准则的约束下积极参与市场竞争，同时，企业和政府的行为也要通过法律来将其规范化。所有参与市场经营活动的企业要严格遵守国家制定的法律法规。对一些违反法律法规的行为要依法制裁，对一些亏损严重的企业在资不抵债的情况下，应实施破产。政府管理部门及其人员也要依法对市场上的各种活动进行管制。

在市场经济中，企业是经济活动的主体和基础。任何一个企业进行生产经营活动都必须拥有一定的经济资源，企业生产经营活动的目的就是通过不断获取、使用经济资源，来生产、销售其产品，在满足社会需求的同时，获取尽可能多的经营利润。为加强企业经营管理，企业所有者与管理者必须借助于财务会计，以财务会计所提供的会计信息作为企业经营管理和决策的一个重要基础和依据。就财务会计而言，这种为加强企业经营管理而提供的服务，是会计工作的一个重要方面。但我们也应看到，在市场经济中，伴随着企业投资的国际化与多元化，现代企业的组织形式与规模也日益庞大化和复杂化，企业不仅会有多个现实的投资者，而且还可能需要向银行及其他金融机构借贷，或在证券市场上发行股票和发售债券以获取资本。企业会因经营活动所需而与其他主体产生信用关系，政府为管理和调控社会经济秩序，也将会更多地利用法律、经济手段来约束和管理企业的生产经营活动。这样，现代企业的生产经营活动，就不仅仅关系企业本身经营的成败，而且与诸多外部利害关系者密切相关。这些成分复杂、想法各异的各种外部利害关系者，并不能直接或间接地参与企业的生产经营活动，但他们十分关心企业的财务状况、经营成果和现金流量情况。因此，他们只能从企业定期对外公布的财务会计报告中获取有关决策的会计信息，从而成为企业会计信息的外部使用者。

围绕现代企业的生产经营活动，在外部利害关系者与企业经营管理者之间，由于对经济利益的关心程度和立脚点不同，难免会产生分歧，有时甚至会形成利益上的矛盾。例如，企业经营管理者会要求财会人员尽可能地按企业的需要来编报对外财务会计报告，而外部利害关系者由于成分复杂和想法各异，各自都希望尽可能多地获取按他们特定需要编报的对外财务会计报告。在这种矛盾的协调中，产生了应该规范会计活动和制定会计准则来明确规定会计对经济业务进行确认、计量和报告的需求。因而，从传统会计分支形成了一个以会计准则为依据、充分考虑各种信息使用者的需求，提供主要满足企业外部利害关系者作出决策所需有用信息的会计信息系统，即财务会计。

为适应和促进社会经济的不断发展，核算和监督在新的社会经济条件下出现的"共有经济业务"，向企业的投资者、债权人和政府有关主管部门提供更为真实有用的相关会计信息，就必然会促使一批会计学者和实际工作者去研究原有的财务会计理论和方法以及所应创建的新的会计理论和方法。这种研究、应用和修正原有的财务会计理论和方法以及创建新的会计理论和方法，用以核算和监督在新的社会经济条件下出现的"共有经济业务"，向外部与企业有利害关系者提供更为真实有用的相关经济信息的会计学科，我们称之为"中级财务会计"。

中级财务会计与高级财务会计互相补充，共同构成了财务会计的完整体系。

为了深入理解中级财务会计这一概念，还需要进行以下几个方面的说明。

(1) 中级财务会计属于财务会计系列，这是因为：①它以货币为主要计量单位进行核算和监督；②它以合法的会计凭证为记录经济业务的依据；③它依据会计凭证登记账簿，依据账簿编制对外报出财务会计报告；④从本质上看，它也是以记录经济业务为手段而全面介入企业经营的一种管理活动。总之，中级财务会计在采用会计方法上与高级财务会计完全一致，也符合财务会计的确认、计量和报告的要求，即中级财务会计核算和监督的内容有一些是高级财务会计所没有的，或者是经常发生的交易或事项，主要表现为一些共有的交易或事项和一般经营方式企业的通用会计事项。一般来说，将这些交易或事项单独归入中级财务会计，而将企业单位不经常发生、特殊存在的符合会计一般特征的交易或事项安排在高级财务会计课程中加以阐述。

（2）中级财务会计与高级财务会计的分野，主要表现在将一般的会计业务划归为中级财务会计的内容，将不经常、不普遍存在的会计业务划归为高级财务会计的内容，从而将两者关系描述为财务会计中的一般与特殊的关系。这样划分中级财务会计和高级财务会计，能够与国际会计惯例基本保持一致。

（3）中级财务会计与高级财务会计的区别还表现在对会计业务反映的连续性、系统性和全面性三个方面。高级财务会计所反映的业务有些只发生于某一特定时期，且既可能发生于所有企业，也可能发生于部分企业，总之属于中级财务会计所不能完全包括的业务事项。将这些业务事项划归为高级财务会计的内容，可以给中级财务会计以完整的外延补充，使其有更为完整、清晰的体系，也可使高级财务会计在核算范围、内容的特殊性方面得以明确体现。高级财务会计是专门研究高级会计业务形成与发展的一门学科。西方国家是在20世纪中期以后对高级财务会计开展研究的，我国对高级财务会计的研究起步较晚，近几年来在我国会计理论界及会计学科建设中，已经开始重视高级财务会计的研究。总之，高级财务会计的产生与发展，确实对中级财务会计形成了很大的冲击。其结果是：专门对一些特殊会计业务进行研究、表述的高级财务会计弥补了中级财务会计的不足，两者互为补充、相得益彰，共同构成了财务会计学科的完整体系。

二、中级财务会计的特征

中级财务会计具有以下特征。

（1）以会计准则为确认、计量、报告的依据。

前已述及，现代企业经营活动的影响和制约因素日渐增多、复杂，各外部利害关系者对企业关注的程度和角度也各不相同，这就要求财务会计在提供外部利害关系者使用的会计信息时，有一个能保证财务会计真实地反映企业生产经营情况和财务状况并能为各方接受的会计准则，企业发生的交易或事项通常要经过确认、计量和报告这三个基本环节。我国著名会计学家裘宗舜教授在其专著《财务会计概念研究》中，把"确认"解释为："确认，是把符合会计要素意义和确认标准的项目，作为一项资产、负债、收入、费用等，正式记入会计记录以及列入财务报表的过程。"曾任美国会计协会会长的美籍日裔会计学家井尻雄士在其著作《会计计量理论》中描述，会计计量是以数量关系来确定物品或事项之间的内在数量关系，而把数额分配于具体事项的过程。由全国人大常委会法制工作委员会经济法室等编写的《中华人民共和国会计法讲话》中指出，会计报告是最后一步，在前面几步的基础上，对凭证、账簿与会计资料进行进一步的归纳和整理，通过会计报表、会计报表附注、财务情况说明书等方式将财务会计信息提供给会计信息使用者。财务会计处理的三个环节都必须按照会计准则的要求进行，以保证不会导致财务会计报告使用者的误解，同时，依照会计准则进行财务会计工作，也为注册会计师及外部利害关系者执行审计业务和审查企业经营活动提供审查的依据和标准。

（2）以对外编报财务会计报告，提供对决策有用的会计信息为主要目的。

（3）以传统会计为基础构建财务会计模式。

（4）以披露企业经营的过去和现在的会计信息为主。

三、中级财务会计在会计学科体系中的地位

在会计学科体系中，属于财务会计领域的有"财务会计三论"：财务会计初论（基础会计、会计学原理）、财务会计通论（中级财务会计）和财务会计专论（高级财务会计）。基础会计主要阐述会计确认、计量、报告的基本理论与方法，属于入门课程。中级财务会计着重阐述企业一般会计事项，如货币资金、应收账款、固定资产、无形资产、投资、流动负债及长期负债、收入、费用、损益、所有者权益、财务会计报告等的会计处理，是财务会计一般理论与方法的运用。高级财务会计着重研究某一行业或企业因各种原因所面临的特殊的交易或事项的会计处理。

第二节　会计目标及其基本假设

一、会计目标的通用提法

会计目标依存于使用者的信息需求，在不同的社会经济环境中，由于信息使用者立场不同，严格来说，不可能有完全一致的目标，因此会计目标很难有统一定位。不过，市场经济毕竟是当前大多数国家的经济体制，这一点决定了在市场经济条件下，会计应该有一个通用的目标：会计目标是为会计信息使用者提供在经济决策中有帮助的关于主体财务状况、经营业绩和资产质量的信息。利益相关者能以此会计信息为基础作出投融资决策，利益相关者包括股东、债权人、经营者、政府、员工、证券分析师等。正是由于会计信息的需求者利益的出发点不一样导致了我们不能给会计定下一个适合每一利益相关者的会计目标，而只能最大限度地取其目标交集部分。

二、财务会计目标的两种典型观点

目前来看,存在着两种不同的关于财务会计目标表述的观点:受托责任观和决策有用观。

受托责任观的基本内涵可概括为:委托代理的存在是受托责任观的基石;受托方存在如实向委托方报告和说明受托资源的使用及其结果的义务,会计的出现为这种义务的履行情况提供了一个载体,它极大地解决了双方因信息不对称所导致的不信任问题,减少了双方的交易成本,划分了双方产权的界限,有利于解除委托受托责任;随着公司治理内涵的丰富和外延的扩大,公司的受托责任者还承担着向企业的利益相关者报告社会责任情况的义务。

决策有用观的内涵可概括为:会计应该提供有利于现在的、潜在的投资者、债权人进行合理投资、信贷决策的有用信息;财务报告应有助于利益相关者评估来自销售、偿付到期证券或借款的实得收入金额、时间分布和相关的不确定性信息;投资人、债权人、职工、政府有关部门等都会利用财务报告信息作出差异化的决策。

我国财务会计目标,主要包括以下两个方面。

(1)向财务会计使用者提供对决策有用的信息。

在我国公有制经济占主导地位的情况下,国有企业向政府履行委托代理责任仍是会计的第一要义,政府仍是会计信息的主要使用者,国有企业编制财务会计报告的主要目的是满足政府相关职能部门对会计的信息需要,因此,向会计报告使用者提供对决策有用的信息是财务报告的基本目标。同时,由于我国市场经济的建立,涌现大量优质的非公有制经济企业,证券业发展也相当迅速,这决定了会计信息的使用者又包括了大量的股东、债权人等。

(2)反映企业管理层受托责任的履行情况。

在现代公司制下,企业所有权和经营权相分离,企业管理层是受委托人之托经营管理企业及其各项资产,负有受托责任,即企业管理层所经营管理的各项资产基本上均为投资者投入的资本(或者留存收益作为再投资)或者向债权人借入的资金所形成的,企业管理层有责任妥善保管并合理、有效地使用这些资产。因此,财务会计应当反映企业管理层受托责任的履行情况,有助于评价企业的经营管理责任以及资源使用的有效性。

三、会计基本假设

会计基本假设(会计假定),是进行会计核算时必须明确的前提条件。明确会计核算的基本前提主要是为了当会计实务中出现一些不确定因素时,能进行正常的会计业务处理。我国《企业会计准则——基本准则》规定,会计基本假设包括会计主体假设、持续经营假设、会计分期假设和货币计量假设。

（一）会计主体假设

会计主体是指会计核算和监督的特定单位或者组织，它界定了从事会计工作和提供会计信息的空间范围，是对会计记录的"边界"的界定，也就是对会计记录的空间范围的限定，它的主要作用在于：严格区分本会计主体与其他会计主体，以及会计主体与所有者之间的利益界限；揭示会计核算的明确立场；揭示符合什么条件的会计数据可以进入会计信息系统。通俗来讲，就是 A 公司的会计人员只记录与本公司经营业务有关的财务数据，A 公司股东的其他投融资活动，只要不与本公司有利益往来均不产生会计信息流。

需要指出的是会计主体不同于法律主体。法律主体是指在政府部门注册登记、有独立的财产、能够承担民事责任的法律实体。会计主体是指独立核算的单位。一般来说，法律主体必然是会计主体，但会计主体不一定都是法律主体（比如分公司是会计主体但不是法律主体）。也就是说，会计主体可以是独立法人，也可以是非法人；可以是一个企业，也可以是企业内部的某一个单位或企业中的某一个特定部分；可以是一个单一的企业，也可以是由几个独立企业组成的企业集团。企业集团由若干个具有法人资格的企业组成，各个企业既是独立的会计主体也是法律主体，但为了反映整个集团的财务状况、经营成果及现金流量等情况，还应编制集团的合并会计报表。企业集团是会计主体，但通常不是一个独立的法人。

（二）持续经营假设

会计核算应当以企业持续、正常的生产经营活动为前提。也就是说，在可预见的将来，在不存在明显假设的情况下，企业不会面临破产、清算，企业将会按既定目标持续不断地经营下去。只有在持续经营的前提下，企业的资产和负债才区分为流动和长期的，企业资产才能以历史成本计价而不以现行成本或清算价格计价，才有必要和可能进行会计分期并为采用权责发生制奠定基础，才能正确区分资本与负债。持续经营假设是对会计记录时间范围的限定。

（三）会计分期假设

会计分期又称会计期间，会计核算应当划分会计期间，分期结算账目和编制会计报表，把企业持续不断的生产经营过程划分为若干个较短的等距会计期间，一般分为年度和中期。年度和中期均按公历起讫日期确定。自公历每年 1 月 1 日起至 12 月 31 日止为一个会计年度。中期是指短于一个完整的会计年度的报告期间，包括半年度、季度和月度。明确了会计分期的前提，才产生了本期与非本期的区别，才产生了收付实现制和权责发生制，才能正确贯彻配比原则。现在会计分期越来越短，甚至可以做到实时报出报表。

（四）货币计量假设

货币计量假设是指，会计核算以货币为主要计量单位，同时假定币值不变。除货币量度外，还有劳务量度、实物量度等计量单位，但会计上以货币计量为主。

我国《企业会计准则——基本准则》规定，会计在进行会计确认、计量和报告时通常应选择人民币作为记账本位币。业务收支以人民币以外的货币为主的企业，可以选择人民币以外的一种货币作为记账本位币，但是编制财务会计报告时必须折算为人民币。

上述会计核算的四项基本前提具有相互依存、相互补充的关系。会计主体设定了会计核算的空间范围，持续经营与会计分期设定了会计核算的时间长度，而货币计量提供了会计核算时空上的计量方法。没有会计主体，就不会有持续经营；没有持续经营，就不会有会计分期；没有货币计量，就不会有现代会计。

第三节　会计核算基础与会计信息质量特征

一、会计核算基础

掌握了会计核算的前提之后，现在我们来看会计核算的基础是什么，也就是会计核算的基本方法是什么，当然也包括对会计资料质量的基本要求。在会计学中会计确认、计量和报告的基础一般有权责发生制和收付实现制。在我国，企业应当采用权责发生制作为会计确认、计量和报告的基础，它是编制资产负债表、利润表的基础，收付实现制是编制现金流量表的基础。

（一）权责发生制

权责发生制是以收入和费用是否已发生为标准来确认收入和费用归属期的一种会计处理方法。它以权利和义务的形成为标志进行会计处理，而不以是否收到现金为标志进行会计处理。

其主要内容是：凡是当期已经发生的收入和已经发生的或应当负担的费用，不论款项是否收付，都应当作为当期的收入和费用；凡是不属于当期的收入和费用，即使款项已在当期收付，也不应作为当期的收入和费用。简单来说，权责发生制货币的收付以权利和义务的形成为标志进行记录。

在企业经营活动中，有时货币收支业务与交易或事项的发生在时间上并不完全一致。例如，款项已经收到，但销售并未实现；或者款项已经支付，但并不是为本期的生产经营活动而支出的。为了明确收入和费用的归属期，真实地反映特定期间的财务状况和经营成果，应当以是否取得收款权利和承担付款责任为依据确认收入和费用，即企业在会计核算过程中应当以权责发生制为基础。比如现在是 2022 年 9 月，A 公司收到 2022 年 7 月的销售收入 100 000 元，如以权责发生制为基础，这 100 000 元不能看作 2022 年 9 月的收入而应该看作 2022 年 7 月的收入。

（二）收付实现制

收付实现制是与权责发生制相对应的一个概念。收付实现制是以实际收到或付出款项为标准来确认收入和费用归属期的制度。

在收付实现制下，凡是在本期收到的收入和支出的费用，不管其是否应当归属本期，都作为本期的收入和费用来处理；凡是本期尚未收到的收入和尚未支出的费用，即使应当归属本期，也不作为本期的收入和费用处理。简单来说，收付实现制是有钱收付就记录，没钱收付就不记录，不考虑现金的收付是否属于本会计期间。同样是上面那个例子，2022 年 9 月收到 2022 年 7 月销售商品收入 100 000 元，就应该看作 9 月的收入，因为 9 月收到现金 100 000 元，而不应看作 7 月的收入，因为 7 月虽然卖出商品但没有在当月收到现金。

二、会计信息质量特征

国际会计准则委员会对财务会计信息质量特征的研究，定义了四项主要的质量特征，分别是可理解性、相关性、可靠性和可比性，提出了对信息质量特征的限制因素，分别是及时性、成本效益原则及反馈价值等。

我国会计信息质量特征的划分，根据我国《企业会计准则——基本准则》规定，提出以下质量特征：可靠性、相关性、可比性、可理解性、实质重于形式、重要性、谨慎性和及时性。

（一）可靠性

企业应当以实际发生的交易或者事项为依据进行会计确认、计量和报告，反映符合确认和计量要求的各项会计要素及其他相关信息，保证会计信息真实可靠、内容完整。葛家澍教授曾有一句名言，"宁可不说话，不可说假话"，正是在强调会计的可靠性。可靠性背后的经济理论是委托代理理论，一项会计信息是否可靠取决于以下三个因素：真实性、可核性和中立性。

（1）真实性，即要求会计核算必须以实际发生的经济业务及证明经济业务发生的合法凭证为依据如实反映经济活动情况，做到内容真实，数字准确，资料可靠。

（2）可核性，即指信息可经得住复核和验证。

（3）中立性，即指会计信息应不偏不倚、不带主观成分，将真相如实地和盘托出，结论让用户自己去判断。

（二）相关性

企业提供的会计信息应当与财务报告使用者的经济决策需要相关，有助于财务报告使用者对企业过去、现在或将来的情况作出评价或者预测。相关性在美国 FASB 会计信息质量的列示中是排在第一位的，FASB 认为会计信息只有相关才有价值，这是从报表使用者的角度来制定会计信息质量要求的，而我国之所以强调可靠性，是因为我们有很多国有企业，评价受托责任方便国家经济决策是排在第一位的。

相关性背后的经济学理论依据是决策有用论。它要求会计在收集、处理、传递会计信息的过程中，要考虑到信息的使用者对会计信息需要的不同特点，尽可能满足企业内外对会计信息的需要。因此，亦可认为相关性指的是在一定程度上的决策相关信息。一项会计信息是否相关取决于信息是否具有预测价值和反馈价值。

（1）预测价值要求信息能帮助决策者对过去、现在及将来事项的可能结果进行预测。

（2）反馈价值要求信息能帮助决策者验证或修正过去的决策和实施方案。

（三）可比性

企业提供的会计信息应当具有可比性。同一企业不同时期发生的相同或者相似的交易或者事项，应当采用一致的会计政策，不得随意变更。确需变更的，应当在附注中说明。不同企业发生的相同或者相似的交易或者事项，应当采用规定的会计政策，确保会计信息口径一致、相互可比。

为保证可比性需要达到统一性和一贯性。

（1）统一性保证不同企业的信息共性，方便比较。比如长虹 2021 年的财务数据要能和同一行业的海尔、海信进行对比，它是横向可比。

（2）一贯性保证同一企业在不同会计期间的会计信息具有可比性。比如长虹 2019 年、2020 年、2021 年的财务数据要能比较，它强调的是纵向可比。

（四）可理解性

企业提供的会计信息应当清晰明了，便于财务报告使用者理解和使用。会计核算所提供的信息能简单明了地反映企业的财务状况和经营成果，并容易为信息使用者所理解和使用。可理解性并不是要求会计报表供给者披露的信息越多越好，而是所披露的信息不要冲击了财务报表所要反映的主要内容，不能形成"信息冗余"，太多的会计信息会形成信息过剩，反而不利于报表使用者的使用，当然也不能只披露简略的信息，否则会造成信息披露不足，这中间有一个度的问题。

（五）实质重于形式

企业应当按照交易或者事项的经济实质进行会计确认、计量和报告，不应以交易或者事项的法律形式为依据。这里的形式是指经济活动的法律形式，实质指经济活动的本质。实质重于形式原则指会计核算要看经济活动的本质如何，而不仅仅以其法律的表现形式为依据。比如融资性租赁、非货币资产交换有无交换实质的判断等。

（六）重要性

企业提供的会计信息应当反映与企业财务状况、经营成果和现金流量等有关的所有重要交易或者事项。它是对哪些会计信息能进入会计报表、哪些不能进入会计报表的判断。一般来说，如果一项会计信息进入会计报表和它不进入会计报表你作出的决策不一样，那么说明这项会计信息是重要的；如果这一信息进入会计报表与不进入会计报表你作出的决策没有差异，那么说明这项会计信息是不重要的，可以不收集该信息。

保证重要性原则有利于简化核算，节省人力、物力和财力，提高工作效率。

（七）谨慎性

企业对交易或者事项进行会计确认、计量和报告应当保持应有的谨慎，不应高估资产或者收益，低估负债或者费用。

谨慎性又称稳健性，它要求会计人员在会计处理时要持有谨慎小心的态度，充分估计可能发生的风险和损失，尽量少估计或不估计可能发生的收益，不得高估资产和利润。适当的职业谨慎可以使企业的财务更稳健，降低财务风险，但一定要防止利用此原则人为进行盈余管理或利润平滑。

（八）及时性

企业对于已经发生的交易或者事项，应当及时进行会计确认、计量和报告，不得提前或者延后。及时性是相关性里面的一个重要组成部分，会计信息要相关，首先必须要及时，不及时信息即使是可靠的，但对股东、业主、债权人等利益相关者的作用也不大，所以我们强调会计信息要及时，越及时的信息，相关性越高。现代社会，随着会计电算化的应用，很多企业可以做到当天的会计信息当天出报表，这种适时制模式大大提高了会计信息的及时性。

第四节 会计规范

"规范"一词，简而言之是指"标准或典范"，它是调整社会或个人行为的手段。具体则是指确定个人和社会相互关系的原则和规则，而且这些原则和规则还在法律及其他法令、风俗习惯等社会要求中固定下来，它们是由社会建立起来的，并由社会加以改变。

规范延伸到会计领域，会计规范最基本的含义就是引导和制约进行会计工作的标准。会计规范的第二层含义是对会计工作进行评价的依据。这种评价可以由会计人员自己来作出，即自我评价；也可以由其他人来作出，即社会评价。此外，会计规范还有第三层含义，即会计规范是引导会计工作往特定方向发展的一种约束力和吸引力。

会计规范的内容包括会计法律制度和会计职业道德。

一、会计法律制度

（一）会计法律制度的概念

会计法律制度，是指国家权力机关和行政机关制定的各种会计规范性文件的总称，包括会计法律、会计行政法规、国家统一的会计制度和地方性会计法规。会计法律制度是我国财经法规的重要组成部分，是调整会计关系的法律规范。

会计机构和会计人员在办理会计事务过程中，以及国家相关部门在行使会计管理职能时所发生的经济关系，称为会计关系。

（二）会计法律制度的构成

我国会计法律制度包括以下四个层次。

1. 会计法律

会计法律，是指由全国人民代表大会及其常务委员会经过一定立法程序制定的有关会计工作的法律。《中华人民共和国会计法》（以下简称《会计法》）是调整我国经济生活中会计工作的总规范，是会计制度中最高层次的法律规范，是指导和规范会计工作的最高准则，也是制定其他会计法规的依据。现行的《会计法》为2017年11月4日经第十二届全国人民代表大会常务委员会第三十次会议修正。

《会计法》的立法宗旨是规范会计行为，保证会计资料真实、完整，加强经营管理和财务管理，提高经济效益，维护社会主义市场经济秩序。

我国国家机关、社会团体、公司、企业、事业单位和其他组织都必须依照《会计法》办理会计事务。

2. 会计行政法规

会计行政法规，是指由国务院制定并发布，或者国务院有关部门拟定并经国务院批准发布，调整经济生活中某些方面会计关系的法律规范。比如《总会计师条例》《企业财务会计报告条例》等。会计行政法规的制定依据是《会计法》。

3. 国家统一的会计制度

国家统一的会计制度，是指国务院财政部门根据《会计法》制定的关于会计核算、会计监督、会计机构和会计人员以及会计工作管理的制度，包括规章和会计规范性文件。国家统一的会计制度的法律效力仅次于《会计法》和会计行政法规。

会计规章，是根据《立法法》的规定程序，由财政部制定，并由部门首长签署命令予以公布的制度办法。比如《财政部门实施会计监督办法》《会计从业资格管理办法》《代理记账管理办法》《企业会计准则——基本准则》。

会计规范性文件，是指主管全国会计工作的行政部门（即国务院财政部门）制定并发布的《企业会计制度》《金融企业会计制度》《小企业会计制度》《会计基础工作规范》以及财政部与国家档案局联合发布的《企业档案管理办法》，还包括企业会计准则的具体准则及应用指南。

4. 地方性会计法规

地方性会计法规，是指省、自治区、直辖市人民代表大会及其常务委员会在与宪法、会计法律、会计行政法规不相抵触的前提下，根据本地区情况制定、发布的会计规范性文件。比如《四川省会计管理条例》《深圳市会计条例》。

（三）会计工作管理体制

会计工作管理体制是划分会计管理工作职责权限关系的制度。我国的会计工作管理体制主要包括明确会计工作的主管部门、明确会计制度的制定权限、明确会计人员的管理和明确单位内部的会计工作管理等内容。

1. 会计工作的主管部门

会计工作的主管部门，是指代表国家对会计工作行使管理职能的政府部门。会计工作管理体制遵循的是"统一领导，分级管理"的原则，由国务院财政部门主管全国的会计工作，县级以上地方各级人民政府财政部门管理本行政区域内的会计工作。

2. 会计工作的制定权限

国家实行统一的会计制度，统一的会计制度由国务院财政部门根据《会计法》制定并公布。国务院有关部门对会计核算和会计监督有特殊要求的行业，可以依照《会计法》和国家统一的会计制度制定具体办法或者补充规定,报国务院财政部门审核批准。金融行业、石油行业、天然气行业可制定自己的补充规定但必须报国务院财政部备案。中国人民解放军实施国家统一的会计制度的具体办法,报国务院财政部门备案。

注意：国务院其他部门没有权力制定国家统一的会计制度,但并不排除国务院财政部门会同其他有关部门联合制定国家统一的会计制度中的具体内容。

3. 会计人员的管理

担任单位会计机构负责人（会计主管人员）的,除取得会计从业资格证书外,还应当具备会计师以上专业技术职务资格或从事会计工作 3 年以上的经历。

4. 单位内部的会计工作管理

1）单位内部会计工作管理的责任主体

单位负责人负责单位内部的会计工作管理,应当保证会计机构、会计人员依法履行职责,不得授意、指使、强令会计机构和会计人员违法办理会计事项,并对本单位的会计工作和会计资料的真实性、完整性负责。

单位负责人,是指单位法定代表人或者法律、行政法规规定代表单位行使职权的主要负责人。单位法定代表人（也称法人代表）,是指依法代表法人单位行使职权的负责人,如公司制企业的董事长（执行董事或经理）、国有企业的厂长（经理）、国家机关的最高行政长官等。法律、行政法规规定代表单位行使职权的主要负责人,是指依法代表非法人单位行使职权的负责人,如代表合伙企业执行合伙企业事务的合伙人、个人独资企业的投资人等。

2）单位内部会计管理制度的含义

单位内部会计管理制度,是指单位根据《会计法》和国家统一的会计制度的规定,结合单位类型和内部管理的需要,遵循一定的原则制定的、用于规范单位内部会计管理工作和会计行为的具体制度和管理办法。

3）单位内部会计管理制度的制定原则

（1）应当执行法律、法规和国家统一的财务会计制度。

（2）应当体现本单位的生产经营、业务管理的特点和要求。

（3）应当全面规范本单位的各项会计工作,建立健全会计基础,保证会计工作的有序进行。

4）单位内部会计管理制度的内容

（1）建立内部会计管理体系。

（2）建立会计人员岗位责任制度。

（3）建立账务处理程序制度。

（4）建立内部牵制制度。

（5）建立稽核制度。

（6）建立原始记录管理制度。

（7）建立定额管理制度。

（8）建立计量验收制度。

（9）建立财产清查制度。

（10）建立财务收支审批制度。

（11）实行成本核算的单位应当建立成本核算制度。

（12）建立财务会计分析制度。

（四）会计法律责任

1. 法律责任

法律责任，是指违反法律规定的行为应当承担的法律后果，也就是对违法者的制裁。为了保证《会计法》的有效实施，《会计法》主要规定了两种法律责任形式：一种是行政责任；另一种是刑事责任。违反《会计法》关于会计核算、会计监督、会计机构和会计人员的有关规定，应当承担法律责任。法律责任包括：责令限期改正；罚款；行政处分；吊销会计从业资格证书；追究刑事责任。

2. 行政责任

行政责任，是指犯有一般违法行为的单位或个人，依照法律、法规的规定应承担的法律责任。行政责任主要有行政处罚和行政处分两种方式。

（1）行政处罚。

行政处罚，是指特定的行政主体基于一般行政管理职权，对其认为违反行政法上的强制性义务，违反行政管理程序的行政管理相对人所实施的一种行政制裁措施。行政处罚主要分为八种：警告；罚款；没收违法所得；没收非法财物；责令停产停业；暂扣或者吊销许可证；暂扣或者吊销执照；行政拘留。此外，还有法律、行政法规规定的其他行政处罚。行政处罚由违法行为发生地县级以上地方人民政府具有行政处罚权的行政机关管辖。

（2）行政处分。

行政处分，是国家工作人员违反行政法律规范所应承担的一种行政责任，是行政机关对国家工作人员故意或者过失侵犯行政相对人的合法权益所实施的法律制裁。行政处分的形式有：警告；记过；记大过；降级；撤职；开除；等等。

3. 刑事责任

刑事责任，是指犯罪行为应当承担的法律责任，即对犯罪分子依照刑事法律的规定追究的法律责任。刑事责任与行政责任不同，二者的主要区别表现在：①追究的违法行为不同。追究行政责任的是一般违法行为，追究刑事责任的是犯罪行为。②追究责任的机关不同。追究行政责任由国家特定的行政机关依照有关法律的规定决定,追究刑事责任只能由司法机关依照《刑法》的规定决定。③承担的法律后果不同。追究刑事责任是最严厉的制裁,可以判处死刑,比追究行政责任严厉得多。

二、会计职业道德

(一)职业道德与会计职业道德

1. 职业道德的概念与特征

1) 职业道德的概念

职业道德的概念有广义和狭义之分。广义的职业道德,是指从业人员在职业活动中应该遵循的行为准则,涵盖了从业人员与服务对象、职业与职工、职业与职业之间的关系。狭义的职业道德,是指在一定职业活动中应遵循的、体现一定职业特征的、调整一定职业关系的执业行为准则和规范。其本质表现在:

(1)职业道德是社会经济关系所决定的社会意识形态;

(2)职业道德是职业活动对执业行为的道德要求,与职业活动的要求密切相关;

(3)职业道德是调整职业活动形式的各种职业关系的手段。

2) 职业道德的特征

(1)职业性。职业道德的内容与职业实践活动密切相关,反映着特定职业活动对从业人员的行为要求。一定的职业道德规范只适用于一定的职业活动领域。有些具体的行为道德规范,只适用于本行业,其他行业就不完全适用,或完全不适用。

(2)实践性。职业道德的作用是调整职业关系,对从业人员职业活动的具体内容进行规范,并解决职业活动中的具体冲突,因此职业道德具有较强的实践性。

(3)继承性。无论在何种社会经济环境下,由于同一种职业服务对象、服务手段、职业利益、职业责任和义务相对稳定,因此职业行为道德要求的核心内容将被继承和发扬,从而形成了被不同社会发展阶段普遍认同的职业道德规范。

2. 职业道德的主要内容

职业道德的主要内容包括爱岗敬业、诚实守信、办事公道、服务群众、奉献社会。

(1)爱岗敬业。

爱岗,就是热爱自己的工作岗位。敬业,就是尊重自己所从事的职业。爱岗敬业,就是对自己的工作要专心、认真、负责任,为实现职业目标而努力。爱岗敬业是职业道德的基础,也是社会主义职业道德所倡导的首要规范。人与人只有社会分工不同,而无贵贱之分。

(2)诚实守信。

诚实就是忠诚老实,不说假话。守信,就是信守诺言,说话算数,讲信誉,重信用,履行自己的义务。诚实守信是做人的基本准则,是企业等社会组织安身立命的根本。因此,诚实守信也是职业道德的精髓。

(3)办事公道。

办事公道,是指处理各种职业事务要站在公正的立场上,按照统一标准和统一原则办理,体现公道正派、客观公正、公平公开、不偏不倚。

(4)服务群众。

服务群众,是指听取群众意见,了解群众需要,端正服务态度,改进服务措施,提高服务质量。服务群众不仅是对各级领导和公务员的要求,而且是对所有从业人员的要求。服务群众是职业道德的核心。

(5)奉献社会。

奉献社会,就是要履行对社会、对他人的义务,自觉地、努力地为社会、为他人做出贡献。当社会利益与局部利益、个人利益发生冲突时,要求每位从业人员把社会利益放在首位。奉献社会是职业道德的出发点和归宿。

(二)会计职业道德

1. 会计职业道德的概念

会计职业道德,是指在会计职业活动中应当遵守的、体现会计职业特征的、调整会计职业关系的职业行为准则和规范。

理解会计职业道德的概念,应把握以下几点。

(1)会计职业道德是调整会计职业利益关系的手段。会计职业道德可以配合国家法律制度,调整职业关系中的经济利益关系,维护正常的经济秩序。会计职业道德允许个人和各经济主体获得合法的自身利益,但反对通过损害国家和社会公众利益而获得违法利益。

(2)会计职业道德具有相对稳定性。

(3)会计职业道德具有广泛的社会性。

2. 会计职业道德的特征

(1)具有一定的强制性。

法律是具有强制性的,而道德一般不具有强制性。但在我国,为了强化会计职业道德的调整职能,我国会计职业道德中的许多内容都被纳入了会计法律、法规。会计职业道德这种独特的强制性,是由会计工作在市场经济活动中的特殊地位所决定的。但并非所有的会计职业道德都具有强制性。例如,会计职业道德中的提高技能、强化服务、参与管理、奉献社会等内容都是非强制性要求,但其直接影响到专业能力胜任、会计信息质量和会计职业的声誉,因此行业要求会计人员遵守。

（2）较多关注公众利益。

会计职业道德的社会公众利益性，要求会计人员客观公正，在会计职业活动中，发生道德冲突时要坚持准则，把国家利益、社会公众利益放在第一位。

3. 会计职业道德的作用

（1）会计职业道德是实现会计目标的重要保证。

（2）会计职业道德是规范会计行为的基础。

（3）会计职业道德是对会计法律制度的重要补充。

（4）会计职业道德是会计人员提高素质的内在要求。

4. 会计职业道德规范的主要内容

会计职业道德，是指在一定经济条件下，对会计职业行为及职业活动的系统要求或文明规定，是会计人员在处理执业活动中各种关系的行为准则，是职业道德在会计职业行为和会计职业活动中的具体体现。其主要内容为：爱岗敬业、诚实守信、廉洁自律、客观公正、坚持准则、提高技能、参与管理和强化服务。

（1）爱岗敬业。

爱岗，就是会计人员热爱本职工作，安心本职岗位，并为做好本职工作尽心尽力，尽职尽责。敬业，是指人们对所从事的会计职业或行为的正确认识和恭敬态度，并用这种严肃恭敬的态度，认真对待本职工作，将身心与本职工作融为一体。爱岗和敬业，互为前提，互相支持，相辅相成。"爱岗"是"敬业"的基石，"敬业"是"爱岗"的升华，"敬"由"爱"生，"爱"由"敬"起。

爱岗敬业是会计人员做好本职工作的基础和条件，是其应具备的基本道德素质。

爱岗敬业对会计人员的基本要求是：

① 正确认识会计职业，树立爱岗敬业的精神；

② 热爱会计工作，敬重会计职业；

③ 安心工作，任劳任怨；

④ 严肃认真，一丝不苟；

⑤ 忠于职守，尽心尽力，尽职尽责。

（2）诚实守信。

诚实，是指言行跟内心思想一致，不弄虚作假、不欺上瞒下，做老实人、说老实话、办老实事。守信，就是遵守自己所做出的承诺，讲信用，重信用，信守承诺，保守秘密。诚为本，信为用；诚涵内，信显外。

诚实守信对会计人员的基本要求是：

① 做老实人，说老实话，办老实事，不搞虚假；

② 保密守信，不为利益所诱惑；

③ 职业谨慎，信誉至上。

（3）廉洁自律。

廉洁，是指不收受贿赂，不贪污钱财。自律，是指会计人员按照一定的标准，自己约束自己，自己控制自己的言行和思想的过程。自律的核心就是用道德观念来自觉地抵制自己的不良欲望。

廉洁自律是会计职业道德的前提，这既是会计职业道德的内在要求，也是会计职业声誉的"试金石"。廉洁自律对会计人员的基本要求是：

① 树立正确的人生观和价值观；

② 公私分明，不贪不占；

③ 遵纪守法，清正廉洁。

（4）客观公正。

客观，是指按事物的本来面目去反映，不带个人偏见，也不为他人意见所左右。公正，就是公平正直，没有偏失。

客观公正对会计人员的基本要求是：

① 依法办事；

② 实事求是，不偏不倚；

③ 保持应有的独立性。

（5）坚持准则。

坚持准则，是指会计人员在处理业务过程中，严格按照会计法律制度办事，不为主观或他人意志所决定。

坚持准则对会计人员的基本要求是：熟悉业务、遵循准则、坚持准则、妥善解决道德冲突。

（6）提高技能。

会计工作的专业性极强，提高技能就是要求会计人员不断通过学习、培训和实践等途径，持续提高会计专业理论水平和职业技能，以达到和维持足够的专业胜任能力。会计职业技能包括：会计理论水平、会计实务能力、职业判断能力、自动更新知识的能力、沟通交流能力及职业经验等。

提高技能对会计人员的基本要求是：具有不断提高会计技能的意识和愿望，具有勤学苦练、刻苦钻研的精神和科学的学习方法。

（7）参与管理。

参与管理，简单来说就是间接参加管理活动，为管理者当参谋，为管理活动服务。会计人员或会计工作并不能直接进行企业生产经营活动的管理或决策。会计人员应当树立参与管理的意识，在记账、算账、报账的过程中，积极主动地利用会计数据来分析企业生产经营状况，查找存在的问题，提出合理建议，从而当好参谋。

参与管理对会计人员的基本要求是：会计人员应努力钻研相关业务，会计人员应熟悉服务对象的经营活动和业务流程，使提出的合理化建议更具有针对性和创新性，从而有效地协助领导作出科学决策。

（8）强化服务。

强化服务，就是要求会计人员具有文明的服务态度、强烈的服务意识和优秀的服务质量。

强化服务对会计人员的基本要求是：强化服务意识，树立文明服务形象、提高服务质量。

三、会计职业道德与会计法律制度的关系

会计职业道德是指在会计职业活动中应当遵循的、体现会计职业特征的、调整会计职业关系的职业行为准则和规范。会计法律制度是由《会计法》及相关法律中有关会计行为的规定共同构成的法律规范体系，是市场经济法律制度体系的重要组成部分。两者既有联系又有区别。

（一）会计职业道德与会计法律制度的联系

会计职业道德是会计法律制度正常运行的社会和思想基础，会计法律制度是促进会计职业道德规范形成和遵守的制度保障。两者有着共同的目标、相同的调整对象，承担着同样的职责，在作用上相互补充；在内容上相互渗透、相互重叠；在地位上相互转化、相互吸收；在实施上相互作用、相互促进。

（1）两者在作用上相互补充。

在规范会计行为时，我们既需要依赖于会计法律制度的强制功能，又要借助于会计职业道德的教化功能。极端的会计规范行为必须运用会计法律制度来强制控制和约束，而大量的会计规范则需要会计职业道德来维持。

（2）两者在内容上相互渗透、相互重叠。

会计法律制度中包含会计职业道德规范的内容，同时，会计职业道德规范中也包含会计法律制度的某些条款。

（3）两者在地位上相互转化、相互吸收。

最初的会计职业道德规范就是对会计职业行为约定俗成的基本要求，后来有些需要强制实行的规范要求逐渐被吸收到会计法律制度当中，便形成会计法律制度的重要条款。会计法律制度则是会计职业道德的最低要求。

（4）两者在实施上相互作用、相互促进。

会计职业道德是会计法律制度正常运行的社会和思想基础，会计法律制度则是促进会计职业道德规范形成和遵守的制度保障。

（二）会计职业道德与会计法律制度的区别

（1）性质不同。

会计法律制度通过国家机器强行执行，具有很强的他律性；会计职业道德主要依靠会计从业人员的自觉性，具有很强的自律性。

（2）作用范围不同。

会计法律侧重于调整会计人员的外在行为和结果的合法化；会计职业道德则不仅要求调整会计人员的外在行为，还要调整会计人员内在的精神世界。

会计法律制度的各种规定是会计职业关系得以维系的最基本条件，是对会计从业人员行为最低限度的要求，用以维持现有的会计职业关系和正常的会计工作秩序。在会计职业活动的实践中，有很多不良的会计行为违反了会计法律制度。这些不良会计行为违反了法律制度的同时也违反了会计职业道德，但有些不良会计行为只是违反了会计职业道德，而没有违反会计法律制度。例如，会计人员不钻研业务，不加强新知识的学习，造成工作上的差错，缺乏胜任工作的能力。对于这种情况，我们可以说没有良好的遵守会计职业道德，但不能说其违反了会计法律制度。

（3）实现形式不同。

会计法律制度是通过一定的程序由国家立法机关或行政管理机关制定的，其表现形式是具体的、明确的、正式形成文字的成文规定；会计职业道德出自会计人员的职业生活和职业实践，其表现形式既有成文的规定，也有不成文的规范，存在于人们的意识和信念中，它依靠社会舆论、道德教育、传统习俗和道德评价来实现。

（4）实施保障机制不同。

会计法律由国家强制力保障实施；会计职业道德既有国家法律的相应要求，也依赖会计人员的自觉遵守。会计法律制度不仅仅是一种权利和义务的规定，而且为了达到有法必依、执法必严、违法必究的要求，还需要一套保障机制。会计法律制度的这种保障机制不仅体现在其法律规范的内容中具有明确的制裁和处罚条款，而且体现在设有与之相配合的权威的制裁和审判机关。而当人们对会计职业道德上的权利与义务发生争议时，没有权威机构对其中的是非曲直明确作出裁定，即使有裁定也是舆论性质的，缺乏权威机构保障对裁定的执行。

总之，会计职业道德来自职业习惯和约定俗成，主要依靠社会舆论、传统习惯和内心信念的力量来调整会计工作人员之间，以及他们与其他社会成员之间的利益关系。

某些会计人员缺乏爱岗敬业的精神，对本职工作仅满足现状、不思进取，应付了事，尽管我们不能说这种现象违反了会计法律制度,但它违背了爱岗敬业、提高技能等会计职业道德规范的要求。

会计法律制度要求的是"必须",评价使用的范畴是对和错,通常对违反会计法律制度的行为进行禁止性追究,并视情节轻重予以不同惩处。会计职业道德要求的是"应该",评价使用的范畴是善和恶,是一个价值判断。

对违反会计职业道德规范的行为应予以舆论谴责,并引起行为人良心的内疚和对其行为的反思。

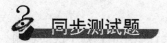
同步测试题

扫描二维码,查看
第一章同步测试题

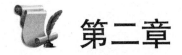

第二章

货币资金

引导案例

如何进行有效的货币资金风险监管?

湖南某上市公司出纳梁某,采取偷盖公司银行印鉴和法人章,使用作废的、没有登记的现金支票等方法在近五年期间先后挪用公款超过3 000万元用于炒股,给单位造成损失1 137.8万元。长沙市中级人民法院以挪用公款罪和挪用资金罪,判处梁某17年有期徒刑。这明显暴露了该上市公司存在的货币资金监管风险。

思考并讨论:
1. 什么是货币资金?
2. 货币资金包括哪些内容?
3. 应如何加强公司货币资金管理?

第一节 货币资金概述

货币资金是企业资产的重要组成部分,是企业资产中流动性较强的一种资产。任何企业要进行生产经营活动都必须拥有货币资金,持有货币资金是进行生产经营活动的基本条件。货币资金从本质上讲属于金融资产范畴,由于其会计处理的特殊性,本章单独加以阐述。根据货币资金的存放地点及其用途的不同,货币资金分为库存现金、银行存款及其他货币资金。

一、库存现金

现金是流动性最强的一种货币性资产,可以随时用其购买所需的物资,支付有关费用,偿还债务,也可以随时存入银行。现金的定义有狭义和广义之分。狭义的现金是指企业的库存现金;广义的现金除库存现金外,还包括银行存款和其他符合现金定义的票证等。本章的现金是指狭义的现金，即库存现金，包括人民币现金和外币现金。

二、银行存款

银行存款就是企业存放在银行或其他金融机构的货币资金。按照国家有关规定，凡是独立核算的单位都必须在当地银行开设账户。企业在银行开设账户以后，除按核定的限额保留库存现金外，超过限额的现金必须存入银行；除在规定的范围内可以用现金直接支付的款项外，在经营过程中所发生的一切货币收支业务，都必须通过银行存款账户进行结算。

根据中国人民银行有关支付结算办法规定，目前企业发生的货币资金收付业务可以采用以下几种方式，通过银行办理转账结算。

（一）银行汇票

银行汇票是汇款人将款项交存当地出票银行，由出票银行签发的，由其在见票时按照实际结算金额无条件支付给收款人或持票人的票据。银行汇票具有使用灵活、票随人到、兑现性强等特点，适用于先收款后发货或钱货两清的商品交易。单位和个人各种款项结算，均可使用银行汇票。

银行汇票可以用于转账，填明"现金"字样的银行汇票也可以用于支取现金。银行汇票的付款期限为自出票日起1个月。超过付款期限提示付款不获付款的，持票人须在票据权利时效期内向出票银行作出说明，并提供本人证件或单位证明，持银行汇票和解讫通知向出票银行请求付款。

企业支付购货款等款项时，应向出票银行填写"银行汇票申请书"，填明收款人名称、支付金额、申请人、申请日期等事项并签章，签章为其预留银行的印鉴。银行受理银行汇票申请书。收妥款项后签发银行汇票，并用压数机压印出票金额，然后将银行汇票和解讫通知一并交给汇款人。

申请人取得银行汇票后即可持银行汇票向填明的收款单位办理结算。银行汇票的收款人可以将银行汇票背书转让给他人。背书转让以不超过出票金额的实际结算金额为限，未填写实际结算金额或实际结算金额超过出票金额的银行汇票不得背书转让。

收款企业在收到付款单位送来的银行汇票时，应在出票金额以内，根据实际需要的款项办理结算，并将实际结算金额和多余金额准确、清晰地填入银行汇票和解讫通知的有关栏，银行汇票的实际结算金额低于出票金额的，其多余金额由出票银行退交申请人。收款企业还应填写进账单并在汇票背面"持票人向银行提示付款签章"处签章，签章应与预留银行的印鉴相同。然后，将银行汇票和解讫通知、进账单一并交开户银行办理结算。银行审核无误后，办理转账。

（二）银行本票

银行本票是银行签发的，承诺自己在见票时无条件支付确定的金额给收款人或者持票人的票据。

银行本票由银行签发并保证兑付，而且见票即付，具有信誉高、支付功能强等特点。用银行本票购买材料物资，销货方可以见票付货，购货方可以凭票提货；债权债务双方可以凭票清偿；收款人将本票交存银行，银行即可为其入账。无论单位或个人，在同一票据交换区域支付各种款项，都可以使用银行本票。

银行本票分定额本票和不定额本票。定额本票面值分别为 1 000 元、5 000 元、10 000 元和 50 000 元。在票面划去转账字样的，为现金本票。

银行本票的付款期限为自出票日起最长不超过 2 个月，在付款期限银行本票见票即付。超过提示付款期限不获付款的，在票据权利时效期内向出票银行作出说明，并提供本人或单位证明，可持银行本票向银行请求付款。

企业支付购货款等款项时，应向银行提交"银行本票申请书"，填明收款人名称、申请人名称、支付金额、申请日期等事项并签章。申请人或收款人为单位的，银行不予签发现金银行本票。出票银行受理银行本票申请书后，收妥款项签发银行本票。不定额银行本票用压数机压印出票金额，出票银行在银行本票上签章后交给申请人。

申请人取得银行本票后，即可向填明的收款单位办理结算。收款单位可以根据需要在票据交换区域背书转让银行本票。

收款企业在收到银行本票时，应该在提示付款时在本票背面"持票人向银行提示付款签章"处加盖预留银行印鉴。同时填写进账单，连同银行本票一并交开户银行转账。

（三）商业汇票

商业汇票是出票人签发的，委托付款人在指定日期无条件支付确定的金额给收款人或者持票人的票据。在银行开立存款账户的法人以及其他组织之间须具有真实的交易关系或债权债务关系才能使用商业汇票。商业汇票的付款期限由交易双方商定，但最长不得超过 6 个月。商业汇票的提示付款期限为自汇票到期日起 10 日。

存款人领购商业汇票，必须填写"票据和结算凭证领用单"并加盖预留银行印鉴，存款账户结清时，必须将剩余的空白商业汇票全部交回银行注销。

商业汇票可以由付款人签发并承兑，也可以由收款人签发交由付款人承兑。定日付款或者出票后定期付款的商业汇票，持票人应当在汇票到期日前向付款人提示承兑；见票后定期付款的汇票，持票人应当自出票日起 1 个月内向付款人提示承兑。汇票未按规定期限提示承兑的，持票人丧失对其前手的追索权。付款人应当自收到提示承兑的汇票之日起 3 日内承兑或者拒绝承兑。付款人拒绝承兑的，必须出具拒绝承兑的证明。

采用商业汇票结算方式，可以使企业之间的债权债务关系表现为外在的票据，使商业信用票据化，加强约束力，有利于维护和发展社会主义市场经济。对于购货企业来说，由于可以延期付款，可以在资金暂时不足的情况下及时购进材料物资，保证生产经营顺利进行。对于销货企业来说，可以疏通商品渠道，扩大销售，促进生产。汇票经过承兑，信用较高，可以按期收回货款，防止拖欠。在急需资金时，还可以向银行申请贴现，融通资金，比较灵活。销货企业应根据购货企业的资金和信用情况不同，选用商业承兑汇票或银行承兑汇票；购货企业应加强资金的计划管理，调度好货币资金，在汇票到期以前，将票款送存开户银行，保证按期承付。

（四）支票

支票是单位或个人签发的，委托办理支票存款业务的银行在见票时无条件支付确定的金额给收款人或者持票人的票据。

支票结算方式是同城结算中应用比较广泛的一种结算方式。单位和个人在同一票据交换区域的各种款项结算，均可以使用支票。支票由银行统一印制，支票上印有"现金"字样的为现金支票。支票上印有"转账"字样的为转账支票，转账支票只能用于转账。未印有"现金"或"转账"字样的为普通支票，普通支票可以用于支取现金，也可以用于转账。在普通支票左上角划两条平行线的，为划线支票，划线支票只能用于转账，不得支取现金。

支票的提示付款期限为自出票日起 10 日，中国人民银行另有规定的除外。超过提示付款期限的，持票人开户银行不予受理，付款人不予付款。转账支票可以根据需要在票据交换区域背书转让。

存款人领购支票，必须填写"票据和结算凭证领用单"并加盖预留银行印鉴。存款账户结清时，必须将剩余的空白支票全部交回银行注销。

企业财会部门在签发支票之前，出纳人员应该认真查明银行存款的账面结余数额，防止签发超过存款余额的空头支票。签发空头支票，银行除退票外，还按票面金额处以 5%但不低于 1 000 元的罚款。持票人有权要求出票人赔偿支票金额 2%的赔偿金。签发支票时，应使用蓝黑墨水或碳素墨水，将支票上的各要素填写齐全，并在支票上加盖其预留银行印鉴。出票人预留银行的印鉴是银行审核支票付款的依据。银行也可以与出票人约定使用支付密码作为银行审核支付支票金额的条件。

（五）信用卡

信用卡是指商业银行向个人和单位发行的，凭以向特约单位购物、消费和向银行存取现金，且具有消费信用的特制载体卡片。

信用卡按使用对象分为单位卡和个人卡；按信誉等级分为金卡和普通卡。凡在中国境内金融机构开立基本存款账户的单位可申领单位卡。单位卡可申领若干，持卡人资格由申领单位法定代表人或其委托的代理人书面指定和注销，持卡人不得出租或转借信用卡。单位卡账户的资金一律从其基本存款账户转账存入，在使用过程中，需要向其账户续存资金的，也一律从其基本存款账户转账存入，不得交存现金，不得将销货收入的款项存入其账户。单位卡一律不得用于10万元以上的商品交易、劳务供应款项的结算，不得支取现金。

信用卡在规定的限额和期限允许善意透支。透支期限最长为60天。透支利息，自签单日或银行记账日起15日内按日息万分之五计算，超过15日按日息万分之十计算，超过30日或透支金额超过规定限额的，按日息万分之十五计算。

透支计算不分段，按最后期限或者最高透支额的最高利率档次计息。超过规定限额或规定期限，并且经发卡银行催收无效的透支行为称为恶意透支。持卡人使用信用卡不得发生恶意透支。严禁将单位的款项存入个人卡账户中。

单位或个人申领信用卡，应按规定填制申请表，连同有关资料一并送交发卡银行。符合条件并按银行要求交存一定金额的备用金后，银行为申领人开立信用卡存款账户，并发给信用卡。

（六）汇兑

汇兑是汇款人委托银行将其款项支付给收款人的结算方式。单位和个人的各种款项的结算，均可使用汇兑结算方式。

汇兑分为信汇和电汇两种。信汇是指汇款人委托银行通过邮寄方式将款项划转给收款人。电汇是指汇款人委托银行通过电报将款项划转给收款人。这两种汇兑方式由汇款人根据需要选择使用。汇入银行对开立存款账户的收款人，应将汇给收款人的款项直接转入收款人账户，并向其发出收账通知。未在银行开立存款账户的收款人，凭信、电汇的取款通知或"留行待取"的，向汇入银行支取款项，必须交验本人的身份证件，在信、电汇凭证上注明证件名称、号码及发证机关，并在"收款人签章"处签章。信汇凭签章支取的，收款人的签章必须与预留信汇凭证上的签章相符。支取现金的，信、电汇凭证上必须有按规定填明的"现金"字样才能办理，未填明"现金"字样，需要支取现金的，由汇入银行按照国家现金管理规定审查支付。转账支付的，应由原收款人向银行填制支款凭证，并由本人交验身份证件办理支付款项。该账户的款项只能转入单位或个体工商户的存款账户，严禁转入储蓄和信用卡账户。汇款人对汇出银行尚未汇出的款项可以申请撤销；对汇出银行已经汇出的款项可以申请退汇。汇入银行对于收款人拒绝接受的汇款，应立即办理退汇。汇入银行对于向收款人发出取款通知，经过2个月无法交付的汇款，应主动办理退汇。

（七）委托收款

委托收款是收款人委托银行向付款人收取款项的结算方式。无论单位还是个人都可凭已承兑商业汇票、债券、存单等付款人债务证明办理收取同城或异地款项。委托收款还适用于收取电费、电话费等付款人众多、分散的公用事业费等有关款项。委托收款结算款项划回的方式分为邮寄和电报两种，由收款人选择使用。企业委托开户银行收款时，应填写银行印制的委托收款凭证和有关的债务证明。在委托收款凭证中写明付款单位的名称、收款单位的名称、账号及开户银行，委托收款金额的大小写，款项内容，委托收款凭据名称及附寄单证张数等。企业的开户银行受理委托收款后，将委托收款凭证寄交付款单位开户银行，由付款单位开户银行审核，并通知付款单位。付款单位收到银行交给的委托收款凭证及债务证明，应签收并在3天之内审查债务证明是否真实，是否是本单位的债务，确认之后通知银行付款。

付款单位应在收到委托收款的通知次日起3日内，主动通知银行是否付款。如果不通知银行，银行视同企业同意付款，并在第4日从单位账户中付出此笔委托收款款项。

付款人在3日内审查有关债务证明后，认为债务证明或与此有关的事项符合拒绝付款的规定，应出具拒绝付款理由书和委托收款凭证第五联及持有的债务证明，向银行提出拒绝付款。

（八）托收承付

托收承付是根据购销合同由收款人发货后委托银行向异地付款人收取款项，由付款人向银行承认付款的结算方式。使用托收承付结算方式的收款单位和付款单位，必须是国有企业、供销合作社以及经营管理较好，并经开户银行审查同意的城乡集体所有制工业企业。办理托收承付结算的款项，必须是商品交易，以及因商品交易而产生的劳务供应的款项。代销、寄销、赊销商品的款项，不得办理托收承付结算。

托收承付款项划回方式分为邮寄和电报两种，由收款人根据需要选择使用。收款单位办理托收承付，必须具有商品发出的证件或其他证明。托收承付结算每笔的金额起点为10 000元，新华书店系统每笔金额起点为1 000元。

采用托收承付结算方式时，购销双方必须签有符合《中华人民共和国民法典》的购销合同，并在合同上写明使用托收承付结算方式。销货企业按照购销合同发货后。填写托收承付凭证，盖章后连同发运证件（包括铁路、航运、公路等运输部门签发运单、运单副本和邮局包裹回执）或其他符合托收承付结算的有关证明和交易单证送交开户银行办理托收手续。

销货企业开户银行接受委托后，将托收结算凭证回联退给企业，作为企业进行账务处理的依据，并将其他结算凭证寄往购货单位开户银行，由购货单位开户银行通知购货单位承认付款。

购货企业收到托收承付结算凭证和所附单据后，应立即审核是否符合订货合同的规定。按照《支付结算办法》的规定，承付货款分为验单付款与验货付款两种，这在双方签订合同时约定。

验单付款是购货企业根据经济合同对银行转来的托收结算凭证、发票账单、托运单及代垫运杂费等单据进行审查无误后，即可承认付款。为了便于购货企业对凭证的审核和筹措资金，结算办法规定承付期为3天，从付款人开户银行发出承付通知的次日算起（承付期遇法定休假日顺延）。购货企业在承付期，未向银行表示拒绝付款，银行即视作承付，并在承付期满的次日（法定休假日顺延）上午银行开始营业时，将款项主动从付款人的账户付出，按照销货企业指定的划款方式，划给销货企业。

验货付款是购货企业待货物运达企业，对其进行检验与合同完全相符后才承认付款。为满足购货企业组织验货的需要，结算办法规定承付期为10天，从运输部门向购货企业发出提货通知的次日算起。承付期购货企业未表示拒绝付款的，银行视为同意承付，于10天期满的次日上午银行开始营业时，将款项划给收款人。

为满足购货企业组织验货的需要，对收付双方在合同中明确规定，并在托收凭证上注明验货付款期限的，银行从其规定。

对于下列情况，付款人可以在承付期向银行提出全部或部分拒绝付款：①没有签订购销合同或购销合同未写明托收承付结算方式的款项；②未经双方事先达成协议，收款人提前交货或因逾期交货付款人不再需要该项货物的款项；③未按合同规定的到货地址发货的款项；④代销、寄销、赊销商品的款项；⑤验单付款，发现所列货物的品种、规格、数量、价格与合同规定不符，或货物已到，经查验货物与合同规定或发货清单不符的款项；⑥验货付款，经查验货物与合同规定或与发货清单不符的款项；⑦货款已经支付或计算错误的款项。不属于上述情况，购货企业不得提出拒付。

购货企业提出拒绝付款时，必须填写"拒绝付款理由书"，注明拒绝付款理由，涉及合同的应引证合同上的有关条款。属于商品质量问题，需要提出质量问题的证明及其有关数据的记录；属于外贸部门进口商品，应当提出国家商品检验或运输等部门出具的证明，向开户银行办理拒付手续。银行同意部分或全部拒绝付款的，应在拒绝付款理由书上签注意见，并将拒绝付款理由书、拒付证明、拒付商品清单和有关单证邮寄收款人开户银行转交销货企业。

付款人开户银行对付款人逾期支付的款项，根据逾期付款金额和逾期天数，按每天万分之五计算逾期付款赔偿金。逾期付款天数从承付期满日算起。

银行审查拒绝付款期间不作付款人逾期付款，但对无理的拒绝付款而增加银行审查时间的，从承付期满日起计算逾期付款赔偿金。赔偿金实行定期扣付，每月计算一次，于次月3日单独划给收款人。赔偿金的扣付列为企业销货收入扣款顺序的首位。付款人科目余额不足支付时，应排在工资之前，并对该科目采取"只收不付"的控制办法，直至足额扣付赔偿金后才准予办理其他款项的支付，由此产生的经济后果由付款人自负。

（九）信用证

信用证结算方式是国际结算的一种主要方式。经中国人民银行批准经营结算业务的商业银行总行以及经商业银行总行批准开办信用证结算业务的分支机构，也可以办理国际企业之间商品交易的信用证结算业务。

采用信用证结算方式的，收款单位收到信用证后，即备货装运，签发有关发票账单，连同运输单据和信用证送交银行，根据退还的信用证等有关凭证编制收款凭证，付款单位在接到开证行的通知时，根据付款的有关单据编制付款凭证。

三、其他货币资金

在企业的经营资金中有些货币资金的存款地点和用途与库存现金和银行存款不同，如外埠存款、银行汇票存款、银行本票存款、信用证存款、信用卡存款、存出投资款等，这些资金在会计核算上统称为"其他货币资金"。

第二节 货币资金的账务处理

一、库存现金的账务处理

为了加强对现金的管理，随时掌握现金收付的动态和库存余额，保证现金的安全，企业必须设置"现金日记账"，按照现金业务发生的先后顺序逐笔序时登记。每日终了，应根据登记的"现金日记账"结余数与实际库存数进行核对。做到账实相符。月份终了，"现金日记账"的余额必须与"库存现金"总账科目的余额核对相符。有外币现金收支业务的企业，应当按照人民币现金、外币现金的币种设置现金账户进行明细核算。

每日终了，结算现金收支、财产清查等发现的有待查明原因的现金短缺或溢余，应通过"待处理财产损溢"科目核算：属于现金短缺，应按实际短缺的金额，借记"待处理财产损溢——待处理流动资产损溢"科目，贷记"库存现金"科目；属于现金溢余，按实际溢余的金额，借记"库存现金"科目，贷记"待处理财产损溢——待处理流动资产损溢"科目。待查明原因后分情况处理。

二、银行存款的账务处理

企业在不同的结算方式下,应当根据有关的原始凭证编制银行存款的收付款凭证,并进行相应的账务处理。

企业将款项存入银行等金融机构时,借记"银行存款"科目,贷记"库存现金"等科目;提取或支付在银行等金融机构中的存款时,借记"库存现金"等科目,贷记"银行存款"科目。

企业在银行的其他存款,如外埠存款、银行本票存款、银行汇票存款、信用证存款等,在"其他货币资金"科目核算,不通过"银行存款"科目进行会计处理。

企业应当设置"银行存款日记账",按照银行存款收付业务发生的先后顺序逐笔序时登记,每日终了应结出余额。"银行存款日记账"应定期与"银行对账单"核对,至少每月核对一次。企业账面结余与银行对账单余额之间如有差额,必须逐笔查明原因,并按月编制"银行存款余额调节表"调节相符。月份终了,"银行存款日记账"的余额必须与"银行存款"总账科目的余额核对相符。

有外币业务的企业,应在"银行存款"科目下分别设置人民币和各种外币设置"银行存款日记账"进行明细核算。

企业应加强对银行存款的管理,并定期对银行存款进行检查,如果有确凿证据表明存在银行或其他金融机构的款项已经部分不能收回,或者全部不能收回的,如吸收存款的单位已宣告破产,其破产财产不足以清偿的部分,或者全部不能清偿的,应当作为当期损失,冲减银行存款,借记"营业外支出"科目,贷记"银行存款"科目。

三、其他货币资金的账务处理

(一)外埠存款

外埠存款是指企业到外地进行临时或零星采购时,汇往采购地银行开立采购专户的款项。企业汇出款项时,须填写"汇款委托书",加盖"采购资金"字样。汇入银行对汇入的采购款项,以汇款单位名义开立临时采购账户。采购资金存款不计利息,除采购员差旅费可以支取少量现金外,一律转账。采购专户只付不收,付完结束账户。

企业将款项委托当地银行汇往采购地开立专户时,根据汇出款项凭证,编制付款凭证,进行账务处理,借记"其他货币资金——外埠存款"科目,贷记"银行存款"科目。

外出采购人员报销用外埠存款支付材料的采购货款等款项时,企业应根据供应单位发票账单等报销凭证,编制付款凭证,借记"在途物资""应交税费——应交增值税(进项税额)"

等科目,贷记"其他货币资金——外埠存款"科目。

采购员完成采购任务,将多余的外埠存款转回当地银行时,应根据银行的收款通知,编制收款凭证。

(二)银行汇票存款

银行汇票存款是指企业为取得银行汇票,按照规定存入银行的款项。企业向银行提交"银行汇票委托书"并将款项交存开户银行,取得汇票后,根据银行盖章的委托书存根联,编制付款凭证,借记"其他货币资金——银行汇票"科目,贷记"银行存款"科目。

企业使用银行汇票支付款项后,应根据发票账单及开户行转来的银行汇票有关副联等凭证,经核对无误后编制会计分录,借记"在途物资""应交税费——应交增值税(进项税额)"等科目,贷记"其他货币资金——银行汇票"科目。银行汇票使用完毕,应转销"其他货币资金——银行汇票"账户。如实际采购支付后银行汇票有余额,多余部分应借记"银行存款"科目,贷记"其他货币资金——银行汇票"科目。汇票因超过付款期限或其他原因未曾使用而退还款项时,应借记"银行存款"科目,贷记"其他货币资金——银行汇票"科目。

(三)银行本票存款

银行本票存款是指企业为取得银行本票,按照规定存入银行的款项。企业向银行提交"银行本票申请书"并将款项交存银行,取得银行本票时,应根据银行盖章退回的申请书存根联,编制付款凭证,借记"其他货币资金——银行本票"科目,贷记"银行存款"科目。企业用银行本票支付购货款等款项后,应根据发票账单等有关凭证,借记"在途物资""应交税费——应交增值税(进项税额)"等科目,贷记"其他货币资金——银行本票"科目。如企业因本票超过付款期等原因未曾使用而要求银行退款时,应填制进账单一式二联,连同本票一并交给银行,然后根据银行收回本票时盖章退回的一联进账单,借记"银行存款"科目,贷记"其他货币资金——银行本票"科目。

(四)信用证存款

信用证存款是指采用信用证结算方式的企业为开具信用证而存入银行信用证保证金专户的款项。企业向银行申请开出信用证用于支付供货单位购货款项时,根据开户银行盖章退回的"信用证委托书"回单,借记"其他货币资金——信用证存款"科目,贷记"银行存款"科目。企业收到供货单位信用证结算凭证及所附发票账单,经核对无误后进行会计处理,借记"在途物资""应交税费——应交增值税(进项税额)"等科目,贷记"其他货币资金——信用证存款"科目。如企业收到未用完的信用证存款余款,应借记"银行存款"科目,贷记"其他货币资金——信用证存款"科目。

（五）信用卡存款

信用卡存款是指企业为取得信用卡而存入银行信用卡专户的款项。企业申领信用卡，按照有关规定填制申请表，并按银行要求交存备用金，银行开立信用卡存款账户，发给信用卡。企业根据银行盖章退回的交存备用金的进账单，借记"其他货币资金——信用卡存款"科目，贷记"银行存款"科目。企业收到开户银行转来的信用卡存款的付款凭证及所附发票账单，经核对无误后进行会计处理，借记"管理费用"等科目，贷记"其他货币资金——信用卡存款"科目。

（六）存出投资款

存出投资款是指企业已存入证券公司但尚未进行短期投资的现金。企业向证券公司划出资金时，应按实际划出的金额，借记"其他货币资金——存出投资款"科目，贷记"银行存款"科目；购买股票、债券等时，按实际发生的金额，借记"短期投资"科目，贷记"其他货币资金——存出投资款"科目。

第三节　货币资金的管控

一、货币资金管理与控制的原则

货币资金是企业资产中流动性较强的资产，加强对其的管理和控制，对于保障企业资产安全完整，提高货币资金周转速度和使用效益，具有重要的意义。

加强对货币资金的控制，应当结合企业生产经营特点制定相应的控制制度，并监督实施。一般来说，货币资金的管理和控制应当遵循如下原则。

（1）严格职责分工，即将涉及货币资金不相容的职责分由不同的人员担任，形成严密的内部牵制制度，以减少和降低货币资金管理上舞弊的可能性。

（2）实行交易分开，即将现金支出业务和现金收入业务分开进行处理，防止将现金收入直接用于现金支出的坐支行为。

（3）实施内部稽核，即设置内部稽核单位和人员，建立内部稽核制度，以加强对货币资金管理的监督，及时发现货币资金管理中存在的问题，以及时改进对货币资金的管理控制。

（4）实施定期轮岗制度，即对涉及货币资金管理和控制的业务人员实行定期轮换岗位。

通过轮换岗位，减少货币资金管理和控制中产生舞弊的可能性，并及时发现有关人员的舞弊行为。

二、国家有关货币资金管理的规定

（一）现金管理办法

1. 现金的使用范围

根据国家现金管理制度和结算制度的规定，企业收支的各种款项必须按照国务院颁发的《现金管理暂行条例》的规定办理，在规定的范围内使用现金。

允许企业使用现金结算的范围是：（1）职工工资、津贴；（2）个人劳务报酬；（3）根据国家规定颁发给个人的科学技术、文化艺术、体育等各种奖金；（4）各种劳保、福利费用以及国家规定的对个人的其他支出；（5）向个人收购农副产品和其他物资的价款；（6）出差人员必须随身携带的差旅费；（7）零星支出；（8）中国人民银行确定需要支付现金的其他支出。属于上述现金结算范围的支出，企业可以根据需要向银行提取现金支付，不属于上述现金结算范围的款项支付一律通过银行进行转账结算。

2. 库存现金的限额

库存现金限额是指为保证各单位日常零星支出，按规定允许留存的现金的最高数额。库存现金的限额，由开户银行根据开户单位的实际需要和距离银行远近等情况核定。其限额一般按照单位3~5天日常零星开支所需现金确定。远离银行或交通不便的企业，银行最多可以根据企业15天的正常开支需要量来核定库存现金的限额。正常开支需要量不包括企业每月发放工资和不定期差旅费等大额现金支出。库存现金的限额一经核定，要求企业必须严格遵守，不能任意超过，超过限额的现金应及时存入银行；库存现金低于限额时，可以签发现金支票从银行提取现金，补足限额。

3. 现金收支的规定

企业应当按照中国人民银行的现金管理办法和财政部关于各单位货币资金管理和控制的规定，办理有关现金收支业务。办理现金收支业务时，应当遵守以下几项规定。

（1）企业现金收入应于当日送存开户银行。当日送存有困难的，由开户银行确定送存时间。

（2）企业支付现金，可以从本企业库存现金限额中支付或者从开户银行提取，不得从本企业的现金收入中直接支付（即坐支）。因特殊情况需要坐支现金的，应当事先报经开户银行审查批准，由开户银行核定坐支范围和限额。企业应定期向开户银行报送坐支金额和使用情况。

（3）企业从开户银行提取现金，应当写明用途，由本企业财会部门负责人签字盖章，经开户银行审核后，予以支付现金。

（4）企业因采购地点不固定、交通不便以及其他特殊情况必须使用现金的，应向开户银行提出申请，经开户银行审核后，予以支付现金。

（5）不准用不符合制度的凭证顶替库存现金，即不得"白条顶库"；不准谎报用途套取现金；不准用银行账户代其他单位和个人存入或支取现金；不准用单位收入的现金以个人名义存储；不准保留账外公款；不得设置"小金库"等。

银行对于违反上述规定的企业，将按照违规金额的一定比例予以处罚。

（二）银行存款管理制度

按照中国人民银行《支付结算办法》的规定，企业应在银行开立账户，办理存款、取款和转账等结算。企业在银行开立人民币存款账户，必须遵守中国人民银行《银行账户管理办法》的各项规定。

1）银行存款开户的有关规定

银行存款账户分为基本存款账户、一般存款账户、临时存款账户和专用存款账户。

基本存款账户是企业办理日常结算和现金收付的账户。企业的工资、奖金等现金的支取，只能通过基本存款账户办理；一般存款账户是企业在基本存款账户以外的银行借款转存、与基本存款账户的企业不在同一地点的附属非独立核算单位的账户，企业可以通过本账户办理转账结算和现金缴存，但不能办理现金支取；临时存款账户是企业因临时经营活动需要开立的账户，企业可以通过本账户办理转账结算和根据国家现金管理的规定办理现金收付；专用存款账户是企业因特定用途需要开立的账户。一个企业只能选择一家银行的一个营业机构开立一个基本存款账户，不得在多家银行机构开立基本存款账户；不得在同一家银行的几个分支机构开立一般存款账户。

企业在银行开立账户后，可到开户银行购买各种银行往来使用的凭证（如送款簿、进账单、现金支票、转账支票等），用以办理银行存款的收付款项。

企业除按规定留存的库存现金外，所有货币资金都必须存入银行，企业与其他单位之间的一切收付款项，除制度规定可用现金支付的部分外，都必须通过银行办理转账结算，也就是由银行按照事先规定的结算方式，将款项从付款单位的账户划出，转入收款单位的账户。因此，企业不仅要在银行开立账户，而且账户必须要有可供支付的存款。

2）银行结算纪律

企业通过银行办理支付结算时，应当认真执行国家各项管理办法和结算制度。《支付结算办法》规定，单位和个人办理支付结算，不准签发没有资金保证的票据或远期支票，套取银行信用；不准签发、取得和转让没有真实交易和债权债务的票据，套取银行和他人资金；不准无理拒绝付款，任意占用他人资金；不准违反规定开立和使用账户。

(三) 货币资金内部控制的规定

为了规范企业的内部会计控制，财政部于2001年6月22日发布了《内部会计控制规范——基本规范（试行）》和《内部会计控制规范——货币资金（试行）》。这两个规范作为《会计法》的配套规章，是解决当前一些单位内部管理松弛、控制弱化的重要举措。这两个规范的发布实施，对于深入贯彻《会计法》，强化单位内部会计监督，整顿和规范社会主义市场经济秩序，发挥了重要的作用。

《内部会计控制规范——货币资金（试行）》共六章二十七条，适用于国家机关、社会团体、公司、企业、事业单位和其他经济组织。该规范规定，单位负责人对本单位货币资金内部控制的建立健全和有效实施以及货币资金的安全完整负责。该规范还包括以下内容。

(1) 单位应当建立货币资金业务的岗位责任制，明确相关部门和岗位的职责权限，确保办理货币资金业务的不相容岗位相互分离、制约和监督。出纳人员不得兼任稽核、会计档案保管和收入、支出、费用、债权债务账目的登记工作。单位不得由一人办理货币资金业务的全过程。

(2) 办理货币资金业务，应当配备合格的人员，并根据单位具体情况进行岗位轮换。办理货币资金业务的人员应当具备良好的职业道德，忠于职守，廉洁奉公，遵纪守法，客观公正，不断提高会计业务素质和职业道德水平。

(3) 单位应当对货币资金业务建立严格的授权批准制度，明确审批人对货币资金业务的授权批准方式、权限、程序、责任和相关控制措施，规定经办人办理货币资金业务的职责范围和工作要求。审批人应当根据货币资金授权批准制度的规定，在授权范围内进行审批，不得超越审批权限。经办人应当在职责范围内，按照审批人的批准意见办理货币资金业务。对于审批人超越授权范围审批的货币资金业务，经办人员有权拒绝办理，并及时向审批人的上级授权部门报告。单位对于重要货币资金支付业务，应当实行集体决策和审批，并建立责任追究制度，防范贪污、侵占、挪用货币资金等行为。严禁未经授权的机构或人员办理货币资金业务或直接接触货币资金。

(4) 单位应当加强与货币资金相关的票据的管理，明确各种票据的购买、保管、领用、背书转让、注销等环节的职责权限和程序，并专设登记簿进行记录，防止空白票据的遗失和被盗用。

(5) 单位应当加强银行预留印鉴的管理。财务专用章应由专人保管，个人名章必须由本人或其授权人员保管。严禁一人保管支付款项所需的全部印章。按规定需要有关负责人签字或盖章的经济业务，必须严格履行签字或盖章手续。

(6) 单位应当建立对货币资金业务的监督检查制度，明确监督检查机构或人员的职责权限，定期和不定期地进行检查。货币资金监督检查的内容主要包括以下几项。

① 货币资金业务相关岗位及人员的设置情况。重点检查是否存在货币资金业务不相容职务混岗的现象。

② 货币资金授权批准制度的执行情况。重点检查货币资金支出的授权批准手续是否健全，是否存在越权审批行为。

③ 支付款项印章的保管情况。重点检查是否存在办理付款业务所需的全部印章交由一人保管的现象。

④ 票据的保管情况。重点检查票据的购买、领用、保管手续是否健全，票据保管是否存在漏洞。

对监督检查过程中发现的货币资金内部控制中的薄弱环节，应当及时采取措施，加以纠正和完善。

扫描二维码，查看
第二章同步测试题

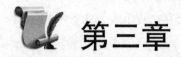

第三章

金融资产

> **引导案例**
>
> **雅戈尔的金融资产**
>
> 雅戈尔集团创建于 1979 年,总部位于东海之滨的浙江省宁波市,是全国纺织服装行业龙头企业。2020 年度实现销售收入 1 048 亿元,利润总额 105 亿元,交纳税款 40 亿元,位居中国民营企业 500 强第 68 位。作为中国较早进入专业化金融投资领域的民营企业之一,公司以打造金融控股集团为目标,逐步形成了以战略投资为主、财务投资为辅、产业投资为方向的战略型投资体系。雅戈尔公司利润表显示,其净利润主要来自投资收益,其中出售金融资产和长期股权投资在资产中占比巨大。通过高超的资本运作,雅戈尔公司实现了巨额利润收入。
>
> 思考并讨论:
>
> 1. 什么是金融资产?
> 2. 如何对金融资产进行分类?
> 3. 如何将金融资产划分到相应的会计科目中?

第一节 金融资产的定义及分类

一、金融资产的定义

金融资产是企业资产的重要组成部分,主要包括库存现金、银行存款、应收账款、应收票据、其他应收账款、股权投资、债权投资、衍生工具形成的资产等。

根据金融工具准则的定义,金融资产是指企业持有的现金、其他方的权益工具以及符合下列条件之一的资产。

(1) 从其他方收取现金或其他金融资产的合同权利。例如,企业的银行存款、应收账款、应收票据和发放的贷款等均属于金融资产。而预付账款不是金融资产，因其产生的未来经济利益是商品或服务，不是收取现金或其他金融资产的权利。

（2）在潜在有利条件下，与其他方交换金融资产或金融负债的合同权利。例如，企业购入的看涨期权或看跌期权等衍生工具。

（3）将来须用企业自身权益工具进行结算的非衍生工具合同，且企业根据该合同将收到可变数量的自身权益工具。

（4）将来须用或可用企业自身权益工具进行结算的衍生工具合同，但以固定数量的自身权益工具交换固定金额的现金或其他金融资产的衍生工具合同除外。

二、金融资产的分类

金融资产的计量与其分类密切相关。企业应当结合自身业务特点和风险管理要求，将取得的金融资产在初始确认时分为以下三类。

（1）以摊余成本计量的金融资产。

金融资产同时符合下列条件的，应当分类为以摊余成本计量的金融资产。

① 企业管理该金融资产的业务模式是以收取合同现金流量为目标。

② 该金融资产的合同条款规定，在特定日期产生的现金流量，仅为对本金和以未偿付本金金额为基础的利息的支付。

例如，企业购买债券，该债券的合同现金流量是到期收回本金，以及按照约定利率在合同期间按时收取利息。在没有其他特殊安排的情况下，该债券通常可能符合本金加利息的合同现金流量特征。如果企业管理该债券的业务模式是以收取合同现金流量为目标，而不是以出售金融资产为目标，就可以分类为以摊余成本计量的金融资产。又如，企业正常商业往来形成的具有一定期间的应收账款，也应属于这一类。

（2）以公允价值计量且其变动计入其他综合收益的金融资产。

金融资产同时符合下列条件的，应当分类为以公允价值计量且其变动计入其他综合收益的金融资产。

① 企业管理该金融资产的业务模式既以收取合同现金流量为目标，又以出售该金融资产为目标。

② 该金融资产的合同条款规定，在特定日期产生的现金流量，仅为对本金和以未偿付本金金额为基础的利息的支付。

例如，企业持有的普通债券的合同现金流量，是到期收回本金及按约定利率在合同期间按时收取固定或浮动利息的权利。在没有其他特殊安排的情况下，普通债券的合同现金流量一般情况下可能符合仅对本金和以未偿付本金金额为基础的利息支付的要求。如果企业管理该债券的业务模式既以收取合同现金流量为目标,又以出售该金融资产为目标,则该债券应当分类为以公允价值计量且其变动计入其他综合收益的金融资产。

(3) 以公允价值计量且其变动计入当期损益的金融资产。

按照上述(1)和(2)分类为以摊余成本计量的金融资产和以公允价值计量且其变动计入其他综合收益的金融资产之外的,企业应当将其分类为以公允价值计量且其变动计入当期损益的金融资产。

例如,企业持有的普通股股票的合同现金流量是收取被投资企业未来股利分配以及其清算时获得剩余收益的权利。由于股利以及获得剩余收益的权利均不符合本金和利息的定义,因此,企业持有的普通股股票应当分类为以公允价值计量且其变动计入当期损益的金融资产。

上述分类一经确定,不得随意变更。

第二节 债权投资

本节以债权投资为例,着重介绍以摊余成本计量的金融资产的确认与计量。

一、债权投资的初始计量

债权投资,是指企业以购买债券等方式投放资本,分期或到期一次向债务人收取利息并收回本金的一种投资方式。可分为到期一次还本分期付息的债券和到期一次还本付息的债券两种。

企业应当设置"债权投资"科目,核算取得的以摊余成本计量的债权投资,并按照债权投资的类别和品种,分别设置"成本""利息调整""应计利息"科目进行明细核算。其中,成本,反映债权投资的面值。利息调整,反映两个方面:一是债权投资初始投资入账金额与面值的差额;二是按照实际利率法分期摊销该差额后的摊余金额。应计利息,反映企业计提的到期一次还本付息债权投资应付而未付的利息。

债权投资应当按取得时的公允价值与相关交易费用之和作为初始入账金额。此处请读者特别注意交易费用的处理。如果实际支付的价款中包含已到付息期但尚未领取的债券利息,应单独将其确认为应收项目,不构成债权投资的初始入账金额。

"债权投资——利息调整"核算的内容包括债券的溢价、折价及交易费用,发生的交易费用及溢价记在借方,折价则记在贷方。至于初始入账后该明细科目余额在哪边,表示什么含义,可再根据具体情况进行具体分析。

二、债权投资的后续计量

（一）摊余成本

债权投资的后续计量，就要考虑以摊余成本计量的金融资产的后续计量，顾名思义，其后续计量就要采用摊余成本计量。什么是摊余成本？摊余成本，应当以该金融资产的初始确认金额经下列调整后的结果确定：

（1）扣除已偿还的本金；

（2）加上或减去采用实际利率法将该初始确认金额与到期日金额之间的差额进行摊销形成的累计摊销额；

（3）扣除计提的累计信用减值准备（仅适用于金融资产）。

可见，如果我们不考虑债权投资计提的信用减值准备，以摊余成本计量的债权投资的摊余成本就等于其账面余额，用一个算式表示就是：账面余额（摊余成本）=初始入账金额±利息调整累计摊销额。具体来说，初始入账金额中的利息调整的金额，需要在债权投资未来存续期间内进行摊销，而初始入账金额显然是由面值和利息调整两部分构成，这样，算式进一步表示为：账面余额=面值－利息调整+利息调整累计摊销额，或者，账面余额=面值+利息调整－利息调整累计摊销额。总结一下，账面余额=面值±利息调整的摊余金额，也就是面值加上利息调整摊销完之后的余额，就是所谓的摊余成本。需要说明的是，这个算式是以分期付息、到期一次还本的债权投资为例来说明的。

（二）实际利率法

前已述及，债权投资利息调整进行摊销形成的累计摊销额是采用实际利率法计算的，那么，实际利率法又是什么呢？实际利率法是指以实际利率为基础计算确定金融资产的账面余额（或摊余成本）以及将利息收入分摊计入各会计期间的方法。此处的实际利率是指将金融资产在预计存续期的估计未来现金流量折现为该金融资产当前账面余额所使用的利率。按照上述定义，企业购入债券作为债权投资，实际利率就是将该债券未来收回的利息和面值折算为现值，恰好等于债权投资的初始入账金额的折现率。

以摊余成本计量的债权投资如为分期付息、到期一次还本的债券，采用实际利率法确认利息收入并确定摊余成本的核算程序为：

（1）以债权投资的面值乘以票面利率计算确定应收利息；

（2）以债权投资的期初账面余额乘以票面利率计算确定利息收入；

（3）以应收利息与利息收入的差额作为当期利息调整摊销额；

（4）以债权投资的期初账面余额加上或减去当期利息调整的摊销额作为期末账面余额，也就是摊余成本，至于是加上还是减去，要看初始入账金额低于面值，还是高于面值。

三、债权投资的处置

企业处置以摊余成本计量的债权投资时，应将所取得的价款与该债权投资账面价值之间的差额计入投资收益。其中，债权投资账面价值是指债权投资账面余额减去已计提的减值准备后的差额，即摊余成本。如果在处置债权投资时，已计入应收项目的债券利息尚未收回，还应从处置价款中扣除该部分债权利息之后，确认处置损益。

企业处置债权投资时，应按照债权投资的面值，贷记"债权投资——成本"科目，按应收未收或应计未计的利息，贷记"应收利息"或"债权投资——应计利息"科目，按利息调整的摊余金额，贷或借记"债权投资——利息调整"科目，按上述借贷方的差额，贷记或借记"投资收益"科目。

第三节 其他债权投资与其他权益工具投资

根据金融工具准则，以公允价值计量且其变动计入其他综合收益的金融资产的划分依据是：首先，企业管理该金融资产的业务模式既以收取合同现金流量为目标，又以出售该金融资产为目标。其次，该金融资产的合同条款规定，在特定日期产生的现金流量，仅为对本金和以未偿付本金金额为基础计算的利息的支付。上述这两个依据与以摊余成本计量的金融资产的分类依据的区别仅在于企业管理金融资产的业务模式不同而已。如果金融资产既以收取合同现金流量为目标，又以出售该金融资产为目标，则应划分为以公允价值计量且其变动计入其他综合收益的金融资产。

以公允价值计量且其变动计入其他综合收益的金融资产在初始计量时，企业应当根据公允价值计量准则来确定初始确认时的公允价值，相关交易费用应当计入初始入账金额。在后续计量中，以公允价值计量且其变动计入其他综合收益的金融资产所产生的所有利得或损失，除减值损失或利得和汇兑损益外，均应当计入其他综合收益。下面以其他债权投资与其他权益工具投资为例，介绍以公允价值计量且其变动计入其他综合收益的金融资产的核算。

一、其他债权投资

（一）其他债权投资的初始计量

企业应当设置"其他债权投资"科目，核算持有的以公允价值计量且其变动计入其他综合收益的债权投资，并分别设置"成本""利息调整""应计利息""公允价值变动"等科目进行明细核算。其中，"成本"反映的是其他债权投资的面值；"利息调整"反映的是初始入账金额与其面值的差额，以及按照实际利率法分期摊销该差额后的摊余金额；"应计利息"反映的是企业计提的到期一次还本付息的其他债权投资的应付未付的利息；"公允价值变动"反映的是公允价值变动的金额。此处需要注意的是，如果支付的价款中包含已到付息期但尚未领取的利息，应单独确认为应收项目，不构成其他债权投资的初始入账金额。

企业取得其他债权投资时，应按其面值，借记"其他债权投资——成本"科目，按支付的价款中包含的已到付息期但尚未领取的利息，借记"应收利息"科目，按实际支付的金额，贷记"银行存款"等科目，按上述借贷方的差额，借记或贷记"其他债权投资——利息调整"科目。收到支付的价款中包含的已到付息期但尚未领取的利息，借记"银行存款"科目，贷记"应收利息"科目。

（二）其他债权投资的后续计量

其他债权投资的后续计量主要涉及利息收入的确认和计量。在持有期间确认利息收入的方法与以摊余成本计量的债权投资相同，是采用实际利率法确认当期利息收入，计入投资收益。

在采用实际利率法确认其他债权投资的利息收入时，应当以不包括"公允价值变动"明细科目余额的其他债权投资账面余额和实际利率计算确定利息收入。

其他债权投资如果是分期付息、一次还本的债券，企业应当于付息日或资产负债表日按照票面利息，借记"应收利息"科目，按照以其他债权投资的账面余额（注意不包含"公允价值变动"明细科目的余额）和实际利率计算的利息收入，贷记"投资收益"科目，按其差额，借记或贷记"其他债权投资——利息调整"科目。收到上述应收未收的利息时，借记"银行存款"科目，贷记"应收利息"科目。

（三）其他债权投资的期末计量

其他债权投资的期末计量应按资产负债表日的公允价值反映，公允价值的变动计入其他综合收益。资产负债表日，其他债权投资的公允价值高于其账面余额时，应作为所有者权益变动，按两者之间的差额，调增其他债权投资的账面余额，同时将公允价值变动计入其他综合收益，借记"其他债权投资——公允价值变动"科目，贷记"其他综合收益——其他债权投资公允价值变动"科目；其他债权投资的公允价值低于其账面余额时，应按两者之间的差额，调减其他债权投资的账面余额，同时将公允价值变动减记其他综合收益，作相反的会计分录。

（四）其他债权投资的处置

处置其他债权投资时，满足相应条件时应终止确认该项金融资产，将取得的处置价款与其他债权投资处置时账面价值的差额，计入投资收益。同时根据金融工具准则的要求，该金融资产终止确认时，之前计入其他综合收益的累计利得或损失应当从其他综合收益中转出，计入当期损益。如果在处置时已计入应收项目的债券利息尚未收回，还应从处置价款中扣除该部分债券利息后，再确认处置损益。

企业处置其他债权投资时，应按照实际收到的价款，借记"银行存款"科目，按照其他债权投资的面值，贷记"其他债权投资——成本"科目，按应收未收或应计未收的利息，贷记"应收利息"或"其他债权投资——应计利息"科目，按利息调整的摊余金额，贷记或借记"其他债权投资——利息调整"科目，按照累计公允价值变动的金额，贷记或借记"其他债权投资——公允价值变动"科目，按上述借贷方的差额，贷记或借记"投资收益"科目。同时，将原计入其他综合收益的累计利得或损失对应处置部分的金额转出，借记或贷记"其他综合收益——其他债权投资公允价值变动"科目，贷记或借记"投资收益"科目。

二、其他权益工具投资

其他权益工具投资主要是指非交易性股票以及不具有控制、共同控制和重大影响的且没有公允价值的股权等。企业取得其他权益工具投资，一般应指定为以公允价值计量且其变动计入其他综合收益的金融资产，除获得的股利（属于投资成本收回部分除外）计入当期损益外，其他相关的利得或损失均应当计入其他综合收益，且后续不得转入当期损益。其他权益工具投资的公允价值变动应计入其他综合收益，不仅如此，当其终止确认时，之前计入其他综合收益的累计利得或损失应当从其他综合收益中转出，计入留存收益。其他权益工具投资不需要计提减值准备。

（一）其他权益工具投资的初始确认与计量

其他权益工具投资一般应当以公允价值计量，但在用以确定公允价值的近期信息不足或者公允价值的可能估计金额分布范围很广的情况下，如果成本能够在该分布范围内反映对公允价值的最佳估计,则该成本可代表其在该分布范围内对公允价值的恰当估计。例如,持有的在活跃市场没有报价且对被投资企业不存在控制、共同控制和重大影响的股权投资,无法随时出售,也应确认为其他权益工具投资。

为了反映其他权益工具投资的取得、处置、公允价值变动等情况,企业应当设置"其他权益工具投资"科目,核算持有的指定为以公允价值计量且其变动计入其他综合收益的非交易性权益工具投资,并按照其他权益工具投资的类别和品种,分别以"成本"和"公允价值变动"进行明细核算。其中,"成本"科目反映其他权益工具投资的初始入账金额;"公允价值变动"明细科目反映其他权益工具投资在持有期间的公允价值变动金额。

其他权益工具投资取得时,按公允价值和相关交易费用之和作为初始投资成本,借记"其他权益工具投资——成本"科目,贷记"银行存款"等科目。如果支付的价款中包含了已宣告但尚未发放的现金股利,应借记"应收股利"科目。

(二)其他权益工具投资持有收益的确认

其他权益工具投资在持有期间,如果收到购买价款中包含的现金股利时,应借记"银行存款"等科目,贷记"应收股利"科目;除此之外,只有在同时满足股利收入的确认条件时,才能在股权持有期间将被投资单位宣告发放的现金股利确认为投资收益。持有其他权益工具投资期间,被投资方宣告发放的现金股利同时满足股利收入的确认条件时,投资方案应享有的份额,借记"应收股利"科目,贷记"投资收益"科目;收到发放的现金股利时,借记"银行存款"科目,贷记"应收股利"科目。

(三)其他权益工具投资的期末计量

资产负债表日,其他权益工具投资应当按照公允价值计量。其他权益工具投资的公允价值与账面价值的差额,应作为所有者权益变动,计入其他综合收益。资产负债表日,其他权益工具投资的公允价值高于其账面余额时,应按两者之间的差额,调增其他权益工具投资的账面余额,同时将公允价值变动计入其他综合收益,借记"其他权益工具投资——公允价值变动"科目,贷记"其他综合收益——其他权益工具投资公允价值变动"科目;其他权益工具投资的公允价值低于其账面余额时,应按两者之间的差额,调减其他权益工具投资的账面余额,同时将公允价值变动计入其他综合收益,借记"其他综合收益——其他权益工具投资公允价值变动"科目,贷记"其他权益工具投资——公允价值变动"科目。

(四)其他权益工具投资的处置

处置其他权益工具投资时,应将实际取得的价款与该金融资产的账面价值之间的差额,计入留存收益,将原计入其他综合收益的累计利得和损失对应处置部分的金额,从其他综合收益中转出，计入留存收益，不计入当期损益。如果在处置其他权益工具投资时，已计入应收项目的现金股利尚未收回，还应从处置价款中扣除该部分现金股利之后，确定计入留存收益的金额。

处置其他权益工具投资时，根据实际收到的价款，借记"银行存款"科目，根据其账面价值，贷记"其他权益工具投资——成本"科目，贷记或借记"其他综合收益——金融资产公允价值变动"和"利润分配——未分配利润"科目。同时，根据累计公允价值变动原计入其他综合收益的金额对应转出的部分，借记或贷记"其他综合收益——金融资产公允价值变动"科目，贷记或借记"盈余公积"和"利润分配——未分配利润"科目。

第四节 交易性金融资产

以公允价值计量且其变动计入当期损益的金融资产还可进一步划分为两类：一类是交易性金融资产；另一类是指定为以公允价值计量且其变动计入当期损益的金融资产。交易性金融资产主要有三个特征，其中最重要的特征是取得这类金融资产的目的主要是近期出售。例如，企业以赚取价差为目的在二级市场购入的股票、债券、基金等。一般情况下，这是企业交易性金融资产的主要组成部分。下面我们主要学习交易性金融资产的确认与计量。

一、交易性金融资产的初始计量

交易性金融资产应当按照取得时的公允价值作为初始入账金额，此处的公允价值通常指交易价格，相关的交易费用在发生时直接计入当期损益。交易费用，是指可直接归属于购买、发行或处置金融资产的增量费用，包括支付给代理机构等的手续费、佣金等。

企业取得交易性金融资产所支付的价款中，如果包含已宣告但尚未发放的现金股利，或已到付息期但尚未领取的债券利息，在性质上属于暂付应收款，应当单独确认为应收项目，不计入交易性金融资产的初始入账金额。

在具体核算时，企业应设置"交易性金融资产"科目，核算为交易目的而持有的债券投资、股票投资等交易性金融资产的公允价值；企业还应当分别设置"成本""公允价值变动"两个明细科目进行明细核算。其中，"成本"反映交易性金融资产的初始入账金额；"公允价值变动"反映交易性金融资产在持有期间的公允价值变动金额。

在进行账务处理时，企业取得交易性金融资产，按其公允价值，借记"交易性金融资产——成本"科目，按发生的交易费用，借记"投资收益"科目，按已到付息期但尚未发放的现金股利，借记"应收利息"或"应收股利"科目，按实际支付的金额，贷记"银行存款"

等科目，收到上列现金股利或债券利息时，借记"银行存款"科目，贷记"应收股利"或"应收利息"科目。

二、交易性金融资产的后续计量

在持有交易性金融资产期间可依法获得相关的股利或债券利息。如果企业取得股票并分类为以公允价值计量且其变动计入当期损益的金融资产，在持有期间，只有同时符合一定条件，才能确认股利收入并计入当期投资收益。根据《企业会计准则第22号——金融工具确认和计量》的规定，企业同时满足三个条件时，才能确认股利收入计入当期损益。这三个条件是：①企业收到股利的权利已经确立，比如发行股票的公司已经宣告发放的现金股利；②与股利相关的经济利益很可能流入企业，即该股利很可能收到；③股利的金额能够可靠计量，即股利具有确定的金额。一般情况下，公司宣告发放股利满足这三个条件，企业持有上市公司宣告发放股利时根据股利分配方案确定本企业应收的股利金额。此处需要说明的是，如果企业持有期间获得了股票股利，不需作账务处理，但应于除权日注明所增加的股数，以反映股份变动及实际拥有股份的情况。

如果企业取得债券并分类为交易性金融资产，在持有期间，根据权责发生制要求，应于每一资产负债表日或付息日计提债券利息，计入当期投资收益。在进行账务处理时，持有交易性金融资产期间，被投资方宣告发放现金股利并同时满足股利收入确认条件时，投资方应按享有的份额，借记"应收股利"科目，贷记"投资收益"科目。在资产负债表日或付息日，投资方按债券面值和票面利率计提利息时，借记"应收利息"科目，贷记"投资收益"科目。收到上列现金股利或债券利息时，借记"银行存款"科目，贷记"应收股利"或"应收利息"科目。

三、交易性金融资产的期末计量

资产负表日，企业应按当日各项交易性金融资产的公允价值，对交易性金融资产账面价值进行调整。交易性金融资产的公允价值高于其账面余额时，应按两者之间的差额调增交易性金融资产的账面余额，同时确认公允价值上升的收益，借记"交易性金融资产——公允价值变动"科目，贷记"公允价值变动损益"科目；交易性金融资产的公允价值低于其账面余额时，应按两者之间的差额调减交易性金融资产的账面余额，同时确认公允价值下跌的损失，借记"公允价值变动损益"科目，贷记"交易性金融资产——公允价值变动"科目。

四、交易性金融资产的处置

处置交易性金融资产时，应按实际收到的处置价款，借记"银行存款"科目，按该交易性金融资产的初始入账金额，贷记"交易性金融资产——成本"科目，按该交易性金融资产的累计公允价值变动金额，贷记或借记"交易性金融资产——公允价值变动"科目，按已计入应收项目但尚未收回的现金股利或债券利息，贷记"应收股利"或"应收利息"科目，按上述借贷方的差额，贷记或借记"投资收益"科目。

第五节 应 收 账 款

一、应收账款的确认

应收账款是企业因对外销售商品或产品、提供劳务等经营活动而应向客户收取的款项。一般情况下应收账款属于应在一年（可跨年度）内收回的短期债权。应收账款属于以摊余成本计量的金融资产，在资产负债表上属于流动资产项目。

会计上所指的应收账款有其特定的范围。首先，应收账款是指企业因销售活动而形成的债权，它不包括应收职工欠款、应收债务人的利息等其他应收款；其次，应收账款是指流动资产性质的债权，不包括长期的债权，如购买的长期债券等；最后，应收账款是指本企业应收客户的款项，不包括本企业付出的各类存出保证金，如投标保证金和租入包装物保证金等。

在会计实际工作中，应收账款主要包括因销售商品或产品、提供劳务而应向客户收取的款项，应收取的增值税销项税额以及为客户代垫的运杂费等。存出的保证金和押金、购货的预付定金、对职工或股东的预付款、预付分公司款、应收认股款、与企业经营活动无关的应收款、超过1年的应收分期销货款以及采用商业汇票结算方式销售商品的债权等，均不属于会计上的应收账款。

二、应收账款的计量

应收账款的入账价值包括销售商品或产品、提供劳务从购货方或接受劳务方应收的合同或协议价款（不公允的除外）、增值税销项税额，以及代购货单位垫付的包装费、运杂费等。企业因销售商品或产品、提供劳务等经营活动发生的应收账款，按应收金额，借记"应收账款"科目，按确认的营业收入，贷记"主营业务收入"等科目，涉及增值税销项税额的，还应按销项税额贷记"应交税费——应交增值税（销项税额）"科目，收回应收账款时，借记"银行存款"等科目，贷记"应收账款"科目。

在会计实际工作中，可能发生销售折扣（包括商业折扣和现金折扣）、销售退回与折让等问题，应收账款入账金额的确认应充分考虑这些因素。

商业折扣。所谓商业折扣，就是在销售商品或提供劳务时，从价目表的报价中扣减的一定金额。企业应以扣减后的金额作为发票价格。企业之所以对顾客提供商业折扣，往往是基于避免经常更改价目表、为不同的购货数量提供不同的价格、向竞争对手隐瞒真实的发票价格等。商业折扣通常以百分比来表示，如5%、10%等。在提供商业折扣的情况下，企业应收账款应按扣除商业折扣以后的实际售价金额计算确定，对折扣额不作单独反映。

现金折扣。所谓现金折扣，是指销货企业为了鼓励顾客在一定期限内及早偿还货款而从发票价格中让渡给顾客的一定数额的款项。现金折扣通常用一定的术语来表示，如"2/10，n/30"（付款期30天，如果在10天内付款可享受2%的现金折扣）或"2/10，E.O.M"（月底前付款，如果在10天内付款可享受2%的现金折扣）。

销货方提供现金折扣，有利于早日收回货款，加速资金周转；而对于购货方来说，接受现金折扣无异于得到一笔可观的理财收入。现金折扣实质上是企业为尽早收到销货款而采取的一种激励手段，并随时间的推延而变化，属于交易价格中的可变对价。所以，从这个意义上讲，在新收入准则中现金折扣已经不再被视为一种优惠了，而是把它作为一种可变对价。从这个角度来说，现金折扣应该冲减收入，在会计上一般作为对销售收入的调整，而不应再作为财务费用处理。

在具体账务处理时，附有现金折扣条件的商品赊销时，将应收账款总额扣除估计极有可能发生的现金折扣后的余额确认为主营业务收入；按照不扣除现金折扣的不含增值税的交易总价格和适用的增值税税率确定的增值税额记入"应交税费——应交增值税（销项税额）"科目。因此，在新收入准则下，如果应收账款中含有现金折扣，那么应收账款的入账价值既不是过去的总价法，也不是净价法，而是按照最可能发生的现金折扣，也就是最可能发生的可变对价扣除折扣的金额来入账，然后在每个期末需要对尚未发生的可变对价进行评估；如果有新的证据证明买方能够取得或者不能够取得现金折扣，应该对应收账款的金额进行调整，调整应收账款金额的同时调整主营业务收入或者其他业务收入。

根据新收入准则的有关规定，后续每一资产负债表日，企业应当重新估计应计入交易价格的可变对价的金额，对于已履行的履约义务，其分摊的可变对价后续变动金额应当调整交易当期的收入。所以，在资产负债表日，重新估计可能收到的对价金额。如果实际收款时间晚于估计的收款时间，按客户因此丧失的现金折扣额作为可变对价，调增应收账款和主营业务收入；如果实际收款时间早于估计的收款时间，客户享受了现金折扣，则按实际享受的现金折扣大于估计的现金折扣的金额,调减应收账款和主营业务收入。

三、应收票据的账务处理

(一)应收票据及其分类

应收票据是指企业持有的、尚未到期兑现的商业汇票。在我国商业汇票的期限一般不超过6个月,因而应收票据是一种流动资产。在会计实际工作中,企业的应收票据是指收到的经承兑人承兑的商业汇票。应收票据按不同分类标准,可分为不同类型,具体如下。

(1)商业汇票按承兑人不同,可分为商业承兑汇票和银行承兑汇票两种。

商业承兑汇票是指由收款人签发,经付款人承兑,或由付款人签发并承兑的汇票。商业承兑汇票必须经由付款人承兑,在汇票上签署"承兑"字样并加盖与预留印鉴相符的印章,方才具有法律效力。对其所承兑的汇票,付款人负有到期无条件支付票款的责任。而银行只负责在汇票到期日凭票将款项从付款人账户划转给收款人或贴现银行,如果付款人银行存款余额不足以支付票款,银行则直接将汇票退还收款人,由双方自行处理,银行不负担付款责任。因此,对应收票据中到期没有兑现的商业承兑汇票所确认的债权,收款方应将其转至应收账款项目中继续反映监督。

银行承兑汇票是指由收款人或承兑申请人签发,并由承兑申请人向开户银行申请,经银行审查同意承兑的票据。银行根据有关政策规定对承兑申请人所持汇票和购销合同进行审查,符合承兑条件的,即与承兑申请人签订承兑协议,并在汇票上签章,同时向承兑申请人收取一定比例的承兑手续费。汇票到期时,无论承兑申请人是否将票款足额缴存其开户银行,承兑银行都应向收款人或贴现银行无条件履行付款责任。可见,应收票据中银行承兑汇票的债权回收风险是较小的。

(2)商业汇票按其是否计息可分为不带息商业汇票和带息商业汇票两种。

不带息商业汇票是指票据到期时,承兑人只按票面金额向收款人或被背书人支付款项的汇票,其票据到期值等于其面值。

带息商业汇票是指票据到期时,承兑人应按票面金额加上票据规定利率计算的到期利息向收款人或被背书人支付款项的汇票。带息票据的到期值等于其面值加上到期应计利息。

(3)商业汇票按其是否带追索权可分为带追索权商业汇票和不带追索权商业汇票两种。

追索权是指持票人在票据到期不获付款或到期前不获承兑或有其他法定原因,并在实施行使或保全票据上权利的行为后,可以向其前手请求偿还票据金额、利息及其他法定款项的一种票据权利。在我国商业汇票可以背书转让,持票人可以对背书人、出票人和票据的其他债务人行使追索权。

（二）应收票据到期日的确定

商业汇票自承兑日起生效，其到期日是由票据有效期限的长短来决定的。在会计实际工作中，票据的期限一般有按月表示和按日表示两种。其中，按月表示的票据付款期限自出票日起按月计算，按日表示的汇票付款期限自出票日起按日计算。

票据期限按月表示时，票据的期限不考虑各月份实际天数多少，统一按次月对应日为整月计算，当签发承兑票据的日期为某月月末时，统一以到期月份的最后一天为到期日。

票据期限按日表示时，票据的期限不考虑月数，统一按票据的实际天数计算。在票据承兑日和票据到期日这两天中，只计算其中的一天。

（三）应收票据持有期间的利息

商业汇票有些是带息票据，票面上有规定的利率，这类票据到期时，除收回票面面值外，还要收取一定的利息。带息的商业汇票到期之前，尽管利息尚未收到，但是企业已经取得收取票面利息的权利，因此按照权责发生制的要求，应当在会计期末反映这部分利息收入，计入应收票据的账面价值，借记"应收票据"科目，贷记"财务费用"科目。因商业汇票最长期限不超过 6 个月，所以该利息收入无须记入"应收利息"科目，直接增加"应收票据"的账面价值即可。至于是月末、季末还是年末计提票据利息，视利息金额大小对企业财务成果的影响和企业的会计政策而定。

（四）应收票据到期

应收票据到期，涉及商业汇票的到期值。商业汇票的到期值是指票据到期应收的票款金额，对于不带息票据来说，到期值就是票据面值；对于带息票据来说，其到期值是票据面值与应收票据到期利息的合计金额。计算应收票据到期利息的公式如下：

$$应收票据利息 = 应收票据面值 \times 利率 \times 期数$$

其中，应收票据面值是指商业汇票票面金额；利率是指票据所规定的利率（一般是以年利率表示）；期数是指票据的有效期限。

当商业汇票的期限是按月表示时，应收票据到期利息的计算公式如下：

$$应收票据利息 = 应收票据面值 \times 利率 \times 期数（月数）/12$$

当商业汇票的期限是按日表示时，应收票据到期利息的计算公式如下：

$$应收票据利息 = 应收票据面值 \times 利率 \times 期数（天数）/360$$

一般情况下，应收票据利息是按月计算的，但当应收票据利息金额不大或票据生效日和到期日在同一会计年度时,为了简化,也可以在票据到期收到票据本息时,再将利息收入记入"财务费用"科目贷方。如果应收票据利息金额较大,且票据生效日和到期日跨会计年度时,会计期末应确认当期应收利息,借记"应收票据"科目,贷记"财务费用"科目。

商业汇票到期时,应按商业汇票的到期值借记"银行存款"等有关科目,按商业汇票的账面金额贷记"应收票据"科目,按两者的差额贷记"财务费用"科目。

商业汇票到期时,如果付款人无力支付票款,应将应收票据的账面价值转入"应收账款"科目,并将应收票据到期值中尚未计提的利息借记"应收账款"科目,贷记"财务费用"科目。

将到期不能收回的带息应收票据价值转入应收账款,且未计利息转入应收票据后,其原票据的计息期已结束,期末不应再对已经到期的应收票据计提利息。如果协议规定对已经到期而未能实际收到票款的债权继续计算利息的,其所包括的利息按照协议规定计算,于每个会计期末,借记"应收账款"科目,贷记"财务费用"科目。

(五)应收票据的贴现

应收票据贴现是指企业以未到期的应收票据向银行融通资金,银行按票据的应收金额扣除一定期间的贴现利息后将余额付给企业的行为。

在应收票据到期日之前,将票据背书后提交银行贴现,以收取相当于票据到期值扣除银行贴现折价后的余额,就是企业从银行取得的贴现款。应收票据贴现款的计算如下:

贴现款=票据到期值–贴现息

贴现息=票据到期值×贴现率×贴现天数/360

贴现天数是指自贴现日起至票据到期前一日止的实际天数,贴现日和票据到期日只计算其中的一天。在会计实际工作中,无论商业汇票的到期日按日表示还是按月表示,贴现期一般均按实际贴现天数计算。

在我国,企业将银行承兑汇票贴现基本上不存在到期不能收回票款的风险,企业应将银行承兑汇票贴现视为不带追索权的商业汇票贴现业务,按金融资产终止确认的条件处理。不带追索权的应收票据贴现时,应按实际收到的贴现款,借记"银行存款"科目,按贴现票据的账面价值,贷记"应收票据"科目,实际收到的贴现款与贴现商业汇票的账面价值的差额,借记或贷记"财务费用"科目。带追索权的应收票据贴现,企业并没有转移票据到期不能收回票据款项的风险,贴现企业因背书在法律上附有连带偿还责任,这种连带偿还责任是贴现企业的一种或有负债,直到贴现银行收到票据款项后方可解除。因此,将带追索权的应收票据贴现后,不符合金融资产终止确认的条件,不应注销应收票据账户的金额,此时,应按实际收到的贴现款,借记"银行存款"科目,贷记"短期借款"科目。

（六）应收票据的账务处理

企业因销售商品、提供劳务等而收到、开出承兑的商业汇票，按商业汇票的票面金额，借记"应收票据"科目，按确认的营业收入，贷记"主营业务收入"等科目，涉及增值税销项税额的，还应按销项税额，贷记"应交税费——应交增值税（销项税额）"科目。

持未到期的商业汇票向银行贴现，符合金融工具确认和计量准则有关金融资产终止确认条件的，应按实际收到的金额，借记"银行存款"等科目，按贴现息部分，借记"财务费用"等科目，按商业汇票的票面金额，贷记"应收票据"科目；不符合金融工具确认和计量准则有关金融资产终止确认条件的，不应结转应收票据，应按实际收到的金额，借记"银行存款"等科目，按贴现息部分，借记"财务费用"等科目，按其差额，贷记"短期借款"等科目。

将持有的商业汇票背书转让以取得所需物资，按应计入取得物资成本的金额，借记"材料采购"或"原材料""库存商品"等科目，按商业汇票的票面金额，贷记"应收票据"科目，如有差额，借记或贷记"银行存款"等科目，涉及增值税进项税额的，还应按进项税额，借记"应交税费——应交增值税（进项税额）"等科目。

商业汇票到期，应按实际收到的金额，借记"银行存款"科目，按商业汇票的票面金额，贷记"应收票据"科目。

同步测试题

扫描二维码，查看
第三章同步测试题

第四章

存 货

> **引导案例**
>
> **庞大汽贸的存货管理**
>
> 庞大汽贸 2011 年全国范围内新开经营网点近 400 家,到 2013 年年底,营业网点已达到 1 351 家,除不断投入资金(包括自筹资金)买地皮、建店铺外,庞大汽贸还涉猎了近年来火热的共享汽车、汽车新零售等领域。2018 年,庞大集团的总亏损是 60 多亿元。2018 年,中国车市出现了 28 年来的首次负增长,2018 年经销商新车毛利从 2017 年的 5.5% 下降到 0.4%,经销商的亏损面从 2017 年的 11.4% 增加到 39.3%。2019 年 4 月,汽车经销商库存预警指数达到 61%,同比上升 6.47%,库存预警指数仍在警戒线之上。2018 年年末,庞大集团拥有的经营网点缩减至 806 家,比上一年减少了 229 家,而除减少门店外,庞大集团也在出售土地进行自救。存货积压就等于投入的资金被冻结,随之而来的就是维持费用增加,如人工、租金、损耗等。存货管理对一个企业而言非常重要。
>
> **思考并讨论:**
> 1. 什么是存货?
> 2. 存货与公司利润之间有什么联系?
> 3. 存货多好吗?

第一节 存货的确认和初始计量

一、存货的定义与确认条件

(一)存货的定义

存货是指企业在日常活动中持有以备出售的产成品或商品、处在生产过程中的在产品、在生产过程或提供劳务过程中耗用的材料、物料等。

存货区别于固定资产等非流动资产的最基本的特征是，企业持有存货的最终目的是出售，不论是可供直接出售，如企业的产成品、商品等，还是需经过进一步加工后才能出售，如原材料等。

（二）企业存货的内容

（1）原材料，指企业在生产过程中经加工改变其形态或性质并构成产品主要实体的各种原料及主要材料、辅助材料、外购半成品（外购件）、修理用备件（备品备件）、包装材料、燃料等。为建造固定资产等各项工程而储备的各种材料，虽然同属于材料，但是由于用于建造固定资产等各项工程，不符合存货的定义，因此不能作为企业的存货进行核算。

（2）在产品，指企业正在制造尚未完工的产品。包括正在各个生产工序加工的产品和已加工完毕但尚未检验或已检验但尚未办理入库手续的产品。

（3）半成品，指经过一定生产过程并已检验合格交付半成品仓库保管，但尚未制造完工成为产成品，仍需进一步加工的中间产品。

（4）产成品，指工业企业已经完成全部生产过程并验收入库，可以按照合同规定的条件送交订货单位或者可以作为商品对外销售的产品。企业接受外来原材料加工制造的代制品和为外单位加工修理的代修品，制造和修理完成验收入库后，应视同企业的产成品。

（5）商品，指商品流通企业外购或委托加工完成验收入库用于销售的各种商品。

（6）周转材料，指企业能够多次使用、逐渐转移其价值但仍保持原有形态不确认为固定资产的材料，如包装物和低值易耗品。其中，包装物是指为了包装本企业商品而储备的各种包装容器，如桶、箱、瓶、坛、袋等，其主要作用是盛装、装潢产品或商品。低值易耗品是指不符合固定资产确认条件的各种用具物品，如工具、管理用具、玻璃器皿、劳动保护用品以及在经营过程中周转使用的容器等。

（三）存货的确认条件

存货必须在符合定义的前提下，同时满足下列两个条件，才能予以确认。

（1）与该存货有关的经济利益很可能流入企业。

资产最重要的特征是预期会给企业带来经济利益。如果某一项目预期不能给企业带来经济利益，就不能确认为企业的资产。存货是企业的一项重要的流动资产，因此，对存货的确认，关键是判断其是否很可能给企业带来经济利益或其所包含的经济利益是否很可能流入企业。通常，拥有存货的所有权是与该存货有关的经济利益很可能流入本企业的一个重要标志。一般情况下，根据销售合同已经售出（取得现金或收取现金的权利），所有权已经转移的存货，因其所含经济利益已不能流入本企业，因而不能再作为企业的存货进行核算，即使该存货尚未运离企业。企业在判断与该存货有关的经济利益能否流入企业时，通常应结合考虑该存货所有权的归属，而不应当仅仅看其存放的地点等。

（2）该存货的成本能够可靠地计量。

成本或者价值能够可靠地计量是资产确认的一项基本条件。存货作为企业的费用等进货费用先进行归集，期末，按照所购商品的存销情况进行分摊。对于已销售商品的进货费用，计入主营业务成本；对于未销售商品的进货费用，计入期末存货成本。商品流通企业采购商品的进货费用金额较小的，可以在发生时直接计入当期销售费用。

二、存货的初始计量

存货应当按照成本进行初始计量。存货成本包括采购成本、加工成本和使存货达到目前场所和状态所发生的其他成本。企业存货的取得主要是通过外购和自制两个途径。

（一）外购存货的成本

企业外购的存货主要包括原材料和商品。外购存货的成本即存货的采购成本，指企业物资从采购到入库前所发生的全部必要支出，主要包括购买价款、相关税费、运输费、装卸费、保险费以及其他可归属于存货采购成本的费用。

存货的采购价款，是指购入的材料或商品的发票账单上列明的价款，但不包括按规定可以抵扣的增值税税额。

存货的相关税费，是指企业购买、自制或委托加工存货发生的进口关税、消费税、资源税和不能抵扣的增值税进项税额等应计入存货采购成本的税费。

其他可归属于存货采购成本的费用，是指采购成本中除上述各项外的可归属于存货采购成本的费用，如在存货采购过程中发生的仓储费、包装费、运输途中的合理损耗、入库前的挑选整理费用等。

企业外购存货账务处理如下。

借：原材料、库存商品等
　　应交税费——应交增值税（进项税额）
　　贷：银行存款、应付账款等

（二）加工取得的存货的成本

企业通过进一步加工取得的存货，主要包括产成品、在产品、半成品、委托加工物资等，其成本由采购成本、加工成本构成。某些存货还包括使存货达到目前场所和状态所发生的其他成本，如可直接认定的产品设计费用等。通过进一步加工取得的存货的成本中采购成本是由所使用或消耗的原材料采购成本转移而来的,因此,计量加工取得的存货成本,重点是要确定存货的加工成本。

1. 自行加工生产的存货

存货加工成本,由直接人工和制造费用构成,其实质是企业在进一步加工存货的过程中追加发生的生产成本,因此,不包括直接由材料存货转移来的价值。其中,直接人工,是指企业在生产产品过程中,直接从事产品生产的工人的职工薪酬。直接人工和间接人工的划分依据通常是生产工人是否与所生产的产品直接相关(即可否直接确定其服务的产品对象)。制造费用,是指企业为生产产品和提供劳务而发生的各项间接费用。制造费用是一种间接生产成本,包括企业生产部门(如生产车间)管理人员的职工薪酬、折旧费、办公费、水电费、机物料消耗、劳动保护费、季节性和修理期间的停工损失等。

自行加工生产的存货账务处理如下。

(1) 领用原材料时:

借:生产成本

　　贷:原材料

(2) 投入直接人工时:

借:生产成本

　　贷:应付职工薪酬

(3) 发生各项间接费用时:

借:制造费用

　　贷:累计折旧、累计摊销、应付职工薪酬等

(4) 分配间接费用时:

借:生产成本——甲

　　　　　　——乙

　　贷:制造费用

(5) 完工入库时:

借:库存商品

　　贷:生产成本

2. 委托外单位加工的存货

收回的委托加工物资的成本=实际耗用的原材料或者半成品成本+加工费+运输费+
　　　　　　　　　　　　安装费等+按规定应计入成本的税金(主要考虑受托方
　　　　　　　　　　　　代收代交的消费税的处理)

委托外单位加工的存货账务处理如下。

（1）发出委托加工物资时：

借：委托加工物资

　　贷：原材料、生产成本等

若委托加工物资为应税消费品，视下列情况进行区别处理：

第一种情况：委托加工收回后用于继续生产应税消费品，受托方代收代交的消费税可以抵扣。

借：委托加工物资（加工费、运输费、装卸费等）

　　应交税费——应交消费税（受托方代收代交的消费税）

　　贷：银行存款、应付账款等

第二种情况：委托加工收回后用于继续生产非应税消费品或以不高于受托方计税价格直接出售，受托方代收代交的消费税不得抵扣。

借：委托加工物资（加工费、运输费、装卸费等+受托方代收代交的消费税）

　　贷：银行存款、应付账款等

（2）收回委托加工物资时：

借：库存商品等

　　贷：委托加工物资

（三）其他方式取得的存货的成本

企业取得存货的其他方式主要包括接受投资者投资、非货币性资产交换、债务重组、企业合并等。

1. 投资者投入存货的成本

投资者投入存货的成本，应当按照投资合同或协议约定的价值确定但合同或协议约定价值不公允的除外。在投资合同或协议约定价值不公允的情况下，按照该项存货的公允价值作为其入账价值。

2. 通过非货币性资产交换、债务重组、企业合并等方式取得的存货的成本

企业通过非货币性资产交换、债务重组、企业合并等方式取得的存货，其成本应当分别按照《企业会计准则第7号——非货币性资产交换》《企业会计准则第12号——债务重组》《企业会计准则第20号——企业合并》等的规定确定。但是，该项存货的后续计量和披露应当执行《企业会计准则第1号——存货》（以下简称存货准则）的规定。

3. 盘盈存货的成本

盘盈的存货，应按其重置成本作为入账价值，并通过"待处理财产损溢"科目进行会计处理，按管理权限报经批准后，冲减当期管理费用。

在确定存货成本的过程中，应当注意，下列费用不应当计入存货成本，而应当在其发生时计入当期损益：①非正常消耗的直接材料、直接人工及制造费用，应计入当期损益，不得计入存货成本。例如，企业超定额的废品损失以及因自然灾害而发生的直接材料、直接人工及制造费用，由于这些费用的发生无助于使该存货达到目前场所和状态，不应计入存货成本，而应计入当期损益。②仓储费用，指企业在采购入库后发生的储存费用，应计入当期损益。但是，在生产过程中为达到下一个生产阶段所必需的仓储费用则应计入存货成本。例如，某种酒类产品生产企业为使生产的酒达到规定的产品质量标准，而必须发生的仓储费用，就应计入酒的成本，而不是计入当期损益。③不能归属于使存货达到目前场所和状态的其他支出，不符合存货的定义和确认条件，应在发生时计入当期损益，不得计入存货成本。

第二节 发出存货的计量

一、确定发出存货的成本

企业应当根据各类存货的实物流转方式、企业管理的要求、存货的性质等实际情况，合理地选择发出存货成本的计算方法，以合理确定当期发出存货的实际成本。

（一）先进先出法

先进先出法，是指以先购入的存货应先发出（销售或耗用）这样一种存货实物流动假设为前提，对发出存货进行计价。先购入的存货成本在后购入的存货成本之前转出，并据以确定发出存货和期末存货的成本。

先进先出法的优点是可以随时结转成本，缺点有三：第一，操作起来比较烦琐；第二，在存货收发业务多且存货单价不稳定的情况下，会加大工作量；第三，物价上升时，会高估企业当期利润和库存存货价值，而物价持续下降时，会低估利润和库存存货价值。

（二）移动加权平均法

移动加权平均法是以每次进货成本加上原有库存存货成本，除以每次进货数量与原有库存存货数量之和，据以计算加权平均单位成本，以此作为下次进货前计算各次发出存货成本的依据。具体计算公式如下：

存货单位成本=（原有库存存货成本+本次进货成本）/
（原有库存存货数量+本次进货数量）

本次发出存货的成本=本次发出存货的数量×本次发货前的存货单位成本

移动加权平均法的优点是便于管理层及时了解存货成本的结存情况，计算出的成本比较客观。缺点是计算工作量大，不适用于收发货频繁的企业。

（三）月末一次加权平均法

月末一次加权平均法是指以当月全部进货成本加上月初库存存货成本，除以当月全部进货数量加上月初原有库存存货数量，从而计算出存货加权平均单位成本，以此为基础计算当月发出存货和期末库存存货成本的一种方法。具体计算公式如下：

存货单位成本=（月初库存存货成本+本月全部进货成本）/
（原有库存存货数量+本月全部进货数量）

本月进货实际成本=某批次进货数量×本批次进货单价

本月发出存货的成本=本月发出存货的数量×存货单位成本

本月月末库存存货成本=月末库存存货的数量×存货单位成本

月末一次加权平均法的优点是有利于简化成本计算工作。缺点是不利于存货成本的日常管控，不适用收发业务频繁或使用时比较烦琐的企业，会计信息化的企业除外。

（四）个别计价法

个别计价法，亦称个别认定法、具体辨认法、分批实际法，其特征是注重所发出存货具体项目的实物流转与成本流转之间的联系，逐一辨认各批发出存货和期末存货所属的购进批别或生产批别，分别按其购入或生产时所确定的单位成本计算各批发出存货和期末存货的成本，即把每一种存货的实际成本作为计算发出存货成本和期末存货成本的基础。对于不能替代使用的存货、为特定项目专门购入或制造的存货以及提供的劳务，通常采用个别计价法确定发出存货的成本。在实际工作中，越来越多的企业采用计算机信息系统进行会计处理，个别计价法可以广泛应用于发出存货的计价，并且该方法确定的存货成本最为准确。

企业销售存货，应当将已销售存货的成本结转为当期损益，计入营业成本。这就是说，企业在确认存货销售收入的当期，应当将已销售存货的成本结转为当期营业成本。这种结转是为了符合收入与费用相配比的要求。

存货为商品、产成品的，企业应采用先进先出法、移动加权平均法、月末一次加权平均法和个别计价法确定已销售商品的实际成本。存货为非商品存货的，如材料等，应将已销售材料的实际成本予以结转，计入当期其他业务成本。这里所讲的材料销售不构成企业的主营业务。如果材料销售构成了企业的主营业务，则该材料为企业的商品存货，而不是非商品存货。

对已销售存货计提了存货跌价准备，还应结转已计提的存货跌价准备，冲减当期主营业务成本或其他业务成本,实际上是按已销售产成品或商品的账面价值结转主营业务成本或其他业务成本。企业按存货类别计提存货跌价准备的,也应按比例结转相应的存货跌价准备。

二、确定发出包装物和低值易耗品的成本

企业应当采用一次转销法或者五五摊销法对包装物和低值易耗品进行摊销,计入相关资产的成本或者当期损益。如果对相关包装物或低值易耗品计提了存货跌价准备,还应结转已计提的存货跌价准备,冲减相关资产的成本或当期损益。

生产领用的包装物应将其成本计入制造费用;随同商品出售但不单独计价的包装物,应将其成本计入当期销售费用;随同商品出售并单独计价的包装物,应将其成本计入当期其他业务成本。

(一)一次转销法

一次转销法,是指低值易耗品或包装物在领用时就将其全部账面价值计入相关资产成本或当期损益的方法。一次转销法通常适用于价值较低或极易损坏的管理用具和小型工具、卡具以及在单件小批生产方式下为制造某批订货所用的专用工具等低值易耗品以及生产领用的包装物和随同商品出售的包装物;数量不多、金额较小且业务不频繁的出租或出借包装物,也可以采用一次转销法结转包装物的成本,但在以后收回使用过的出租和出借包装物时,应加强实物管理,并在备查簿上进行登记。

低值易耗品报废时回收的残料、出租或出借的包装物不能使用作报废处理所取得的残料,应作为当月低值易耗品或包装物摊销额的减少,冲减有关资产成本或当期损益。

(二)五五摊销法

五五摊销法,是指低值易耗品在领用时或出租、出借包装物时先摊销其成本的一半,在报废时再摊销其成本的另一半的方法,即低值易耗品或包装物分两次各按50%进行摊销。

第三节 存货的期末计量

一、存货期末计量与存货跌价准备计提原则

资产负债表日,存货应当按照成本与可变现净值孰低计量。存货成本高于其可变现净值

的,应当计提存货跌价准备,计入当期损益。存货成本低于可变现净值的,按其成本计量,不计提存货跌价准备,但原已计提存货跌价准备的,应在已计提存货跌价准备金额的范围内转回。

二、存货的可变现净值

存货的可变现净值,是指在日常活动中,以存货的估计售价减去至完工时将要发生的成本、估计的销售费用以及相关税费后的金额。

(一)可变现净值的基本特征

(1)确定存货可变现净值的前提是企业在进行日常活动。

如果企业不是在进行正常的生产经营活动,比如企业处于清算过程,那么不能按照存货准则的规定确定存货的可变现净值。

(2)可变现净值为存货的预计未来净现金流量,而不是存货的售价或合同价。

企业预计的销售存货现金流量,并不完全等于存货的可变现净值。存货在销售过程中可能发生的销售费用和相关税费,以及为达到预定可销售状态还可能发生的加工成本等相关支出,构成现金流入的抵减项目。企业预计的销售存货现金流量,扣除这些抵减项目后,才能确定存货的可变现净值。

(3)不同存货可变现净值的构成不同。

① 产成品、商品和用于出售的材料等直接用于出售的商品存货,在正常生产经营过程中应当以该存货的估计售价减去估计的销售费用和相关税费后的金额,确定其可变现净值。

② 需要经过加工的材料存货,在正常生产经营过程中,应当以所生产的产品的估计售价减去至完工时估计将要发生的成本、估计的销售费用和相关税费后的金额,确定其可变现净值。

(二)确定存货的可变现净值时应考虑的因素

企业在确定存货的可变现净值时,应当以取得的确凿证据为基础,并且考虑持有存货的目的、资产负债表日后事项的影响等因素。

1. 确定存货的可变现净值应当以取得确凿证据为基础

确定存货的可变现净值必须建立在取得确凿证据的基础上。这里所讲的"确凿证据"是指对确定存货的可变现净值和成本有直接影响的客观证明。

(1)存货成本的确凿证据。存货的采购成本、加工成本和其他成本及以其他方式取得的存货的成本,应当以取得外来原始凭证、生产成本账簿记录等作为确凿证据。

（2）存货可变现净值的确凿证据。存货可变现净值的确凿证据，是指对确定存货的可变现净值有直接影响的确凿证明，如产成品或商品的市场销售价格、与产成品或商品相同或类似商品的市场销售价格、销货方提供的有关资料和生产成本资料等。

2. 确定存货的可变现净值应当考虑持有存货的目的

由于企业持有存货的目的不同，确定存货可变现净值的计算方法也不同。如用于出售的存货和用于继续加工的存货，其可变现净值的计算就不相同。因此，企业在确定存货的可变现净值时，应考虑持有存货的目的。企业持有存货的目的，通常可以分为以下几种。

（1）持有以备出售，如商品、产成品，其中又分为有合同约定的存货和没有合同约定的存货。

（2）将在生产过程或提供劳务过程中耗用，如材料等。

3. 确定存货的可变现净值应当考虑资产负债表日后事项等的影响

资产负债表日后事项应当能够确定资产负债表日存货的存在状况，即在确定资产负债表日存货的可变现净值时，不仅要考虑资产负债表日与该存货相关的价格与成本波动，而且还应考虑未来的相关事项。也就是说，不仅限于财务报告批准报出日之前发生的相关价格与成本波动，还应考虑以后期间发生的相关事项。

三、存货期末计量的具体方法

（一）存货估计售价的确定

对于企业持有的各类存货，在确定其可变现净值时，最关键的问题是确定估计售价。企业应当区别以下情况确定存货的估计售价。

（1）为执行销售合同或者劳务合同而持有的存货，通常应当以产成品或商品的合同价格作为其可变现净值的计算基础。如果企业与购买方签订了销售合同（或劳务合同，下同），并且销售合同订购的数量等于企业持有存货的数量，在这种情况下，在确定与该项销售合同直接相关存货的可变现净值时，应当以销售合同价格作为其可变现净值的计算基础。也就是说，如果企业就其产成品或商品签订了销售合同，则该批产成品或商品的可变现净值应当以合同价格作为计算基础；如果企业销售合同所规定的标的物还没有生产出来，但持有专门用于该标的物生产的原材料，其可变现净值也应当以合同价格作为计算基础。

（2）如果企业持有存货的数量少于销售合同订购数量，实际持有与该销售合同相关的存货应以销售合同所规定的价格作为可变现净值的计算基础。如果该合同为亏损合同，还应同时按照《企业会计准则第13号——或有事项》的规定处理。

（3）没有销售合同约定的存货（不包括用于出售的材料），其可变现净值应当以产成品或商品一般销售价格作为计算基础。

(4) 用于出售的材料等，通常以市场价格作为其可变现净值的计算基础。这里的市场价格是指材料等的市场销售价格。如果用于出售的材料存在销售合同约定，应按合同价格作为其可变现净值的计算基础。

(二) 材料存货的期末计量

对于材料存货应当区分以下两种情况确定其期末价值。

(1) 对于为生产而持有的材料等，如果用其生产的产成品的可变现净值预计高于成本，则该材料仍然应当按照成本计量。这里的"材料"指原材料、在产品、委托加工材料等。这里的"成本"指产成品的生产成本。

(2) 如果材料价格的下降表明产成品的可变现净值低于成本，则该材料应当按可变现净值计量，按其差额计提存货跌价准备。

(三) 计提存货跌价准备的方法

(1) 企业通常应当按照单个存货项目计提存货跌价准备。

企业在计提存货跌价准备时通常应当以单个存货项目为基础。在企业采用计算机信息系统进行会计处理的情况下，完全有可能做到按单个存货项目计提存货跌价准备。在这种方式下，企业应当将每个存货项目的成本与其可变现净值逐一进行比较，按较低者计量存货，并且按成本高于可变现净值的差额，计提存货跌价准备。这就要求企业应当根据管理要求和存货的特点，明确规定存货项目的确定标准。比如将某一型号和规格的材料作为一个存货项目，将某一品牌和规格的商品作为一个存货项目。

(2) 对于数量繁多、单价较低的存货，可以按照存货类别计提存货跌价准备。

如果某一类存货的数量繁多并且单价较低，企业可以按存货类别计量成本与可变现净值，即按存货类别的成本的总额与可变现净值的总额进行比较，每个存货类别均取较低者确定存货期末价值。

(3) 与在同一地区生产和销售的产品系列相关、具有相同或类似最终用途或目的，且难以与其他项目分开计量的存货，可以合并计提存货跌价准备。

存货具有相同或类似最终用途或目的，并在同一地区生产和销售，意味着存货所处的经济环境、法律环境、市场环境等相同，具有相同的风险和报酬。因此，在这种情况下，可以对该存货合并计提存货跌价准备。

(4) 存货存在下列情形之一的，通常表明存货的可变现净值低于成本：

① 该存货的市场价格持续下跌，并且在可预见的未来无回升的希望；

② 企业使用该项原材料生产的产品的成本大于产品的销售价格；

③ 企业因产品更新换代，原有库存原材料已不适应新产品的需要，而该原材料的市场价格又低于其账面成本；

④ 因企业所提供的商品或劳务过时或消费者偏好改变而使市场的需求发生变化，导致市场价格逐渐下跌；

⑤ 其他足以证明该项存货实质上已经发生减值的情形。

（5）存货存在下列情形之一的，通常表明存货的可变现净值为零：

① 已霉烂变质的存货；

② 已过期且无转让价值的存货；

③ 生产中已不再需要，并且已无使用价值和转让价值的存货；

④ 其他足以证明已无使用价值和转让价值的存货。

需要注意的是，资产负债表日，同一项存货中一部分有合同价格约定、其他部分不存在合同价格的，应当分别确定其可变现净值，并与其相对应的成本进行比较，分别确定存货跌价准备的计提或转回的金额，由此计提的存货跌价准备不得相互抵销。

（四）存货跌价准备转回的处理

（1）资产负债表日，企业应当确定存货的可变现净值。企业确定存货的可变现净值应当以资产负债表日的状况为基础，既不能提前确定存货的可变现净值，也不能延后确定存货的可变现净值，并且在每一个资产负债表日都应当重新确定存货的可变现净值。

（2）如果以前减记存货价值的影响因素已经消失，则减记的金额应当予以恢复，并在原已计提的存货跌价准备的金额转回，转回的金额计入当期损益。

企业的存货在符合条件的情况下，可以转回计提的存货跌价准备。存货跌价准备转回的条件是以前减记存货价值的影响因素已经消失，而不是在当期造成存货可变现净值高于成本的其他影响因素。

当符合存货跌价准备转回的条件时，应在原已计提的存货跌价准备的金额转回，即在对该项存货、该类存货或该合并存货已计提的存货跌价准备的金额转回。转回的存货跌价准备与计提该准备的存货项目或类别应当存在直接对应关系，但转回的金额以将存货跌价准备余额冲减至零为限。

存货发生的盘亏或毁损，应作为待处理财产损溢进行核算。按管理权限报经批准后，根据造成存货盘亏或毁损的原因，分情况进行处理。

① 属于计量收发差错和管理不善等原因造成的存货短缺：应先扣除残料价值、可以收回的保险赔偿和过失人赔偿，将净损失计入管理费用。

② 属于自然灾害等非常原因造成的存货毁损，应先扣除处置收入（如残料价值）、可以收回的保险赔偿和过失人赔偿，将净损失计入营业外支出。

同步测试题

扫描二维码，查看
第四章同步测试题

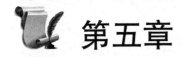

第五章

固定资产

> **引导案例**
>
> **年末清理固定资产的动因**
>
> 每年临近年末，绝大多数上市公司当年的经营情况基本可以盖棺定论。但是也有少数上市公司在年末时为了当年或来年的业绩仍然动作不断，忙得热火朝天。其中，一个有趣的现象就是：临近年末，越来越多的上市公司开始忙着做同一件事——清理固定资产。对此，财务人士指出，上市公司这么处理虽然让当年的财务报表十分难看，但从长远来说，甩掉包袱，轻装上阵，更有利于企业未来的发展。
>
> 思考并讨论：
> 1. 固定资产在企业中的作用和地位是什么？
> 2. 清理固定资产能为企业的哪些方面带来影响？
> 3. 应如何加强企业固定资产的管理？

第一节 固定资产的确认和初始计量

一、固定资产的定义和确认条件

（一）固定资产的定义

固定资产是指同时具有下列特征的有形资产：①为生产商品、提供劳务、出租或经营管理而持有；②使用寿命超过一个会计年度。从固定资产的定义来看，固定资产具有以下特征。

1. 为生产商品、提供劳务、出租或经营管理而持有

企业持有固定资产的目的是生产商品、提供劳务、出租或经营管理，即企业持有的固定资产是企业的劳动工具或手段而不是用于出售的产品。其中"出租"的固定资产是指企业以

经营租赁方式出租的机器设备类固定资产,不包括以经营租赁方式出租的建筑物,后者属于企业的投资性房地产,不属于固定资产。

2. 使用寿命超过一个会计年度

固定资产的使用寿命是指企业使用固定资产的预计期间,或者该固定资产所能生产产品或提供劳务的数量。通常情况下,固定资产的使用寿命是指使用固定资产的预计期间,如自用房屋建筑物的使用寿命表现为企业对该建筑物的预计使用年限。对于某些机器设备或运输设备等固定资产,其使用寿命表现为以该固定资产所能生产产品或提供劳务的数量,如汽车或飞机等,按其预计行驶或飞行里程估计使用寿命。

固定资产使用寿命超过一个会计年度,意味着固定资产属于非流动资产,随着使用和磨损,通过计提折旧方式逐渐减少账面价值。对固定资产计提折旧,是对固定资产进行后续计量的重要内容。

3. 固定资产是有形资产

固定资产具有实物特征,这一特征将固定资产与无形资产区别开来。有些无形资产可能同时符合固定资产的其他特征,如无形资产为生产商品、提供劳务而持有,使用寿命超过一个会计年度,但是由于其没有实物形态,所以不属于固定资产。

(二)固定资产的确认条件

固定资产在符合定义的前提下,应当同时满足以下两个条件,才能加以确认。

1. 与该固定资产有关的经济利益很可能流入企业

资产最重要的特征是预期会给企业带来经济利益。企业在确认固定资产时,需要判断与该项固定资产有关的经济利益是否很可能流入企业。如果与该项固定资产有关的经济利益很可能流入企业,并同时满足固定资产确认的其他条件,那么,企业应将其确认为固定资产;否则,不应将其确认为固定资产。

在会计实际工作中,判断与固定资产有关的经济利益是否很可能流入企业,主要判断与该固定资产所有权相关的风险和报酬是否转移到了企业。与固定资产所有权相关的风险,是指由于经营情况变化造成的相关收益的变动,以及由于资产闲置、技术陈旧等原因造成的损失;与固定资产所有权相关的报酬,是指在固定资产使用寿命内使用该资产而获得的收入,以及处置该资产所实现的利得等。

通常,取得固定资产的所有权是判断与固定资产所有权相关的风险和报酬转移到企业的一个重要标志。但是,所有权是否转移,不是判断与固定资产所有权相关的风险和报酬转移到企业的唯一标志。在有些情况下,某项固定资产的所有权虽然不属于企业,但是,企业能够控制与该项固定资产有关的经济利益流入企业,这就意味着与该固定资产所有权相关的风险和报酬实质上已转移到企业,在这种情况下,企业应将该项固定资产予以确认。例如,融资租入的固定资产，企业虽然不拥有固定资产的所有权，但与固定资产所有权相关的风险和报酬实质上已转移到了企业（承租人），因此，符合固定资产确认的第一个条件。

对于购置的环保设备和安全设备等资产，其使用不能直接为企业带来经济利益，但是有助于企业从相关资产获得经济利益，或者将减少企业未来经济利益的流出，因此，对于这类设备，企业应将其确认为固定资产。例如，为净化环境或者满足国家有关排污标准的需要购置的环保设备，这些设备的使用虽然不会为企业带来直接的经济利益，却有助于企业提高对废水、废气、废渣的处理能力，有利于净化环境，企业为此将减少未来由于污染环境而需要支付的环境净化费或者罚款，因此，也符合固定资产确认的第一个条件。

对于工业企业所持有的工具、用具、备品备件、维修设备等资产，施工企业所持有的模板、挡板、架料等周转材料，以及地质勘探企业所持有的管材等资产，企业应当根据实际情况，分别管理和核算。尽管该类资产具有固定资产的某些特征，比如，使用期限超过一年，也能够带来经济利益，但由于数量多、单价低，考虑到成本效益原则，在实务中，通常确认为存货。但符合固定资产定义和确认条件的，如企业（民用航空运输）的高价周转件等，应当确认为固定资产。

固定资产的各组成部分，如果各自具有不同使用寿命或者以不同方式为企业提供经济利益，从而适用不同折旧率或折旧方法的，各组成部分实际上是以独立的方式为企业提供经济利益，企业应当分别将各组成部分确认为单项固定资产。例如，飞机的引擎，如果其与飞机机身具有不同的使用寿命，适用不同折旧率或折旧方法，则企业应当将其确认为单项固定资产。

2. 该固定资产的成本能够可靠地计量

成本能够可靠地计量是资产确认的一项基本条件。企业在确定固定资产成本时必须取得确凿证据，但是，有时需要根据所获得的最新资料，对固定资产的成本进行合理的估计。比如，企业对于已达到预定可使用状态但尚未办理竣工决算的固定资产，需要根据工程预算、工程造价或者工程实际发生的成本等资料，按估计价值确定其成本，办理竣工决算后，再按照实际成本调整原来的暂估价值。

二、固定资产的初始计量

固定资产的初始计量指确定固定资产的取得成本。固定资产应当按照成本进行初始计量。

成本包括企业为购建某项固定资产达到预定可使用状态前所发生的一切合理的、必要的支出。在会计实际工作中，企业取得固定资产的方式是多种多样的，包括外购、自行建造、投资者投入以及非货币性资产交换、债务重组、企业合并和融入等。

（一）外购固定资产的成本

外购固定资产的成本，包括购买价款、相关税费（不含可抵扣的增值税进项税额）、使固定资产达到预定可使用状态前所发生的可归属于该项资产的场地整理费、运输费、装卸费、安装费和专业人员服务费等。

外购固定资产分为不需要安装的固定资产和需要安装的固定资产两类。

（1）购入不需要安装的固定资产：

借：固定资产
　　应交税费——应交增值税（进项税额）
　　贷：银行存款等

（2）购入需要安装的固定资产：

① 购入时：

借：在建工程
　　应交税费——应交增值税（进项税额）
　　贷：银行存款等

② 安装时：

借：在建工程
　　贷：银行存款、应付职工薪酬、原材料等

③ 达到预定可使用状态转入固定资产时：

借：固定资产
　　贷：在建工程

在会计实际工作中，通常有以下两个问题需要予以关注：第一，计算外购固定资产入账价值时要注意区分专业人员服务费和员工培训费，前者应计入固定资产的成本，后者则应于发生时计入当期损益；第二，企业以一笔款项购入多项没有单独标价的固定资产，应当按照各项固定资产公允价值比例对总成本进行分配，分别确定各项固定资产的成本，计算公式如下：

某项固定资产的成本=（该项固定资产的公允价值/各项固定资产公允价值之和）×总成本

【例 5-1】 兴赣公司 2021 年取得一台需要安装的管理用的固定资产，支付购买价款 3 000 000 元，增值税进项税额 390 000 元，另支付购买过程中运输费 80 000 元，相关增值税进项税额 8 000 元。为使该固定资产符合公司特定用途，购入后公司对其进行了改造。改造过程中领用本公司原材料 60 000 元，相关增值税 10 200 元，发生职工薪酬 30 000 元。兴赣公司为增值税一般纳税人，假定不需考虑其他相关税费。

解析：兴赣公司的账务处理如下。

（1）支付固定资产价款、增值税时：

借：在建工程 3 080 000
　　应交税费——应交增值税（进项税额） 398 000
　　贷：银行存款 3 478 000

（2）领用本公司原材料、支付安装工人薪酬等时：

借：在建工程 90 000
　　贷：原材料 60 000
　　　　应付职工薪酬 30 000

（3）固定资产安装完毕达到预定可使用状态时：

借：固定资产 3 170 000
　　贷：在建工程 3 170 000

（二）自行建造固定资产的成本

自行建造固定资产的成本，由建造该项资产达到预定可使用状态前所发生的必要支出构成，包括工程物资成本、人工成本、交纳的相关税费、应予资本化的借款费用以及应分摊的间接费用等。

企业自行建造固定资产包括自营建造和出包建造两种方式。无论采用何种方式，所建工程都应当按照实际发生的支出确定其工程成本并单独核算。

1. 自营方式建造固定资产

企业以自营方式建造固定资产，意味着企业自行组织工程物资采购、自行组织施工人员从事工程施工。企业以自营方式建造固定资产，其成本应当按照直接材料、直接人工、直接机械施工费等计量。

企业为建造固定资产准备的各种物资应当按照实际支付的买价、不能抵扣的增值税税额、运输费、保险费等相关税费作为实际成本，并按照各种专项物资的种类进行明细核算。工程完工后，剩余的工程物资转为本企业存货的按其实际成本或计划成本进行结转。建设期间发生的工程物资盘亏、报废及毁损减去残料价值和保险公司、过失人等赔款后的净损失，计入所建工程项目的成本；盘盈的工程物资或处置净收益，冲减所建工程项目的成本。工程完工后发生的工程物资盘盈、盘亏、报废、毁损，计入营业外收支。

建造固定资产领用工程物资、原材料或库存商品，应按其实际成本转入所建工程成本。自营方式建造固定资产应负担的职工薪酬、辅助生产部门为之提供的水、电、运输等劳务，以及其他必要支出等也应计入所建工程项目的成本。上述项目涉及增值税的，还应结转其相应的增值税税额。

应计入所建造固定资产成本的符合资本化条件的借款费用按照《企业会计准则第17号——借款费用》的有关规定处理。

企业自营方式建造固定资产，发生的工程成本应通过"在建工程"科目核算。工程完工达到预定可使用状态时，从"在建工程"科目转入"固定资产"科目。

2. 出包方式建造固定资产

在出包方式下，企业通过招标方式将工程项目发包给建造承包商，由建造承包商（施工企业）组织工程项目施工。企业要与建造承包商签订建造合同，企业是建造合同的甲方，负责筹集资金和组织管理工程建设，通常称为建设单位，建造承包商是建造合同的乙方，负责建筑安装工程施工任务。

企业以出包方式建造固定资产，其成本由建造该项固定资产达到预定可使用状态前所发生的必要支出构成，包括发生的建筑工程支出、安装工程支出以及待分摊计入各项固定资产价值的待摊支出。建筑工程支出、安装工程支出，如人工费、材料费、机械使用费等，由建造承包商核算。对于发包企业而言，建筑工程支出、安装工程支出是构成在建工程成本的重要内容。发包企业按照合同规定的结算方式和工程进度定期与建造承包商办理工程价款结算，结算的工程价款计入在建工程成本。待摊支出是指在建设期间发生的不能直接计入某项固定资产价值而应由所建造固定资产共同负担的相关费用，包括为建造工程发生的管理费、征地费、可行性研究费、临时设施费、公证费、监理费、应负担的税费、符合资本化条件的借款费用、建设期间发生的工程物资盘亏、报废及毁损净损失以及负荷联合试车费等。

在出包方式下，"在建工程"科目主要是企业与建造承包商办理工程价款的结算科目，企业支付给建造承包商的工程价款，作为工程成本通过"在建工程"科目核算。企业应按合理估计的工程进度和合同规定结算的进度款，借记"在建工程——建筑工程（××工程）""在建工程——安装工程（××工程）"科目，贷记"银行存款""预付账款"等科目。工程完成时，按合同规定补付的工程款，借记"在建工程"科目，贷记"银行存款"等科目。企业将需安装设备运抵现场安装时，借记"在建工程——在安装设备（××设备）"科目，贷记"工程物资——××设备"科目；企业为建造固定资产发生的待摊支出，借记"在建工程——待摊支出"科目，贷记"银行存款""应付职工薪酬""长期借款"等科目。

在建工程达到预定可使用状态时，借记"固定资产"科目，贷记"在建工程——建筑工程""在建工程——安装工程""在建工程——待摊支出"等科目。

（三）其他方式取得的固定资产的成本

企业取得固定资产的其他方式与存货类似，也主要包括接受投资者投资、非货币性资产交换、债务重组、企业合并等。

（1）投资者投入固定资产的成本。投资者投入固定资产的成本，应当按照投资合同或协议约定的价值确定，但合同或协议约定价值不公允的除外。在投资合同或协议约定价值不公允的情况下，按照该项固定资产的公允价值作为入账价值。

（2）通过非货币性资产交换、债务重组、企业合并等方式取得的固定资产的成本。企业通过非货币性资产交换、债务重组、企业合并等方式取得的固定资产，其成本应当分别按照《企业会计准则第 7 号——非货币性资产交换》《企业会计准则第 12 号——债务重组》《企业会计准则第 20 号——企业合并》等的规定确定。但是，该项固定资产的后续计量和披露应当执行固定资产准则的规定。

（3）盘盈固定资产的成本。盘盈的固定资产，作为前期差错处理，在按管理权限报经批准处理前，应先通过"以前年度损益调整"科目核算。

第二节　固定资产的后续计量

固定资产的后续计量主要包括固定资产折旧的计提、减值损失的确定，以及后续支出的计量。其中，固定资产的减值应当按照《企业会计准则第 8 号——资产减值》处理。

一、固定资产折旧

（一）固定资产折旧的定义

折旧是指在固定资产的使用寿命内按照确定的方法对应计折旧额进行的系统分摊。应计折旧额是指应当计提折旧的固定资产的原价扣除其预计净残值后的余额。如果已对固定资产计提减值准备，还应当扣除已计提的固定资产减值准备累计金额。

（二）影响固定资产折旧的因素

影响固定资产折旧的因素主要有以下几个方面。

（1）固定资产原价，指固定资产的成本。

（2）预计净残值，指假定固定资产预计使用寿命已满并处于使用寿命终了时的预期状态，企业目前从该项资产处置中获得的扣除预计处置费用后的金额。

（3）固定资产减值准备，指固定资产已计提的固定资产减值准备累计金额。

固定资产计提减值准备后，应当在剩余使用寿命根据调整后的固定资产账面价值（固定资产账面余额扣减累计折旧和累计减值准备后的金额）和预计净残值重新计算确定折旧率和折旧额。

（4）固定资产的使用寿命，指企业使用固定资产的预计期间，或者该固定资产所能生产产品或提供劳务的数量。

企业确定固定资产使用寿命时，应当考虑下列因素：①该项资产预计生产能力或实物产量；②该项资产预计有形损耗，如设备使用中发生磨损、房屋建筑物受到自然侵蚀等；③该项资产预计无形损耗，如因新技术的出现而使现有的资产技术水平相对陈旧、市场需求变化使产品过时等；④法律或者类似规定对该项资产使用的限制。某些固定资产的使用寿命可能受法律或类似规定的约束，如对于融资租赁的固定资产，根据《企业会计准则第21号——租赁》规定，能够合理确定租赁期届满时将会取得租赁资产所有权的，应当在租赁资产使用寿命内计提折旧；无法合理确定租赁期届满时能够取得租赁资产所有权的，应当在租赁期与租赁资产使用寿命两者中较短的期间计提折旧。

（三）计提折旧的固定资产范围

企业应当对所有的固定资产计提折旧，但是，已提足折旧仍继续使用的固定资产和单独计价入账的土地除外。在确定计提折旧的范围时还应注意以下几点。

（1）固定资产应当按月计提折旧，并根据用途计入相关资产的成本或者当期损益。当月增加的固定资产，当月不计提折旧，从下月起计提折旧；当月减少的固定资产，当月仍计提折旧，从下月起不计提折旧。

（2）固定资产提足折旧后，不论能否继续使用，均不再计提折旧，提前报废的固定资产也不再补提折旧。所谓提足折旧是指已经提足该项固定资产的应计折旧额。

（3）已达到预定可使用状态但尚未办理竣工决算的固定资产，应当按照估计价值确定其成本，并计提折旧；待办理竣工决算后再按实际成本调整原来的暂估价值，但不需要调整原已计提的折旧额。

（四）固定资产折旧方法

企业应当根据与固定资产有关的经济利益的预期实现方式，合理选择折旧方法。可选用的折旧方法包括年限平均法、工作量法、双倍余额递减法和年数总和法等。企业选用不同的固定资产折旧方法，将影响固定资产使用寿命不同时期的折旧费用，因此，固定资产的折旧方法一经确定，不得随意变更，如需变更应当符合《企业会计准则第4号——固定资产》第十九条的规定。

1. 年限平均法

年限平均法又称直线法，是指将固定资产的应计折旧额均衡地分摊到固定资产预计使用寿命内的一种方法。采用这种方法计算的每期折旧额均相等。计算公式如下：

年折旧率=（年折旧额/固定资产原价）×100%

月折旧率=年折旧率/12

月折旧额=固定资产原价×月折旧率

采用年限平均法计算固定资产折旧虽然比较简便，但也存在明显的局限性。首先，固定资产在不同使用年限提供的经济效益是不同的。一般来讲，固定资产在其使用前期工作效率相对较高，所带来的经济利益也就更多；而在其使用后期，工作效率一般呈下降趋势，因而所带来的经济利益也就逐渐减少。年限平均法不考虑这一因素，明显是不合理的。其次，固定资产在不同的使用年限发生的维修费用也不一样。固定资产的维修费用将随着其使用时间的延长而不断增加，而年限平均法也没有考虑这一因素。

当固定资产各期负荷程度相同时，各期应分摊相同的折旧费，这时采用年限平均法计算折旧是合理的。但是，如果固定资产各期负荷程度不同，采用年限平均法计算折旧时，则不能反映固定资产的实际使用情况，提取的折旧数与固定资产的损耗程度也不相符。

2. 工作量法

工作量法，是根据实际工作量计算每期应提折旧额的一种方法。计算公式如下：

每一工作量折旧额=［固定资产原价×（1-预计净残值率）］/预计总工作量

某项固定资产月折旧额=该项固定资产当月工作量×每一工作量折旧额

【例5-2】兴赣公司的一辆运货卡车的原价为60 000元，预计行驶里程为500 000千米，预计净残值率为5%。本月行驶4 000千米，计算该辆运货卡车的本月折旧额。

解析： 每一里程折旧额=［60 000×（1-5%）］/500 000=0.114（元/千米）

本月折旧额=40 00×0.114=456（元）

3. 双倍余额递减法

双倍余额递减法，是指在不考虑固定资产预计净残值的情况下，根据每期期初固定资产原价减去累计折旧后的余额和双倍的直线法折旧率计算固定资产折旧的一种方法。计算公式如下：

年折旧率=（2/预计使用寿命）×100%

月折旧率=年折旧率/12

月折旧额=固定资产期初折余价值×月折旧率

由于每期期初固定资产折余价值没有扣除预计净残值，因此，在应用这种方法计算折旧额时必须注意不能使固定资产的账面折余价值降低到其预计净残值以下，即实行双倍余额递减法计算折旧的固定资产，应在其折旧年限到期前两年，将固定资产净值扣除预计净残值后的余额平均摊销。

【例5-3】 兴赣公司某项设备原价为10 000元,预计使用寿命为5年,预计净残值为200元,兴赣公司按双倍余额递减法计算折旧,计算每年折旧额。

解析: 年折旧率=(2/5)×100%=40%

第一年应提的折旧额=10 000×40%=4 000(元)

第二年应提的折旧额=(10 000-4 000)×40%=2 400(元)

第三年应提的折旧额=(6 000-2 400)×40%=1 440(元)

从第四年起改按年限平均法(直线法)计提折旧:

第四年、第五年应提的折旧额=(2 160-200)/2=980(元)

4. 年数总和法

年数总和法又称年限合计法,是将固定资产的原价减去预计净残值的余额乘以一个以固定资产尚可使用年限为分子、以预计使用寿命的年数总和为分母的逐年递减的分数计算每年的折旧额的一种方法。计算公式如下:

年折旧率=(尚可使用年限/预计使用寿命的年数总和)×100%

月折旧率=年折旧率/12

月折旧额=(固定资产原价-预计净残值)×月折旧率

(五)固定资产使用寿命、预计净残值和折旧方法的复核

由于固定资产的使用寿命长于一年,属于企业的非流动资产,企业至少应当于每年年度终了对固定资产的使用寿命、预计净残值和折旧方法进行复核。

在固定资产使用过程中,其所处的经济环境、技术环境以及其他环境有可能对固定资产使用寿命和预计净残值产生较大影响。例如,固定资产使用强度比正常情况大大加强,致使固定资产实际使用寿命大大缩短;替代该项固定资产的新产品的出现致使其实际使用寿命缩短,预计净残值减少。如果固定资产使用寿命预计数与原先估计数有差异,应当调整固定资产使用寿命;如果固定资产预计净残值预计数与原先估计数有差异,应当调整预计净残值。

经济环境、技术环境以及其他环境的变化也可能致使与固定资产有关的经济利益的预期实现方式发生重大改变。如果固定资产给企业带来经济利益的方式发生重大变化,企业也应相应改变固定资产折旧方法。例如,某企业以前年度采用年限平均法计提固定资产折旧,此

次年度复核中发现,与该项固定资产相关的技术发生很大变化,年限平均法已很难反映该项固定资产给企业带来经济利益的方式,因此,决定变年限平均法为双倍余额递减法。

企业应当根据《企业会计准则第4号——固定资产》的规定,结合企业的实际情况,制定固定资产目录、分类方法、每类或每项固定资产的使用寿命、预计净残值、折旧方法等,并编制成册,根据企业的管理权限,经股东大会或董事会,或经理(厂长)会议或类似机构批准,按照法律、行政法规等的规定报送有关各方备案,同时备置于企业所在地,以供投资者等有关各方查阅。企业已经确定并对外报送,或备置于企业所在地的有关固定资产目录、分类方法、使用寿命、预计净残值、折旧方法等,一经确定不得随意变更。如需变更,仍然应按照上述程序,经批准后报送有关各方备案。

固定资产使用寿命、预计净残值和折旧方法的改变应作为会计估计变更,按照《企业会计准则第28号——会计政策、会计估计变更和差错更正》的规定处理。

二、固定资产的后续支出

固定资产的后续支出,是指固定资产使用过程中发生的更新改造支出、修理费用等。

后续支出的处理原则为:与固定资产有关的更新改造等后续支出,符合固定资产确认条件的,应当计入固定资产成本,同时将被替换部分的账面价值扣除;与固定资产有关的修理费用等后续支出,不符合固定资产确认条件的,应当计入当期损益。

(一)资本化的后续支出

固定资产发生可资本化的后续支出时,企业一般应将该固定资产的原价、已计提的累计折旧和减值准备转销,将固定资产的账面价值转入在建工程,并在此基础上重新确定固定资产原价。因已转入在建工程,因此停止计提折旧。

在固定资产发生的后续支出完工并达到预定可使用状态时,再从在建工程转为固定资产,并按重新确定的固定资产原价、使用寿命、预计净残值和折旧方法计提折旧。固定资产发生的可资本化的后续支出,通过"在建工程"科目核算。

企业发生的某些固定资产后续支出可能涉及替换原固定资产的某组成部分,当发生的后续支出符合固定资产确认条件时,应将其计入固定资产成本,同时将被替换部分的账面价值扣除,这样可以避免将替换部分的成本和被替换部分的成本同时计入固定资产成本,导致固定资产成本高计。

(二)费用化的后续支出

与固定资产有关的修理费用等后续支出,不符合固定资产确认条件的,应当根据不同情况分别在发生时计入当期管理费用或销售费用。

一般情况下，固定资产投入使用之后，由于固定资产磨损、各组成部分耐用程度不同，可能导致固定资产的局部损坏，为了维护固定资产的正常运转和使用，充分发挥其使用效能，企业将对固定资产进行必要的维护。固定资产的日常修理费用等支出只是确保固定资产的正常工作状况，一般不产生未来的经济利益。因此，通常不符合固定资产的确认条件，在发生时应直接计入当期损益。企业生产车间（部门）和行政管理部门等发生的固定资产修理费用等后续支出计入"管理费用"；企业设置专设销售机构的，其发生的与专设销售机构相关的固定资产修理费用等后续支出，计入"销售费用"。对于处于修理、更新改造过程而停止使用的固定资产，如果其修理、更新改造支出不满足固定资产的确认条件，在发生时也应直接计入当期损益。

第三节 固定资产的处置

一、固定资产终止确认的条件

固定资产满足下列条件之一的，应予终止确认。
（1）该固定资产处于处置状态。

固定资产处置包括固定资产的出售、转让、报废或毁损、对外投资、非货币性资产交换、债务重组等。处于处置状态的固定资产不再用于生产商品、提供劳务、出租或经营管理，因此不再符合固定资产的定义，应予终止确认。

（2）该固定资产预期通过使用或处置不能产生经济利益。

固定资产的确认条件之一是"与该固定资产有关的经济利益很可能流入企业"，如果一项固定资产预期通过使用或处置不能产生经济利益，那么它就不再符合固定资产的定义和确认条件，应予终止确认。

二、固定资产处置的会计处理

企业出售、转让、报废固定资产或发生固定资产毁损，应当将处置收入扣除账面价值和相关税费后的金额计入当期损益。固定资产处置一般通过"固定资产清理"科目进行核算。

企业因出售、报废或毁损、对外投资、非货币性资产交换、债务重组等处置固定资产，其会计处理一般经过以下几个步骤。

(1) 固定资产转入清理。固定资产转入清理时，按固定资产账面价值，借记"固定资产清理"科目，按已计提的累计折旧，借记"累计折旧"科目，按已计提的减值准备，借记"固定资产减值准备"科目，按固定资产账面余额，贷记"固定资产"科目。

(2) 发生的清理费用。固定资产清理过程中发生的有关费用以及应支付的相关税费，借记"固定资产清理"科目，贷记"银行存款""应交税费"等科目。

(3) 出售收入和残料等的处理。企业收回出售固定资产的价款、残料价值和变价收入等，应冲减清理支出。按实际收到的出售价款以及残料变价收入等，借记"银行存款""原材料"等科目，贷记"固定资产清理"科目。

(4) 保险赔偿的处理。企业计算或收到的应由保险公司或过失人赔偿的损失，应冲减清理支出，借记"其他应收款""银行存款"等科目，贷记"固定资产清理"科目。

(5) 清理净损益的处理。固定资产清理完成后的净损失，属于生产经营期间正常的处理损失，借记"营业外支出——处置非流动资产损失"科目，贷记"固定资产清理"科目；属于生产经营期间由于自然灾害等非正常原因造成的，借记"营业外支出——非常损失"科目，贷记"固定资产清理"科目。固定资产清理完成后的净收益，借记"固定资产清理"科目，贷记"资产处置损益"科目。

三、持有待售的固定资产

持有待售的固定资产，是指在当前状况下仅根据出售同类固定资产的惯例就可以直接出售且极可能出售的固定资产，如已经与买主签订了不可撤销的销售协议等。企业对于持有待售的固定资产，应当调整该项固定资产的预计净残值，使该项固定资产的预计净残值能够反映其公允价值减去处置费用后的金额，但不得超过符合持有待售条件时该项固定资产的原账面价值，原账面价值高于预计净残值的差额，应作为资产减值损失计入当期损益。

持有待售的固定资产从划归为持有待售之日起停止计提折旧和减值测试。

在编制资产负债表时，企业可将持有待售的固定资产与其他固定资产一起合并列示在"固定资产"项目中，但需在报表附注中披露持有待售的固定资产名称、账面价值、公允价值、预计处置费用和预计处置时间等。

四、固定资产盘亏的会计处理

固定资产盘亏造成的损失，应当计入当期损益。企业在财产清查中盘亏的固定资产，按盘亏固定资产的账面价值，借记"待处理财产损溢——待处理固定资产损溢"科目，按已计提的累计折旧，借记"累计折旧"科目，按已计提的减值准备，借记"固定资产减值准备"

科目，按固定资产原价，贷记"固定资产"科目。按管理权限报经批准后处理时，按可收回的保险赔偿或过失人赔偿，借记"其他应收款"科目，按应计入营业外支出的金额，借记"营业外支出——盘亏损失"科目，贷记"待处理财产损溢"科目。

扫描二维码，查看
第五章同步测试题

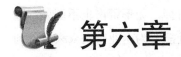

第六章

无形资产

> **引导案例**
>
> ### "神州"商标的知名度
>
> 神州食品饮料公司为中外合资企业,经营十年来,质量稳定,货真价实,在市场上神州牌食品饮料已树立了信誉,销量日增,有的产品还进入国际市场,深受国外用户的信赖。为了进一步扩大业务,占领国际市场,提高企业竞争能力与应变能力,神州公司于2021年年末进行了股权结构的重组,除原有五家股东增加投资并吸收某国新股东投资外,还将原属于神州公司的"神州"牌商标评估作价,作为原五家股东所有的无形资产,共同投入新公司作为各自入资的一部分。商标以评估值作价投入新公司已被新股东接受,现增资扩股工作已经完成,新的合资公司已正式营业。由于资金实力较之前更为雄厚,新公司扩大了生产规模,增加了三条生产线,"神州"商标的知名度与美誉度也有所提高。
>
> 思考并讨论:
> 1. 无形资产在企业中有什么样的作用?
> 2. 新股东为何能接受商标作为入资的一部分?
> 3. 应如何加强无形资产管理?

第一节 无形资产的确认和初始计量

一、无形资产的定义与特征

1. 无形资产的定义

无形资产是指企业拥有或者控制的没有实物形态的可辨认非货币性资产。

2. 无形资产的特征

无形资产具有以下特征。

（1）无形资产是由企业拥有或者控制并能为其带来未来经济利益的资源。

预计能为企业带来未来经济利益，是作为一项资产的本质特征，无形资产也不例外。通常情况下，企业拥有或者控制的无形资产应当拥有其所有权并且能够为企业带来未来经济利益。但在某些情况下并不需要企业拥有其所有权。

如果企业有权获得某项无形资产产生的经济利益，同时又能约束其他人获得这些经济利益，则说明企业控制了该无形资产。或者说控制了该无形资产产生的经济利益，具体表现为企业拥有该无形资产的法定所有权或者使用权并受法律的保护。比如，企业自行研制的技术通过申请依法取得专利权后，在一定期限内拥有了该专利技术的法定所有权；又比如，企业与其他企业签订合约转让商标权，由于合约的签订，使商标使用权转让方的相关权利受到法律的保护。

（2）无形资产不具有实物形态。

无形资产通常表现为某种权利、某项技术或是某种获取超额利润的综合能力。它们不具有实物形态，看不见，摸不着，如土地使用权、非专利技术等。无形资产为企业带来经济利益的方式与固定资产不同，固定资产是通过实物价值的磨损和转移来为企业带来未来经济利益，而无形资产很大程度上是通过自身所具有的技术等优势为企业带来未来经济利益，不具有实物形态是无形资产区别于其他资产的特征之一。

需要指出的是，某些无形资产的存在有赖于实物载体。比如，计算机软件需要存储在磁盘中，但这并不改变无形资产本身不具有实物形态的特性。在确定一项包含无形和有形要素的资产是属于固定资产，还是属于无形资产时，需要通过判断来加以确定。通常以哪个要素更重要作为判断的依据。例如，计算机控制的机械工具没有特定计算机软件就不能运行时，则说明该软件是构成相关硬件不可缺少的组成部分，该软件应作为固定资产处理；如果计算机软件不是相关硬件不可缺少的组成部分，则该软件应作为无形资产核算。无论是否存在实物载体，只要将一项资产归类为无形资产，则不具有实物形态仍然是无形资产的特征之一。

（3）无形资产具有可辨认性。

要作为无形资产进行核算，该资产必须是能够区别于其他资产可单独辨认的，如企业持有的专利权、非专利技术、商标权、土地使用权、特许权等。从可辨认性角度考虑，商誉是与企业整体价值联系在一起的，无形资产的定义要求无形资产是可辨认的，以便与商誉清楚地区分开来。企业合并中取得的商誉代表了购买方为从不能单独辨认并独立确认的资产中获得预期未来经济利益而付出的代价。这些未来经济利益可能产生于取得的可辨认资产之间的协同作用，也可能产生于购买者在企业合并中准备支付的、但不符合在财务报表上确认条件的资产。从计量上来讲，商誉是企业合并成本大于合并中取得的各项可辨认资产、负债公允价值份额的差额，代表的是企业未来现金流量大于每一单项资产产生未来现金流量的合计金额，其存在无法与企业自身区分开来，由于不具有可辨认性，虽然商誉也是没有实物形态的非货币性资产，但不构成无形资产。符合以下条件之一的，则认为其具有可辨认性。

① 能够从企业中分离或者划分出来，并能单独用于出售或转让等，而不需要同时处置在同一获利活动中的其他资产，则说明无形资产可以辨认。某些情况下无形资产可能需要与有关的合同一起用于出售、转让等，这种情况下也视为可辨认无形资产。

② 产生于合同性权利或其他法定权利，无论这些权利是否可以从企业或其他权利和义务中转移或者分离。如一方通过与另一方签订特许权合同而获得的特许使用权，通过法律程序申请获得的商标权、专利权等。

（4）无形资产属于非货币性资产。

非货币性资产，是指企业持有的货币资金和将以固定或可确定的金额收取的资产以外的其他资产。无形资产由于没有发达的交易市场，一般不容易转化成现金，在持有过程中为企业带来未来经济利益的情况不确定，不属于以固定或可确定的金额收取的资产属于非货币性资产。货币性资产主要有现金、银行存款、应收账款、应收票据和短期有价证券等。它们的共同特点是直接表现为固定的货币数额，或在将来收到一定货币数额的权利。应收账款等资产也没有实物形态，其与无形资产的区别在于无形资产属于非货币性资产，而应收账款等资产则不属于非货币性资产。另外，虽然固定资产也属于非货币性资产，但其为企业带来经济利益的方式与无形资产不同，固定资产是通过实物价值的磨损和转移来为企业带来未来经济利益，而无形资产很大程度上是通过某些权利、技术等优势为企业带来未来经济利益。

二、无形资产的内容

无形资产通常包括专利权、非专利技术、商标权、著作权、特许权、土地使用权等。

1. 专利权

专利权，是指国家专利主管机关依法授予发明创造专利申请人，对其发明创造在法定期限内所享有的专有权利，包括发明专利权、实用新型专利权和外观设计专利权。发明，是指对产品、方法或者其改进所提出的新的技术方案。

实用新型，是指对产品的形状、构造或者其结合所提出的适于实用的新的技术方案。外观设计，是指对产品的形状、图案或者其结合以及色彩与形状、图案的结合所作出的富有美感并适用于工业应用的新设计。

发明专利权的期限为 20 年，实用新型专利权和外观设计专利权的期限为 10 年，均自申请之日起计算。

2. 非专利技术

非专利技术，也称专有技术，是指不为外界所知、在生产经营活动中已采用了的、不享有法律保护的、可以带来经济效益的各种技术和诀窍。非专利技术一般包括工业专有技术、商业贸易专有技术、管理专有技术等。工业专有技术，指在生产上已经采用，仅限于少数人知道，不享有专利权或发明权的生产、装配、修理、工艺或加工方法的技术知识，可以用蓝图、配方、技术记录、操作方法的说明等具体资料表现出来，也可以通过卖方派出技术人员进行指导或接受买方人员进行技术实习等手段实现；商业贸易专有技术，指具有保密性质的市场情报、原材料价格情报以及用户、竞争对象的情况的有关知识；管理专有技术，指生产组织的经营方式、管理方法、培训职工方法等知识。非专利技术并不是专利法的保护对象，非专利技术用自我的方式来维持其独占性，具有经济性、机密性和动态性等特点。

3. 商标权

商标是用来辨认特定的商品或劳务的标记。商标权指专门在某类指定的商品或产品上使用特定的名称或图案的权利。经商标局核准注册的商标为注册商标，包括商品商标、服务商标和集体商标、证明商标。商标注册人享有商标专用权，受法律保护。集体商标，是指以团体、协会或者其他组织名义注册，供该组织成员在商事活动中使用，以表明使用者在该组织中的成员资格的标志。证明商标，是指由对某种商品或者服务具有监督能力的组织所控制，而由该组织以外的单位或者个人使用于其商品或者服务，用以证明该商品或者服务的原产地、原料、制造方法、质量或者其他特定品质的标志。

注册商标的有效期为10年。自核准注册之日起计算。注册商标有效期满，需要继续使用的，应当在期满前6个月申请续展注册；在此期间未能提出申请的，可以给予6个月的宽展期。宽展期满仍未提出申请的，注销其注册商标。每次续展注册的有效期为10年。

4. 著作权

著作权又称版权，指作者对其创作的文学、科学和艺术作品依法享有的某些特殊权利。著作权包括作品署名权、发表权、修改权和保护作品完整权，还包括复制权、发行权、出租权、展览权、表演权、放映权、广播权、信息网络传播权、摄制权、改编权、翻译权、汇编权以及应当由著作权人享有的其他权利。著作权人包括作者和其他依法享有著作权的公民、法人或者其他组织。著作权属于作者，创作作品的公民是作者。由法人或者其他组织主持，代表法人或者其他组织意志创作，并由法人或者其他组织承担责任的作品，法人或者其他组织视为作者。

作者的署名权、修改权、保护作品完整权的保护期不受限制。公民的作品，其发表权、复制权、发行权、出租权、展览权、表演权、放映权、广播权、信息网络传播权、摄制权、改编权、翻译权、汇编权以及应当由著作权人享有的其他权利的保护期，为作者终生及其死亡后50年，截止于作者死亡后第50年的12月31日；如果是合作作品，截止于最后死亡的作者死亡后第50年的12月31日。

5. 特许权

特许权，又称经营特许权、专营权，指企业在某一地区经营或销售某种特定商品的权利，或是一家企业接受另一家企业使用其商标、商号、技术秘密等的权利。特许权通常有两种形式：一种为由政府机构授权，准许企业使用或在一定地区享有经营某种业务的特权，如水、电、邮电通信等专营权、烟草专卖权等；另一种为企业间依照签订的合同，有限期或无限期使用另一家企业的某些权利，如连锁店分店使用总店的名称等。特许权业务涉及特许权受让人和转让人两个方面。通常在特许权转让合同中规定了特许权转让的期限、转让人和受让人的权利和义务。转让人一般要向受让人提供商标、商号等使用权，传授专有技术，并负责培训营业人员，提供经营所必需的设备和特殊原料。受让人则要向转让人支付取得特许权的费用，开业后则按营业收入的一定比例或其他计算方法支付享用特许权费用。此外，还要为转让人保守商业秘密。

6. 土地使用权

土地使用权，指国家准许某企业在一定期间对国有土地享有开发、利用、经营的权利。根据我国《土地管理法》的规定，我国土地实行公有制，任何单位和个人不得侵占、买卖或者以其他形式非法转让。企业取得土地使用权的方式大致有行政划拨取得、外购取得（如以交纳土地出让金方式取得）及投资者投资取得几种。通常情况下，作为投资性房地产或者作为固定资产核算的土地，按照投资性房地产或者固定资产核算；以交纳土地出让金等方式外购的土地使用权、投资者投入等方式取得的土地使用权作为无形资产核算。

三、无形资产的确认条件

无形资产应当在符合定义的前提下，同时满足以下两个确认条件时，才能予以确认。

1. 与该资产有关的经济利益很可能流入企业

作为无形资产确认的项目，必须满足产生的经济利益很可能流入企业这一条件。通常情况下，无形资产产生的未来经济利益可能包含在销售商品、提供劳务的收入中，或者企业使用该项无形资产而减少或节约的成本中，或体现在获得的其他利益中。例如，生产加工企业在生产工序中使用了某种知识产权，使其降低了未来生产成本，而不是增加未来收入。实务中，要确定无形资产创造的经济利益是否很可能流入企业，需要实施职业判断。在实施这种判断时，需要对无形资产在预计使用寿命内可能存在的各种经济因素作出合理估计，并且应当有明确的证据支持，比如，企业是否有足够的人力资源、高素质的管理队伍、相关的硬件设备、相关的原材料等来配合无形资产为企业创造经济利益。同时更为重要的是关注一些外界因素的影响，比如，是否存在相关的新技术、新产品冲击，与无形资产相关的技术或据其生产的产品的市场等。在实施判断时，企业的管理当局应对无形资产的预计使用寿命存在的各种因素作出最稳健的估计。

2. 该无形资产的成本能够可靠地计量

成本能够可靠地计量是资产确认的一项基本条件。对于无形资产来说，这个条件更为重要。比如，企业内部产生的品牌、报刊名等，因其成本无法可靠计量，不作为无形资产确认。又如，一些高新科技企业的科技人才，假定其与企业签订了服务合同，且合同规定其在一定期限内不能为其他企业提供服务，在这种情况下，虽然这些科技人才的知识在规定的期限内预期能够为企业创造经济利益，但由于这些技术人才的知识难以辨认，且形成这些知识所发生的支出难以计量，因而不能作为企业的无形资产加以确认。

四、无形资产的初始计量

无形资产应当按照成本进行初始计量，即以取得无形资产并使之达到预定用途而发生的全部支出作为无形资产的成本。不同来源的无形资产，其成本构成不同。按照取得方式，无形资产可以分为外购的无形资产、投资者投入的无形资产、通过非货币性资产交换取得的无形资产等。

（一）外购的无形资产的成本

外购的无形资产的成本，包括购买价款、相关税费（不包含可抵扣的增值税进项税额）以及直接归属于该项资产达到预定用途所发生的其他支出。

其中，其他支出的范围如表6-1所示。

表6-1 其他支出的范围

包括的内容	不包括的内容
使无形资产达到预定用途所发生的专业服务费用	为引入新产品进行宣传发生的广告费、管理费用及其他间接费用
测试无形资产是否能够正常发挥作用的费用	在无形资产已经达到预定用途以后发生的费用

外购的无形资产的账务处理如下。

借：无形资产
　　贷：银行存款、库存现金等

如果企业购入的无形资产超过正常信用条件延期支付价款，实质上具有融资性质，应按所取得的无形资产购买价款的现值计量其成本，现值与应付价款之间的差额作为未确认的融资费用，在付款期间内按照实际利率法确认为利息费用。

【例6-1】因兴赣公司某项生产活动需要甲公司已获得的专利技术，如果使用了该项专利技术，预计其生产能力比原先提高20%，销售利润率增长15%。为此，兴赣公司从甲公司购入一项专利权，按照协议约定以现金支付，实际支付的价款为300万元，并支付相关税费1万元和有关专业服务费用5万元，款项已通过银行转账支付。

解析：（1）兴赣公司购入的专利权符合无形资产的定义，即兴赣公司能够拥有或者控制该项专利技术，符合可辨认的条件，同时是不具有实物形态的非货币性资产。（2）兴赣公司购入的专利权符合无形资产的确认条件。首先，兴赣公司的某项生产活动需要甲公司已获得的专利技术，兴赣公司使用了该项专利技术，预计兴赣公司的生产能力比原先提高20%，销售利润率增长15%，即经济利益很可能流入；其次，兴赣公司购买该项专利权的成本为300万元，另外支付相关税费和有关专业服务费用5万元，即成本能够可靠计量。因此，符合无形资产的确认条件。

无形资产初始计量的成本=300+1+5=306（万元）

兴赣公司的账务处理如下。

借：无形资产——专利权　　　　　　　　　　　　　　　3 060 000
　　贷：银行存款　　　　　　　　　　　　　　　　　　　　　3 060 000

【例6-2】2021年1月8日，兴赣公司从乙公司购买一项非专利技术，由于兴赣公司资金周转比较紧，经与乙公司协议采用分期付款方式支付款项。合同规定，该项非专利技术总计200万元，每年年末付款40万元，5年付清。假定银行同期贷款利率为5%，为了简化核算，假定不考虑其他有关税费（已知5年期5%利率，其年金现值系数为4.329 5）。

未确认融资费用如表6-2所示。

表6-2　未确认融资费用　　　　　　　　　　　　　　金额单位：万元

年份	融资余额	利率	本年利息 融资余额×利息	付款	还本 付款-利息	未确认融资费用 上年余额-本年利息
0	173.18					26.82
1	141.84	0.05	8.66	40	31.34	18.16
2	108.94	0.05	7.10	40	32.9	11.06
3	74.39	0.05	5.45	40	34.55	5.61
4	38.11	0.05	3.72	40	36.28	1.89
5	0.00	0.05	1.89	40	38.11	0.00
合计			26.82	200	173.18	

解析： 兴赣公司的账务处理如下。

无形资产现值=40×4.329 5=173.18（万元）

未确认的融资费用=200−173.18=26.82（万元）

借：无形资产——非专利技术	1 731 800
未确认融资费用	268 200
贷：长期应付款	2 000 000

2021 年年末付款时：

借：长期应付款	400 000
贷：银行存款	400 000
借：财务费用	86 600
贷：未确认融资费用	86 600

2022 年年末付款时：

借：长期应付款	400 000
贷：银行存款	400 000
借：财务费用	71 000
贷：未确认融资费用	71 000

2023 年年末付款时：

借：长期应付款	400 000
贷：银行存款	400 000
借：财务费用	54 500
贷：未确认融资费用	54 500

2024 年年末付款时：

借：长期应付款	400 000
贷：银行存款	400 000
借：财务费用	37 200
贷：未确认融资费用	37 200

2025 年年末付款时：

借：长期应付款	400 000
贷：银行存款	400 000
借：财务费用	18 900
贷：未确认融资费用	18 900

（二）投资者投入的无形资产的成本

投资者投入的无形资产的成本，应当按照投资合同或协议约定的价值确定无形资产的取得成本。如果投资合同或协议约定价值不公允的，应按无形资产的公允价值作为无形资产初始成本入账。相关账务处理如下。

借：无形资产
　　贷：实收资本（或股本）
　　　　银行存款

（三）通过非货币性资产交换取得的无形资产的成本

企业通过非货币性资产交换取得的无形资产，包括以投资、存货、固定资产或无形资产换入的无形资产等。非货币性资产交换具有商业实质且公允价值能够可靠计量的，在发生补价的情况下，支付补价方应当以换出资产的公允价值加上支付的补价（换入无形资产的公允价值）和应支付的相关税费，作为换入无形资产的成本；收到补价方，应当以换入无形资产的公允价值（或换出资产的公允价值减去补价）和应支付的相关税费，作为换入无形资产的成本。相关账务处理如下。

借：无形资产
　　应交税费——应交增值税（进项税额）
　　贷：主营业务收入等
　　　　资产处置损益（换出无形资产账面价值与公允价值之间的差额，或借方）
　　　　应交税费——应交增值税（销项税额）
　　　　银行存款等

（四）通过政府补助取得的无形资产的成本

通过政府补助取得的无形资产的成本，应当按照公允价值计量；公允价值不能可靠取得的，按照名义金额计量。相关账务处理如下。

借：无形资产
　　贷：递延收益

（五）土地使用权的处理

企业取得的土地使用权，通常应当按照取得时所支付的价款及相关税费确认为无形资产。

土地使用权用于自行开发建造厂房等地上建筑物时，土地使用权的账面价值与地上建筑物分别计算其成本,分别进行摊销和提取折旧,相关的土地使用权的账面价值不转入在建工程成本,但下列情况除外。

(1) 房地产开发企业取得的土地使用权用于建造对外出售的房屋建筑物,相关的土地使用权应当计入所建造的房屋建筑物成本。

(2) 企业外购房屋建筑物所支付的价款应当在地上建筑物与土地使用权之间进行合理分配;确实难以合理分配的,应当全部作为固定资产处理。

(3) 企业改变土地使用权的用途,停止自用土地使用权而用于赚取租金或资本增值时,应将其账面价值转为投资性房地产。

(六) 企业合并中取得的无形资产的成本

企业合并中取得的无形资产,按照企业合并的分类,分别处理。

(1) 同一控制下吸收合并,按照被合并企业无形资产的账面价值确认为取得时的初始成本;同一控制下控股合并,合并方在合并日编制合并报表时,应当按照被合并方无形资产的账面价值作为合并基础。

(2) 非同一控制下的企业合并中,购买方取得的无形资产应以其在购买日的公允价值计量,包括:①被购买企业原已确认的无形资产;②被购买企业原未确认的无形资产,但其公允价值能够可靠计量,购买方就应在购买日将其独立于商誉确认为一项无形资产。例如,被购买方正在进行当中的一个研究开发项目,符合无形资产的定义且其公允价值能够可靠计量,则购买方应将其独立于商誉确认为一项无形资产。

公允价值的取得一般有以下两种途径。

途径一,活跃市场中的市场报价,该报价提供了无形资产公允价值的最可靠的估计。恰当的市场价格一般是现行出价。无法获得现行出价的情况下,如果类似交易的最近交易日和资产公允价值估计日之间的经济情况没有发生重大变化,则可以类似交易的最近价格为基础来估计公允价值。

途径二,如果无形资产不存在活跃市场,则其公允价值应按照购买日从购买方可获得的信息为基础,在熟悉情况并自愿的当事人之间进行的公平交易中,为取得该资产所支付的金额,如对无形资产预计产生的未来现金流量进行折现。

在企业合并中,如果取得的无形资产本身可以单独辨认,但其计量或处置必须与有形的或其他无形的资产一并作价,如天然矿泉水的商标可能与特定的泉眼有关,但不能独立于该泉眼出售,在这种情况下,如果该无形资产及与其相关的资产各自的公允价值不能可靠计量,则应将该资产组(即将无形资产及与其相关的有形资产一并)独立于商誉确认为单项资产。

第二节 内部研究开发支出的确认和计量

一、研究阶段和开发阶段的划分

对于企业自行进行的研究开发项目,应当区分研究阶段与开发阶段两个部分分别进行核算。

(一)研究阶段

研究阶段是指为获取新的技术和知识等进行的有计划的调研。研究阶段基本上是探索性的,是为进一步开发活动进行资料及相关方面的准备,已进行的研究活动将来是否会转入开发、开发后是否会形成无形资产等均具有较大的不确定性,这一阶段一般不会形成阶段性成果。由此可见,研究阶段的特点体现在以下两个方面。

(1)计划性。研究阶段是建立在有计划的调查基础上,即研发项目已经董事会或者相关管理层的批准,并着手收集相关资料、进行市场调查等。例如,某药品公司为研究开发某药品,经董事会或者相关管理层的批准,有计划地收集相关资料、进行市场调查、比较市场中相关药品的药性、效用等。

(2)探索性。研究阶段基本上是探索性的,为进一步的开发活动进行资料及相关方面的准备,在这一阶段不会形成阶段性成果。

从研究阶段的特点来看,其研究是否能在未来形成成果,即通过开发后是否会形成无形资产,均具有很大的不确定性,企业也无法证明其能够带来未来经济利益的无形资产的存在,因此,研究阶段的有关支出在发生时,应当予以费用化计入当期损益。

(二)开发阶段

开发阶段是指在进行商业性生产或使用前,将研究成果或其他知识应用于某项计划或设计,以生产出新的或具有实质性改进的材料、装置、产品等。开发阶段活动的例子包括:生产前或使用前的原型和模型的设计、建造和测试;含新技术的工具、夹具、模具和冲模的设计;不具有商业性生产经济规模的试生产设施的设计、建造和运营;新的或经改造的材料、设备、产品、工序、系统或服务所选定的替代品的设计、建造和测试等。

开发阶段的特点体现在以下两个方面。

(1)具有针对性。开发阶段是建立在研究阶段的基础上,因而,对项目的开发具有针对性。

（2）形成成果的可能性较大。进入开发阶段的研发项目往往形成成果的可能性较大。

由于开发阶段相对于研究阶段更进一步，相对于研究阶段来讲，进入开发阶段，则很大程度上形成一项新产品或新技术的基本条件已经具备，此时如果企业能够证明满足无形资产的定义及相关确认条件，所发生的开发支出可资本化确认为无形资产的成本。

（三）研究阶段与开发阶段的不同点

（1）目标不同。研究阶段一般目标不具体、不具有针对性；开发阶段多是针对具体目标、产品、工艺等。

（2）对象不同。研究阶段一般很难具体化到特定项目上；开发阶段往往形成对象化的成果。

（3）风险不同。研究阶段的成功概率很难判断，一般成功率很低，风险比较大；开发阶段的成功率较高、风险相对较小。

（4）结果不同。研究阶段的结果多是研究报告等基础性成果；开发阶段的结果则多是具体的新技术、新产品等。

二、开发阶段有关支出资本化的条件

在开发阶段，判断可以将有关支出资本化计入无形资产成本的条件包括以下几项。

（1）完成该无形资产以使其能够使用或出售在技术上具有可行性。企业在判断是否满足该条件时，应以目前阶段的成果为基础，说明在此基础上进一步进行开发所需的技术条件等已经具备，基本上不存在技术上的障碍或其他不确定性，企业在判断时，应提供相关的证据和材料。

（2）具有完成该无形资产并使用或出售的意图。开发某项产品或专利技术产品等，是使用还是出售通常是根据管理当局决定该项研发活动的目的或者意图所决定，即研发项目形成成果以后，是为出售，还是为自己使用并从使用中获得经济利益，应当依据管理当局意图而定。因此，企业的管理当局应能够说明其持有拟开发无形资产的目的，并具有完成该项无形资产开发并使其能够使用或出售的可能性。

（3）无形资产产生经济利益的方式，包括能够证明运用该无形资产生产的产品存在市场或无形资产自身存在市场，无形资产将在内部使用的，应当证明其有用性。要作为无形资产确认，其基本条件是能够为企业带来未来经济利益。就其能够为企业带来未来经济利益的方式来讲，如果有关的无形资产在形成以后，主要是用于形成新产品或新工艺的，企业应对运用该无形资产生产的产品市场情况进行估计，应能够证明所生产的产品存在市场，并能够带来经济利益的流入;如果有关的无形资产开发以后主要是用于对外出售的,则企业应能够证明市场上存在对该类无形资产的需求,开发以后存在外在的市场可以出售并带来经济利益的流入;如果无形资产开发以后,不是用于生产产品,也不是用于对外出售,而是在企业内部使用的,则企业应能够证明在企业内部使用时对企业的有用性。

(4)有足够的技术、财务资源和其他资源支持,以完成该无形资产的开发,并有能力使用或出售该无形资产。这一条件主要包括:①为完成该项无形资产开发具有技术上的可靠性。开发无形资产并使其形成成果在技术上的可靠性,是继续开发活动的关键,因此,必须有确凿证据证明企业继续开发该项无形资产有足够的技术支持和技术能力。②财务和其他资源支持。财务和其他资源支持是能够完成该项无形资产开发的经济基础,因此,企业必须能够证明为完成该项无形资产的开发所需的财务和其他资源,是否能够足以支持完成该项无形资产的开发。③能够证明企业在开发过程中所需的技术、财务和其他资源,以及企业获得这些资源的相关计划等,如在企业自有资金不足以提供支持的情况下,是否存在外部其他方面的资金支持,如银行等金融机构愿意为该无形资产的开发提供所需资金的声明等来证实,并有能力使用或出售该无形资产。

(5)归属于该无形资产开发阶段的支出能够可靠地计量。企业对于开发活动发生的支出应单独核算,如发生的开发人员的工资、材料费等,在企业同时从事多项开发活动的情况下,所发生的支出同时用于支持多项开发活动的应按照一定的标准在各项开发活动之间进行分配,无法明确分配的,应予以费用化计入当期损益,不计入开发活动的成本。

三、内部研究开发的无形资产的计量

内部研发活动形成的无形资产成本,由可直接归属于该资产的创造、生产并使该资产能够以管理层预定的方式运作的所有必要支出组成。可直接归属成本包括开发该无形资产时耗费的材料、劳务成本、注册费、在开发该无形资产过程中使用的其他专利权和特许权的摊销,以及按照借款费用的处理原则可资本化的利息支出。在开发无形资产过程中发生的除上述可直接归属于无形资产开发活动的其他销售费用、管理费用等间接费用、无形资产达到预定用途前发生的可辨认的无效和初始运作损失、为运行该无形资产发生的培训支出等不构成无形资产的开发成本。

值得说明的是,内部开发无形资产的成本仅包括在满足资本化条件的时点至无形资产达到预定用途前发生的支出总和,对于同一项无形资产在开发过程中达到资本化条件之前已经费用化计入当期损益的支出不再进行调整。

四、内部研究开发费用的财务处理

(一) 基本原则

企业内部研究和开发无形资产,其在研究阶段的支出全部费用化,计入当期损益(管理费用);开发阶段的支出符合资本化条件的资本化,不符合资本化条件的计入当期损益(管理费用)。如果确实无法区分研究阶段的支出和开发阶段的支出,应将其所发生的研发支出全部费用化,计入当期损益。

(二) 具体账务处理方法

企业应设置"研发支出"科目,"研发支出"科目余额记入资产负债表中的"研发支出"项目。企业发生的研发支出,通过"研发支出"科目归集。相关账务处理如表6-3所示。

表6-3 研究开发费用的账务处理

阶段	资本化支出	费用化支出
发生支出	借:研发支出——资本化支出 贷:原材料、银行存款等	借:研发支出——费用化支出 贷:原材料、银行存款等
结转	借:无形资产 贷:研发支出——资本化支出	借:管理费用 贷:研发支出——费用化支出

第三节 无形资产的后续计量

一、无形资产后续计量的原则

无形资产初始确认和计量后,在使用该项无形资产期间应以成本减去累计摊销额和累计减值损失后的余额计量。要确定无形资产在使用过程中的累计摊销额,基础是估计其使用寿命,而使用寿命有限的无形资产才需要在估计使用寿命内采用系统合理的方法进行摊销,对于使用寿命不确定的无形资产则不需要摊销。

(一) 估计无形资产的使用寿命

企业应当于取得无形资产时分析判断其使用寿命。无形资产的使用寿命如果是有限的,应当估计该使用寿命的年限或者构成使用寿命的产量等类似计量单位数量;无法预见无形资产为企业带来未来经济利益期限的,应当视为使用寿命不确定的无形资产。

估计无形资产使用寿命应考虑的主要因素包括:

① 该资产通常的产品寿命周期,以及可获得的类似资产使用寿命的信息;

② 技术、工艺等方面的现实情况及对未来发展的估计;

③ 该资产在其行业运用的稳定性和生产的产品或服务的市场需求情况;

④ 现在或潜在的竞争者预期采取的行动;

⑤ 为维持该资产产生未来经济利益的能力所需要的维护支出,以及企业预计支付有关支出的能力;

⑥ 对该资产的控制期限,以及对该资产使用的法律或类似限制,如特许使用期间、租赁期间等;

⑦ 与企业持有的其他资产使用寿命的关联性等。

例如,企业以支付土地出让金方式取得一块土地50年的使用权,如果企业准备持续持有,在50年期间没有计划出售,则该项土地使用权预期为企业带来未来经济利益的期间为50年。

(二) 无形资产使用寿命的确定

某些无形资产的取得源自合同性权利或其他法定权利,其使用寿命不应超过合同性权利或其他法定权利的期限。但如果企业使用资产的预期的期限短于合同性权利或其他法定权利规定的期限,则应当按照企业预期使用的期限确定其使用寿命。例如,企业取得一项专利技术,法律保护期间为20年,企业预计运用该专利生产的产品在未来15年会为企业带来经济利益。就该项专利技术,第三方向企业承诺在5年后以其取得之日公允价值的60%购买该专利权。从企业管理层目前的持有计划来看,准备在5年后将其出售给第三方。为此,该项专利权的实际使用寿命为5年。

如果合同性权利或其他法定权利能够在到期时因续约等延续,则仅当有证据表明企业续约不需要付出重大成本时,续约期才能够包括在使用寿命的估计中。下列情况下,一般说明企业无须付出重大成本即可延续合同性权利或其他法定权利:有证据表明合同性权利或法定权利将被重新延续,如果在延续之前需要第三方同意,则还需有第三方将会同意的证据;有证据表明为获得重新延续所必需的所有条件将被满足,以及企业为延续持有无形资产付出的成本相对于预期从重新延续中流入企业的未来经济利益相比不具有重要性。如果企业为延续无形资产持有期间而付出的成本与预期从重新延续中流入企业的未来经济利益相比具有重要性,则从本质上来看是企业获得的一项新的无形资产。没有明确的合同或法律规定无形资产的使用寿命的,企业应当综合各方面情况,如企业经过努力,聘请相关专家进行论证、与同行业的情况进行比较以及参考企业的历史经验等,来确定无形资产为企业带来未来经济利益的期限。如果经过这些努力，仍确实无法合理确定无形资产为企业带来经济利益的期限，才能将该无形资产作为使用寿命不确定的无形资产。例如，企业取得了一项在过去几年市场份额领先的畅销产品的商标，该商标按照法律规定还有 5 年的使用寿命，但是在保护期届满时，企业可每 10 年以较低的手续费申请延期，同时有证据表明企业有能力申请延期。此外，有关的调查表明，根据产品生命周期、市场竞争等方面情况综合判断，该品牌将在不确定的期间为企业产生现金流量。综合各方面情况，该商标可视为使用寿命不确定的无形资产。又如，企业通过公开拍卖取得一项出租车运营许可，按照所在地规定，以现有出租运营许可为限，不再授予新的运营许可，而且在旧的出租车报废以后，有关的运营许可可用于新的出租车。企业估计在有限的未来其将持续经营出租车行业。对于该运营许可，其为企业带来未来经济利益的期限从目前情况来看，无法可靠估计，因此，应视其为使用寿命不确定的无形资产。

（三）无形资产使用寿命的复核

企业至少应当于每年年度终了，对无形资产的使用寿命及摊销方法进行复核，如果有证据表明无形资产的使用寿命及摊销方法不同于以前的估计，如由于合同的续约或无形资产应用条件的改善，延长了无形资产的使用寿命，则对于使用寿命有限的无形资产，应改变其摊销年限及摊销方法，并按照会计估计变更进行处理。例如，企业使用的某项非专利技术，原预计使用寿命为 5 年，使用至第 2 年年末，该企业计划再使用 2 年即不再使用，为此，在第 2 年年末，企业应当变更该项无形资产的使用寿命，并作为会计估计变更进行处理。又如，某项无形资产计提了减值准备，这可能表明企业原估计的摊销期限需要作出变更。对于使用寿命不确定的无形资产，如果有证据表明其使用寿命是有限的，则应视为会计估计变更，应当估计其使用寿命并按照使用寿命有限的无形资产的处理原则进行处理。

二、使用寿命有限的无形资产

使用寿命有限的无形资产，应在其预计的使用寿命内采用系统合理的方法对应摊销金额进行摊销。应摊销金额，是指无形资产的成本扣除残值后的金额。已计提减值准备的无形资产，还应扣除已计提的无形资产减值准备累计金额。使用寿命有限的无形资产，其残值一般应当视为零。

（一）摊销期和摊销方法

无形资产的摊销期自其可供使用（即其达到预定用途）时起至终止确认时止，即无形资产摊销的起始和停止日期为：当月增加的无形资产，当月开始摊销；当月减少的无形资产，当月不再摊销。

在无形资产的使用寿命内系统地分摊其应摊销金额，存在多种方法。这些方法包括直线法、生产总量法等。企业选择的无形资产摊销方法：应当能够反映与该项无形资产有关的经济利益的预期实现方式，并一致地运用于不同会计期间。例如，受技术旧因素影响较大的专利权和专有技术等无形资产，可采用类似固定资产加速折旧的方法进行摊销；有特定产量限制的特许经营权或专利权，应采用产量法进行摊销。无法可靠确定其预期实现方式的，应当采用直线法进行摊销。

无形资产的摊销一般应计入当期损益，但如果某项无形资产是专门用于生产某种产品或者其他资产，其所包含的经济利益是通过转入到所生产的产品或其他资产中实现的，则无形资产的摊销费用应当计入相关资产的成本。例如，某项专门用于生产过程的专利技术，其摊销费用应属于所生产产品成本的一部分，计入制造该产品的制造费用。

（二）残值的确定

除下列情况外，无形资产的残值一般为零：

（1）有第三方承诺在无形资产使用寿命结束时购买该项无形资产；

（2）可以根据活跃市场得到无形资产预计残值信息，并且该市场在该项无形资产使用寿命结束时可能存在。

无形资产的残值意味着，在其经济寿命结束之前企业预计将会处置该无形资产，并且从该处置中取得利益。估计无形资产的残值应以资产处置时的可收回金额为基础。此时的可收回金额是指在预计出售日，出售一项使用寿命已满且处于类似使用状况下，同类无形资产预计的处置价格（扣除相关税费）。残值确定以后，在持有无形资产的期间，至少应于每年年末进行复核。预计其残值与原估计金额不同的，应按照会计估计变更进行处理。如果无形资产的残值重新估计以后高于其账面价值，则无形资产不再摊销，直至残值降至低于账面价值时再恢复摊销。

例如，企业从外单位购入一项实用专利技术的成本为100万元，根据目前企业管理层的持有计划，预计5年后转让给第三方。根据目前活跃市场上得到的信息，该实用专利技术预计残值为10万元。企业采取生产总量法对该项无形资产进行摊销。到第3年期末，市场发生变化，经复核重新估计，该项实用专利技术预计残值为30万元，如果此时企业已摊销72万元，该项实用专利技术账面价值为28万元，低于重新估计的该项实用专利技术的残值，则不再对该项实用专利技术进行摊销，直至残值降至低于账面价值时再恢复摊销。

（三）使用寿命有限的无形资产摊销的账务处理

使用寿命有限的无形资产应当在其使用寿命内，采用合理的摊销方法进行摊销。摊销时，应当考虑该项无形资产所服务的对象，并以此为基础将其摊销价值计入相关资产的成本或者当期损益。

【例 6-3】 2022 年 1 月 20 日，A 公司从外单位购得一项土地使用权，支付价款 9 000 万元，款项已支付，估计该项土地使用权的使用寿命为 50 年，假定这项无形资产的净残值均为零，并按直线法摊销。当日 A 公司在上述地块上开始建造商业设施，建成后作为自营大型商贸中心的场地。2022 年按照结算进度实际支付工程款 4 000 万元；2023 年 9 月 30 日，商业设施达到预定可使用状态，支付建造成本 1 685 万元。该商业设施预计使用年限为 50 年，采用直线法计提折旧。

解析：A 公司的账务处理如下（会计分录单位：万元）。

（1）2022 年 1 月 20 日取得土地使用权时：

借：无形资产　　　　　　　　　　　　　　　　　　　　　　　　9 000
　　贷：银行存款　　　　　　　　　　　　　　　　　　　　　　9 000

（2）2022 年支付工程款、计提累计摊销时：

借：在建工程　　　　　　　　　　　　　　　　　　　　　　　　4 180
　　贷：银行存款　　　　　　　　　　　　　　　　　　　　　　4 000
　　　　累计摊销（9 000/50）　　　　　　　　　　　　　　　　 180

（3）2023 年支付工程款、计提累计摊销时：

借：在建工程　　　　　　　　　　　　　　　　　　　　　　　　1 820
　　贷：银行存款　　　　　　　　　　　　　　　　　　　　　　1 685
　　　　累计摊销（180×9/12）　　　　　　　　　　　　　　　　 135

借：固定资产（4 180+1 820）　　　　　　　　　　　　　　　　　6 000
　　贷：在建工程　　　　　　　　　　　　　　　　　　　　　　6 000

借：销售费用　　　　　　　　　　　　　　　　　　　　　　　　　 75
　　贷：累计摊销（180×3/12）　　　　　　　　　　　　　　　　　45
　　　　累计折旧（180×2/12）　　　　　　　　　　　　　　　　　30

根据可获得的相关信息判断，如果无法合理估计某项无形资产的使用寿命，应作为使用寿命不确定的无形资产进行核算。对于使用寿命不确定的无形资产，在持有期间不需要摊销，但应当在每个会计期间进行减值测试。减值测试的方法按照资产减值的原则进行处理，如经减值测试表明已发生减值，则需要计提相应的减值准备。其相关的账务处理为：借记"资产减值损失"科目，贷记"无形资产减值准备"科目。

第四节 无形资产的处置

无形资产的处置，主要是指无形资产出售、对外出租、对外捐赠，或者是无法为企业带来未来经济利益时应予终止确认并转销。

一、无形资产的出售

企业出售某项无形资产，表明企业放弃该无形资产的所有权，应将所取得的价款与该无形资产账面价值的差额计入当期损益。但是，值得注意的是，企业出售无形资产确认其利得的时点应按照收入确认中的有关原则进行确定。

出售无形资产时，应按实际收到的金额，借记"银行存款"等科目，按已计提的累计摊销，借记"累计摊销"科目。原已计提减值准备的，借记"无形资产减值准备"科目，按应支付的相关税费，贷记"应交税费"等科目，按其账面余额，贷记"无形资产"科目，按其差额，贷记"营业外收入——处置非流动资产利得"科目或借记"营业外支出——处置非流动资产损失"科目。

二、无形资产的出租

企业将所拥有的无形资产的使用权让渡给他人，并收取租金，在满足收入确认条件的情况下，应确认相关的收入及成本，并通过其他业务收支科目进行核算。让渡无形资产使用权而取得的租金收入，借记"银行存款"等科目，贷记"其他业务收入"等科目；摊销出租无形资产的成本并发生与转让有关的各种费用支出时，借记"其他业务成本"科目，贷记"无形资产"科目。

【例6-4】2022年1月1日，A企业将一项专利技术出租给B企业使用，该专利技术账面余额为500万元，摊销期限为10年，出租合同规定，承租方每销售一件用该专利生产的产品，必须付给出租方10元专利技术使用费。假定承租方当年销售该产品10万件，应交的增值税为5万元。

解析：A企业的账务处理如下：

（1）取得该项专利技术使用费时：

借：银行存款   1 000 000

  贷：其他业务收入   1 000 000

（2）按年对该项专利技术进行摊销并计算应交的增值税：

借：其他业务成本　　　　　　　　　　　　　　　　　　　550 000
　　贷：累计摊销　　　　　　　　　　　　　　　　　　　　500 000
　　　　应交税费——应交增值税　　　　　　　　　　　　　 50 000

三、无形资产的报废

如果无形资产预期不能为企业带来未来经济利益，例如，该无形资产已被其他新技术所替代或超过法律保护期，不能再为企业带来经济利益，则不再符合无形资产的定义，应将其报废并予以转销，其账面价值转作当期损益。转销时，应按已计提的累计摊销，借记"累计摊销"科目，按其账面余额，贷记"无形资产"科目，按其差额，借记"营业外支出"科目。已计提减值准备的，还应同时结转减值准备。

【例6-5】D企业拥有某项专利技术，根据市场调查，用其生产的产品已没有市场，决定应予转销。转销时，该项专利技术的账面余额为600万元，摊销期限为10年，采用直线法进行摊销，已摊销了5年。假定该项专利权的残值为0，已累计计提的减值准备为160万元，假定不考虑其他相关因素。

解析： D公司的账务处理如下。

借：累计摊销　　　　　　　　　　　　　　　　　　　　3 000 000
　　无形资产减值准备　　　　　　　　　　　　　　　　1 600 000
　　营业外支出——处置无形资产损失　　　　　　　　　1 400 000
　　贷：无形资产——专利权　　　　　　　　　　　　　6 000 000

同步测试题

扫描二维码，查看
第六章同步测试题

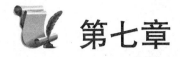

第七章

长期股权投资

引导案例

力帆的股权投资

力帆科技（集团）股份有限公司是一家以新能源产业为战略发展方向，集汽车、摩托车和发动机、通机的研发、生产、销售为一体的大型企业。该公司在2013财年的营业收入为100亿元。从2010年上市开始，公司的净利润基本在4亿元左右浮动，其中2013财年的净利润为4.24亿元。但是，这4.24亿元净利润中很大一部分来自当年对参股公司重庆银行的会计核算由成本法变更为权益法所致。然而根据《企业会计准则第2号——长期股权投资》的规定，由于力帆在重庆银行的参股董事为非执行董事，且任期很短，因此将力帆认定为对重庆银行构成重大影响从而适用权益法并不合理，存在盈余管理的嫌疑。

思考并讨论：
1. 什么是长期股权投资？
2. 什么是成本法？
3. 什么是权益法？

第一节 长期股权投资中的关键词

一、投资

投资是企业为了获得收益或者实现资本增值而向被投资单位投入资金的经济行为。企业对外进行的投资，可以有不同的分类。从投资的性质上来划分，可以将投资分为债权性投资与权益性投资。权益性投资按对被投资单位的影响程度来划分，可以分为对子公司投资（控制）、对合营企业投资（共同控制）和对联营企业投资（重大影响）等。

二、股权投资

股权投资包括长期股权投资和金融工具准则规范的权益性投资。长期股权投资是指投资方对被投资单位实施控制、共同控制、重大影响的权益性投资。金融工具准则规范的权益性投资包括指定为以公允价值计量且其变动计入其他综合收益的非交易性权益工具投资和以公允价值计量且其变动计入当期损益的金融资产。

三、对子公司投资（控制）

对子公司投资，是指投资方持有的能够对被投资单位施加控制的股权投资。控制是指投资方拥有对被投资单位的权力，通过参与被投资单位的相关活动而享有可变回报，并且有能力运用对被投资单位的权力影响其回报金额。

风险投资机构、共同基金以及类似主体持有的、在初始确认时按照金融工具确认和计量准则的规定以公允价值计量且其变动计入当期损益的金融资产和投资性主体对不纳入合并财务报表的子公司权益性投资，应当执行金融工具确认和计量准则。

一般情况下，不同的持股比例对应的核算科目如表7-1所示。

表7-1 不同的持股比例对应的核算科目

对被投资单位的影响程度	持股比例（一般情况）	核算科目
控制	大于50%	长期股权投资
共同控制	50%	长期股权投资
重大影响	20%~50%	长期股权投资
非交易性股权投资	小于20%	其他权益工具投资
以公允价值计量且其变动计入当期损益的金融资产	小于20%	交易性金融资产

四、对合营企业投资（共同控制）

对合营企业投资，是指投资方持有的对构成合营企业的合营安排的投资，即投资方与其他合营方对被投资方实施共同控制且对被投资单位净资产享有权利的权益性投资。

五、对联营企业投资（重大影响）

对联营企业投资，是指投资方能够对被投资单位施加重大影响的股权投资。重大影响，是指投资方对被投资单位的财务和生产经营决策有参与决策的权力，但并不能控制或与其他方一起共同控制这些政策的制定。企业通常可以通过以下一种或几种情形来判断是否对被投资方具有重大影响。

（1）在被投资单位的董事会或类似机构中派有代表。
（2）参与被投资单位财务和经营政策制定过程，包括股利政策等的制定。
（3）与被投资单位之间发生重要交易。
（4）向被投资单位派出管理人员。
（5）向被投资单位提供关键技术资料。

重大影响的判断关键是分析投资方是否有实质性参与权而不是决定权。另外，值得注意的是，重大影响为对被投资单位的财务和经营政策有"参与决策的权力"而非"正在行使的权力"，其判断的核心应当是投资方是否具备参与并实施重大影响的权力，而投资方是否正在行使该权力并不是判断的关键所在。

第二节 长期股权投资的确认和初始计量

一、长期股权投资的确认

长期股权投资的确认，是指投资方能够在自身账簿和报表中确认对被投资单位股权投资的时点。对子公司投资应当在企业合并的合并日（或购买日）确认。其中，合并日（或购买日）是指合并方（或购买方）实际取得对被合并方（或被购买方）控制权的日期。满足以下有关条件的，通常可认为实现了控制权的转移。

（1）企业合并合同或协议已获股东大会通过。
（2）企业合并事项需要经过国家有关主管部门审批的，已获得批准。
（3）参与合并各方已办理了必要的财产权转移手续。
（4）合并方（或购买方）已支付了合并价款的大部分（一般应超过50%），并且有能力、有计划支付剩余款项。
（5）合并方（或购买方）实际上已经控制了被合并方（或被购买方）的财务和经营政策，

并享有相应的利益、承担相应的风险。

对联营企业、合营企业等长期股权投资的确认，一般会参照对子公司长期股权投资的确认条件进行。对于认缴制下尚未出资的股权投资，投资方在未实际出资前是否应确认所认缴出资相关的股权投资，应结合法律法规规定与具体合同协议确定，若合同协议有具体约定，按照合同协议约定进行会计处理；若合同协议没有具体约定，则应根据《中华人民共和国公司法》等法律法规的相关规定进行会计处理。对于投资的初始确认，若合同明确约定认缴出资的时间和金额，且投资方按认缴比例享有相应的股东权益，则投资方应确认一项金融负债及相应的资产；若合同没有明确约定，则属于一项未来的出资承诺，不确认金融负债及相应的资产。

二、对子公司投资的初始计量

（一）同一控制下控股合并形成的对子公司长期股权投资

同一控制下控股合并，即交易发生前后合并方、被合并方均在相同的最终控制方控制之下。例如，A公司与B公司均为甲公司的子公司，经协商A公司以支付现金为对价的方式从其母公司甲公司手中购入B公司80%的股权，从而对B公司实现控制。此项交易发生前后A公司与B公司的最终控制方始终是甲公司。

由于在同一控制下控股合并中，最终控制方在企业合并前及合并后能控制的资产并没有发生变化，只是由于合并导致所控制子公司相互层级、直接或间接关系的变化，所以我们可以将同一控制下控股合并视为集团内部资源组合的优化，不应视为市场购买行为。应当在合并日按照取得被合并方所有者权益在最终控制方合并财务报表中的账面价值的份额作为长期股权投资的初始投资成本。长期股权投资的初始投资成本与支付合并对价账面价值（或发行股份面值总额）的差额，应当调整资本公积（资本溢价或股本溢价），资本公积的余额不足冲减的，应当冲减留存收益（盈余公积和利润分配——未分配利润）。

同一控制下控股合并中，合并方发生的审计费、评估咨询费等中介费用以及其他相关管理费用，应当在发生时计入当期损益。同一控制下取得长期股权投资时以非现金资产作为支付对价的，不得确认非现金资产的处置损益。

1. 合并方以支付现金、转让非现金资产作为合并对价

借：长期股权投资（取得投资时享有被合并方所有者权益在最终控制方合并财务报表中账面价值的份额）

  资本公积——资本溢价或股本溢价（借方差额）

  盈余公积（若资本公积不足冲减，冲减盈余公积）

利润分配——未分配利润（若资本公积和盈余公积不足冲减，冲减利润分配）

　　　贷：相关资产（现金或所转让非现金资产的账面价值）

　　　　　资本公积——资本溢价或股本溢价（贷方差额）

　借：管理费用（审计费、评估咨询费等支付给中介机构的费用）

　　　贷：银行存款

【例7-1】2021年6月30日，A公司向其母公司B公司发行10 000 000股普通股（每股面值为1元，每股公允价值为4.34元），取得母公司B公司拥有对C公司100%的股权，并于当日起能够对C公司实施控制，合并后，C公司仍维持其独立法人地位继续经营。2021年6月30日，母公司B公司合并财务报表中的C公司净资产账面价值为40 000 000元，假定A公司和C公司都受B公司最终同一控制，在企业合并前采用的会计政策相同，不考虑相关税费等其他因素影响。

解析：A公司在合并日应确认对C公司的长期股权投资，初始投资成本为应享有C公司在B公司合并财务报表中的净资产账面价值的份额，账务处理如下。

　借：长期股权投资——C公司　　　　　　　　　　　　　40 000 000

　　　贷：股本　　　　　　　　　　　　　　　　　　　　10 000 000

　　　　　资本公积——股本溢价　　　　　　　　　　　　30 000 000

2. 合并方以承担债务作为合并对价

　借：长期股权投资（取得投资时享有被合并方所有者权益在最终控制方合并财务报表中账面价值的份额）

　　　资本公积——资本溢价或股本溢价（借方差额）

　　　盈余公积（若资本公积不足冲减，冲减盈余公积）

　　　利润分配——未分配利润（若资本公积和盈余公积不足冲减，冲减利润分配）

　　　贷：相关负债（所承担负债的账面价值）

　　　　　资本公积——资本溢价或股本溢价（贷方差额）

　借：管理费用（审计费、评估咨询费等支付给中介机构的费用）

　　　贷：银行存款

3. 合并方以发行权益性证券作为合并对价

　借：长期股权投资（取得投资时享有被合并方所有者权益在最终控制方合并财务报表中账面价值的份额）

　　　资本公积——资本溢价或股本溢价（借方差额）

　　　盈余公积（若资本公积不足冲减，冲减盈余公积）

　　　利润分配——未分配利润（若资本公积和盈余公积不足冲减，冲减利润分配）

　　　贷：股本（面值总额）

　　　　资本公积——资本溢价或股本溢价（贷方差额）
　　借：资本公积——资本溢价或股本溢价（发行权益性证券支付给证券承销机构的发行费）
　　　　贷：银行存款
　　借：管理费用（审计费、评估咨询费等支付给中介机构的费用）
　　　　贷：银行存款
　　若被合并方是最终控制方以前自外部第三方购买取得，且购买时形成合并商誉，则应当在合并日按照取得被合并方所有者权益在最终控制方合并财务报表中账面价值的份额和最终控制方收购被合并方时形成的全部商誉作为长期股权投资的初始投资成本。

（二）非同一控制下控股合并形成的对子公司长期股权投资

　　非同一控制下控股合并本质上为市场化购买，合并处理的基本原则是购买法，即以支付对价（购买方付出的资产、发生或承担的负债、发行的权益性证券）的公允价值作为长期股权投资的初始投资成本（合并成本）。合并成本超过享有被投资单位可辨认净资产公允价值份额的部分实质上是企业合并中形成的商誉，但是，商誉在个别财务报表中不单独确认，而是在合并财务报表中体现。

1. 通过一次交易实现

　　非同一控制下控股合并中，购买方应当按照确定的企业合并成本，即合并对价的公允价值作为长期股权投资的初始投资成本。付出资产的公允价值与账面价值的差额计入当期损益或留存收益（对价为其他权益工具投资时）。

　　非同一控制下控股合并中，为取得长期股权投资而发生的审计费、评估咨询费等中介费用以及其他相关管理费用，直接计入当期损益。非同一控制下取得长期股权投资时以非现金资产作为支付对价的，应确认非现金资产的处置损益。

　　非同一控制下控股合并形成的对子公司长期股权投资的账务处理如下。

（1）以现金为对价方式的账务处理：
　　借：长期股权投资
　　　　贷：银行存款
（2）以存货为对价方式的账务处理：
　　借：长期股权投资
　　　　贷：主营业务收入
　　借：主营业务成本、其他业务成本
　　　　存货跌价准备（若有）
　　　　贷：库存商品、原材料
（3）以固定资产为对价方式的账务处理：

借：固定资产清理（固定资产账面价值）
　　累计折旧
　　固定资产减值准备（若有）
　　贷：固定资产
借：长期股权投资
　　贷：固定资产清理
借：固定资产清理
　　贷：资产处置损益
或编制相反分录。

（4）以无形资产为对价方式的账务处理：
借：长期股权投资
　　累计摊销
　　无形资产减值准备（若有）
　　贷：无形资产
　　　　资产处置损益（或借方）

（5）以发行权益性证券为对价方式的账务处理：
借：长期股权投资
　　贷：股本
　　　　资本公积——资本溢价或股本溢价

支付给券商的发行费、佣金和手续费等直接冲减发行权益工具的溢价收入，相关账务处理如下。
借：资本公积——资本溢价或股本溢价
　　贷：银行存款

（6）以持有的以公允价值计量且其变动计入其他综合收益的债权性金融资产为对价方式的账务处理：
借：长期股权投资
　　贷：其他债权投资——成本
　　　　　　　　　　——利息调整（或借方）
　　　　　　　　　　——公允价值变动（或借方）
　　　　投资收益（或借方）
借：其他综合收益
　　贷：投资收益
或编制相反分录。

2. 通过多次交易实现

（1）原投资为权益法核算的长期股权投资。

个别报表中长期股权投资的初始投资成本为原权益法下长期股权投资的账面价值与购买日为取得新的股份所支付对价的公允价值之和。

购买日之前因权益法核算形成的"其他综合收益"或"资本公积——其他资本公积"暂时不作处理，待到处置该项投资时将与其相关的"其他综合收益"或"资本公积——其他资本公积"采用与被购买方直接处置相关资产或负债相同的基础进行会计处理。

（2）原投资为金融工具准则规范的权益性投资。

原投资为指定为以公允价值计量且其变动计入其他综合收益的非交易性权益工具投资，长期股权投资的初始投资成本为原股权投资在购买日的公允价值与购买日为取得新的股份所支付对价的公允价值之和。

原投资为指定为以公允价值计量且其变动计入当期损益的金融资产，长期股权投资的初始投资成本为原股权投资在购买日的公允价值与购买日为取得新的股份所支付对价的公允价值之和。

（三）投资成本中包含的已宣告但尚未发放的现金股利或利润的处理

企业取得长期股权投资时，若投资成本中包含被投资方已宣告但尚未发放的现金股利或利润，应单独作为应收项目核算，不构成长期股权投资的初始投资成本。相关账务处理如下。

借：应收股利
  贷：银行存款

不同情况下形成的长期股权投资的初始计量对比如表 7-2 所示。

表 7-2 不同情况下形成的长期股权投资的初始计量对比

长期股权投资	入账价值	审计费、评估咨询费等相关费用处理
重大影响或共同控制	支付对价的公允价值	计入长期股权投资的初始投资成本
同一控制下控股合并	取得投资时享有被合并方所有者权益在最终控制方合并报表中账面价值的份额+最终控制方收购被合并方时形成的商誉	计入管理费用
非同一控制下控股合并	支付对价的公允价值	计入管理费用

任何情况下以发行权益性证券为对价取得长期股权投资的，为发行权益性证券支付给证券发行机构的佣金、手续费等都应当冲减"资本公积——资本溢价或股本溢价"。

三、对合营企业、联营企业投资的初始计量

对合营企业、联营企业投资,取得投资时初始投资成本确定的基本原则是以支付对价的公允价值为基础进行确定。

(1)通过支付现金取得的长期股权投资,应当按照实际支付的购买价款(包含购买过程中支付的手续费等)作为初始投资成本。初始投资成本包括与取得长期股权投资直接相关的费用、税金及其他必要支出,但实际支付的价款中包含的已宣告但尚未领取的现金股利,应作为应收项目单独核算。

(2)通过发行权益性证券取得的长期股权投资,应当按照发行权益性证券的公允价值作为初始投资成本。

(3)通过非货币性资产交换取得的长期股权投资,其初始投资成本应当按照《企业会计准则第7号——非货币性资产交换》的有关规定确定。

(4)通过债务重组取得的长期股权投资,其初始投资成本应当按照《企业会计准则第12号——债务重组》的有关规定确定。

不构成企业合并的情况下取得的长期股权投资,在初始计量时应当注意以下四个细节的处理。

(1)不构成企业合并的情况下取得的长期股权投资,确认其初始投资成本时,应包括为取得该项长期股权投资所发生的审计、评估费等相关费用。

(2)取得长期股权投资时所付出的对价中包含的被投资单位已宣告但尚未发放的现金股利或利润,应作为应收项目(应收股利)核算,不构成长期股权投资的成本。

(3)以发行权益性证券为对价取得长期股权投资时,为发行权益性证券而向证券承销机构支付的手续费、佣金等与权益性证券发行直接相关的费用不构成长期股权投资的成本。

(4)不构成企业合并的情况下取得长期股权投资时,以非现金资产作为支付对价的,应确认非现金资产的处置损益。

第三节 长期股权投资的后续计量

长期股权投资在持有期间,根据投资企业对被投资单位的影响程度及是否存在活跃市场、公允价值能否可靠取得等进行划分,应当分别采用成本法及权益法进行核算。

一、长期股权投资的成本法

企业对子公司的长期股权投资应当以成本法进行后续计量。在成本法下,"长期股权投资"科目反映取得投资时的投资成本。成本法后续计量的账务处理如下。

1. 被投资单位宣告并发放现金股利或利润

(1) 宣告并发放现金股利或利润时:

借:应收股利
　　贷:投资收益

(2) 实际发放现金股利时:

借:银行存款
　　贷:应收股利

2. 长期股权投资的可收回金额小于长期股权投资账面价值

此时应当计提减值准备,长期股权投资减值准备一经计提,在后续持有期间不得转回。

借:资产减值损失
　　贷:长期股权投资减值准备

【例 7-2】2021 年 1 月 1 日,A 公司以 2 000 万元购入 B 公司 80%的股权,A 公司取得该部分股权后,有权主导 B 公司的相关活动并获得可变回报。2022 年 3 月 31 日,B 公司经股东大会批准并宣告分派现金股利 100 万元,A 公司按照其持股比例可收到现金股利 80 万元。2022 年 4 月 5 日实际发放现金股利,2022 年 6 月 30 日该长期股权投资出现减值迹象,预计可收回金额为 1 800 万元。不考虑其他因素。

解析:A 公司以 2 000 万元购入 B 公司 80%的股权,有权主导 B 公司的相关活动并获得可变回报,从而能控制 B 公司,所以应采用成本法对 B 公司的投资进行后续计量。A 公司对 B 公司的投资应进行的账务处理如下(会计分录单位:万元)。

(1) 2021 年 1 月 1 日取得投资时:

借:长期股权投资　　　　　　　　　　　　　　　　　　　　　　　　2 000
　　贷:银行存款　　　　　　　　　　　　　　　　　　　　　　　　　　2 000

(2) 由于采用成本法进行后续计量,期末无需按应享有被投资单位净资产份额时的变动调整长期股权投资的账面价值。所以 2021 年 12 月 31 日对该投资不作任何账务处理。

(3) 2022 年 3 月 31 日 B 公司宣告分派现金股利:

借:应收股利　　　　　　　　　　　　　　　　　　　　　　　　　　　　80
　　贷:投资收益　　　　　　　　　　　　　　　　　　　　　　　　　　　80

(4) 2022 年 4 月 5 日收到现金股利:

借：银行存款 80
　　贷：应收股利 80

（5）2022年6月30日A公司持有B公司的投资出现减值迹象，预计可收回金额为1 800万元，原账面价值为2 000万元，所以应计提长期股权投资减值准备200万元。

借：资产减值损失 200
　　贷：长期股权投资减值准备 200

二、长期股权投资的权益法

企业对联营企业（重大影响）及合营企业（共同控制）的长期股权投资应当以权益法进行后续计量。权益法是指投资企业以初始投资成本计量后，在后续计量时，根据被投资单位所有者权益的变动，投资企业长期股权投资的账面价值也要进行相应调整的方法。

长期股权投资采用权益法核算的，应当分别使用"投资成本""损益调整"核算持有期间被投资单位净损益变动及利润分配，其中"投资成本"核算支付对价的公允价值以及后续计量中对初始投资成本的调整，"损益调整"核算持有期间被投资单位净损益变动及利润分配。"其他综合收益"核算持有期间被投资单位其他综合收益的变动，"其他权益变动"核算持有期间被投资单位除净损益、其他综合收益以及利润分配以外的所有者权益的其他变动。

1. 初始投资成本的调整

投资企业取得对联营企业（重大影响）及合营企业（共同控制）的长期股权投资，需要对比投资时投资成本与应享有被投资单位可辨认净资产公允价值份额之间的差额时，应当依据下列情况分别进行会计处理。

（1）初始投资成本大于取得投资时应享有被投资单位可辨认净资产公允价值份额。

两者之间的差额体现的是被投资单位不符合资产确认条件的商誉价值。在投资方的个别财务报表中商誉不单独反映，所以，当初始投资成本大于取得投资时应享有被投资单位可辨认净资产公允价值份额时，长期股权投资的成本不需要进行调整。

（2）初始投资成本小于取得投资时应享有被投资单位可辨认净资产公允价值份额。

两者之间的差额体现的是被投资单位在交易过程中的让步，其差额应当计入当期损益（营业外收入），同时调整增加长期股权投资的成本。相关账务处理如下。

借：长期股权投资——投资成本
　　贷：营业外收入

商誉是指能在未来期间为企业经营带来超额利润的潜在经济价值，或一家企业预期的获利能力超过可辨认资产正常获利能力的资本化价值。商誉是企业整体价值的组成部分。在企业合并时，商誉等于合并成本减去投资时享有被投资方可辨认净资产公允价值份额。

【例 7-3】2021 年 1 月 1 日，A 公司以 10 000 万元购入 B 公司 30%的股权，A 公司取得该部分股权后，能够对 B 公司的财务和生产经营决策施加重大影响。取得投资时被投资单位可辨认净资产账面价值为 30 000 万元（假定被投资单位各项可辨认资产、负债的公允价值与其账面价值相等）。

解析：A 公司以 10 000 万元购入 B 公司 30%的股权，能够对 B 公司的财务和生产经营决策施加重大影响，所以应采用权益法对 B 公司的投资进行后续计量。长期股权投资的初始投资成本 10 000 万元大于取得投资时应享有被投资单位可辨认净资产公允价值份额 9 000 万元（30 000×30%），两者之间的差额 1 000 万元（10 000－9 000）视为合并方认同被合并方存在商誉而支付的对价，不调整长期股权投资的账面价值。A 公司对 B 公司的投资应进行的账务处理如下（会计分录单位：万元）。

借：长期股权投资——投资成本　　　　　　　　　　　　　　　10 000
　　贷：银行存款　　　　　　　　　　　　　　　　　　　　　　10 000

若被投资单位可辨认净资产公允价值份额为 40 000 万元，A 公司按持股比例 30%计算，确定应享有被投资单位可辨认净资产公允价值份额 12 000 万元（40 000×30%），两者之间的差额 2 000 万元（12 000－10 000）视同股权转让方的捐赠，应计入取得投资当期的营业外收入，并调整长期股权投资的账面价值。取得股权投资时 A 公司账务处理如下（会计分录单位：万元）。

借：长期股权投资——投资成本　　　　　　　　　　　　　　　10 000
　　贷：银行存款　　　　　　　　　　　　　　　　　　　　　　10 000
借：长期股权投资——投资成本　　　　　　　　　　　　　　　 2 000
　　贷：营业外收入　　　　　　　　　　　　　　　　　　　　　 2 000

2. 投资损益的确认

投资方取得长期股权投资后，应当按照应享有或分担的被投资单位实现的净损益，确认投资收益，同时调整长期股权投资的账面价值。若被投资单位实现净利润，投资企业的账务处理如下。

借：长期股权投资——损益调整
　　贷：投资收益

【例 7-4】2021 年 1 月 1 日，A 公司以 5 800 万元购入 B 公司 40%的股权，A 公司取得该部分股权后，能够对 B 公司的财务和生产经营决策施加重大影响。2021 年 B 公司实现净利润 1 000 万元，不考虑其他因素。

解析：A 公司取得该部分股权后能够对 B 公司的财务和生产经营决策施加重大影响，应当以权益法对该投资进行后续计量。资产负债表日 A 公司应享有的被投资单位实现的净损益份额 400 万元（1 000×40%），调整长期股权投资的账面价值，并确认投资收益。A 公司在资产负债表日的账务处理如下（会计分录单位：万元）。

借：长期股权投资——损益调整 400
　　贷：投资收益 400

若被投资单位发生净亏损则编制相反分录。

3. 超额亏损

按照权益法核算的长期股权投资，投资企业确认应分担被投资单位发生的损失时，原则上应以长期股权投资及其他实质上构成对被投资单位净投资的长期权益减记至零为限，投资企业负有承担额外损失义务的除外。这里所讲"其他实质上构成对被投资单位净投资的长期权益"通常是指长期应收项目。比如，企业对被投资单位的长期债权，该债权没有明确的清收计划且在可预见的未来期间不准备收回的，实质上构成对被投资单位的净投资，但不包括投资企业与被投资单位之间因销售商品、提供劳务等日常活动所产生的长期债权。

投资企业在确认应分担被投资单位发生的亏损时，具体应按照以下顺序处理。

首先，减记长期股权投资的账面价值。

其次，在长期股权投资的账面价值减记至零的情况下，对于未确认的投资损失，考虑除长期股权投资外，账面上是否有其他实质上构成对被投资单位净投资的长期权益项目，如果有则应以其他长期权益的账面价值为限，继续确认投资损失，冲减长期应收项目的账面价值。

最后，经过上述处理，按照投资合同或协议约定，投资企业仍需要承担额外损失弥补等义务的，应按预计将承担的义务金额确认预计负债，计入当期投资损失。

企业在实务操作过程中，在发生投资损失时，应借记"投资收益"科目，贷记"长期股权投资——损益调整"科目。在长期股权投资的账面价值减记至零以后，考虑其他实质上构成对被投资单位净投资的长期权益，继续确认的投资损失，应借记"投资收益"科目，贷记"长期应收款"科目。因投资合同或协议约定导致投资企业需要承担额外义务的，按照或有事项准则的规定，对于符合确认条件的义务，应确认为当期损失，同时确认预计负债，借记"投资收益"科目，贷记"预计负债"科目。

在确认了有关的投资损失以后，被投资单位于以后期间实现盈利的，应按以上相反顺序分别减记已确认的预计负债、恢复其他长期权益及长期股权投资的账面价值，同时确认投资收益，即应当按顺序分别借记"预计负债""长期应收款""长期股权投资"科目，贷记"投资收益"科目。

【例7-5】2021年1月1日，A公司持有B公司40%的股权，A公司取得该部分股权后，能够对B公司的财务和生产经营决策施加重大影响。2021年12月31日，该项长期股权投资的账面价值为2 000万元，B公司2022年发生亏损6 000万元。假定A公司取得投资前，B公司各项可辨认资产、负债的公允价值与其账面价值相同，两公司采用的会计政策和会计期间也相同，A公司2022年应确认的投资损失为1 200万元，确认上述投资损失后，长期股权投资的账面价值变为 800 万元。

解析：本例中，如果 B 公司 2022 年的亏损额为 6 000 万元，则 A 公司按其持股比例确认应分担的损失为 2 400 万元，但期初长期股权投资的账面价值仅为 2 000 万元，如果没有其他实质上构成对被投资单位净投资的长期权益项目，A 公司应确认的投资损失仅为 2 000 万元，超额损失在账外进行备查登记。如果在确认了 2 000 万元的投资损失后，A 公司账上仍有应收 B 公司的长期应收款 800 万元（实质上构成对 B 公司的净投资），则在长期应收款的账面价值大于 400 万元的情况下，应进一步确认投资损失 400 万元，A 公司应进行的账务处理如下（会计分录单位：万元）。

借：投资收益　　　　　　　　　　　　　　　　　　　　　2 400
　　贷：长期股权投资——B 公司——损益调整　　　　　　2 000
　　　　长期应收款——B 公司——超额亏损　　　　　　　　400

4. 其他综合收益的变动

被投资单位其他综合收益的变动主要包括重新计量设定受益计划变动额、其他权益工具投资公允价值变动、交易性金融负债因企业自身信用风险引起的公允价值变动、其他债权投资公允价值变动、现金流量套期储备、外币财务报表折算差额等。被投资单位其他综合收益的变动，也会影响投资企业应享有被投资单位所有者权益的份额。因此，被投资单位其他综合收益发生变动的，投资方应当按照归属于本企业的部分，相应调整长期股权投资的账面价值，同时增加或减少其他综合收益。相关账务处理如下。

借：长期股权投资——损益调整
　　贷：其他综合收益

5. 被投资单位除净损益以外所有者权益的其他变动

采用权益法核算时，投资企业对于被投资单位除净损益以外所有者权益的其他变动，在持股比例不变的情况下，应按照持股比例与被投资单位除净损益以外所有者权益的其他变动中归属于本企业的部分，相应调整长期股权投资的账面价值。同时增加或减少资本公积。

【例 7-6】 2021 年 3 月 28 日，A 公司、B 公司、C 公司分别以现金 200 万元、400 万元和 400 万元出资设立 D 公司，分别持有 D 公司 20%、40%、40% 的股权，A 公司对 D 公司具有重大影响，采用权益法对有关股权投资进行核算。D 公司自设立日起至 2023 年 1 月 1 日实现净损益 1 000 万元，除此以外，无其他影响净资产的事项。2023 年 1 月 1 日，经 A 公司、B 公司、C 公司协商，B 公司对 D 公司增资 800 万元，增资后 D 公司净资产为 2 800 万元，A 公司、B 公司、C 公司分别持有 D 公司 15%、50%、35% 的股权，相关手续于当日完成。假定 A 公司与 D 公司适用的会计政策、会计期间相同，双方在当期及以前期间未发生其他内部交易。不考虑相关税费等其他因素影响。

解析：2023 年 1 月 1 日，B 公司增资前，D 公司的净资产账面价值为 2 000 万元，A 公司应享有D公司权益份额为400万元（2 000×20%）。B公司单方面增资后，D公司的净资产增加800万元，A公司应享有D公司权益份额为420万元（2 800×15%）。A公司享有的权益变动20万元，属于D公司除净损益以外所有者权益的其他变动，A公司对D公司的长期股权投资的账面价值应调增20万元，并相应调整"资本公积——其他资本公积"科目。

6. 股票股利的处理

被投资单位分派股票股利时，由于被投资单位净资产总额没有发生增减变动，投资方不进行账务处理，但应于除权日注明所增加的股数，以反映股份的变化情况。

第四节 长期股权投资核算方法的转换及处置

一、长期股权投资核算方法的转换

长期股权投资在持有期间，因各方面情况的变化，可能导致其核算需要由一种方法转换为另外一种方法。

（一）成本法转换为权益法

1. 投资企业个别财务报表中的账务处理

（1）应按处置投资的比例结转应终止确认的长期股权投资成本：

借：银行存款
　　贷：长期股权投资
　　　　投资收益（差额，或借方）

（2）剩余的长期股权投资成本大于按照剩余持股比例计算原投资时应享有被投资单位可辨认净资产公允价值的份额，属于投资作价中体现的商誉部分，不调整长期股权投资的账面价值；剩余的长期股权投资成本小于按照剩余持股比例计算原投资时应享有被投资单位可辨认净资产公允价值的份额，在调整长期股权投资成本的同时，应调整留存收益：

借：长期股权投资——投资成本
　　贷：盈余公积
　　　　利润分配——未分配利润

（3）对于原取得投资后至转变为权益法核算之间被投资单位实现的净损益中应享有的份额，应调整长期股权投资的账面价值，同时对于原取得投资时至处置投资当期期初被投资单位实现的净损益（扣除已发放及已宣告发放的现金股利及利润）中应享有的份额，调整留存收益（盈余公积与未分配利润），对于处置投资当期期初至处置投资之日被投资单位实现的净损益中享有的份额，调整当期损益（投资收益）；在被投资单位其他综合收益变动中应享有的份额，在调整长期股权投资账面价值的同时，应当计入其他综合收益；除净损益、其他综合收益和利润分配外的其他原因导致被投资单位其他所有者权益变动中应享有的份额，在调整长期股权投资账面价值的同时，应当计入资本公积（其他资本公积）：

借：长期股权投资——投资成本

贷：盈余公积（原投资时至处置投资当期期初被投资单位实现的净损益×剩余持股比例×10%）

利润分配——未分配利润（原投资时至处置投资当期期初被投资单位实现的净损益×剩余持股比例×90%）

投资收益（处置投资当期期初至处置日被投资单位的净损益变动×剩余持股比例）

其他综合收益（被投资单位其他综合收益变动×剩余持股比例）

资本公积——其他资本公积（其他原因导致被投资单位所有者权益变动）

2. 投资企业合并财务报表中的账务处理

经个别财务报表处理后，在合并财务报表中，对于剩余股权应当按照其在丧失控制权日的公允价值进行重新计量。处置股权取得的对价与剩余股权公允价值之和，减去按原持股比例计算应享有原有子公司自购买日开始持续计算的净资产的份额与商誉之和的差额，计入丧失控制权当期的投资收益。与原有子公司股权投资相关的其他综合收益，应当采用与被投资单位直接处置相关资产或负债相同的基础进行账务处理。相关账务处理如下：

（1）对剩余股权按丧失控制权日的公允价值重新计量的调整：

借：长期股权投资（剩余股权的公允价值）

贷：长期股权投资（个别财务报表调整后的剩余股权账面价值）

投资收益（差额）

（2）对个别财务报表中的部分处置收益的归属期间的调整：

借：投资收益

贷：盈余公积（原投资时至处置投资当期期初被投资单位实现的净损益×处置部分比例×10%）

利润分配——未分配利润（原投资时至处置投资当期期初被投资单位实现的净损益×处置部分比例×90%）

其他综合收益（被投资单位其他综合收益变动×处置部分比例）

资本公积——其他资本公积（被投资单位其他权益变动×处置部分比例）

（3）对于与子公司股权投资相关的其他综合收益，在子公司终止确认时该其他综合收益应转入投资收益或留存收益：

① 其他综合收益可转损益：

借：其他综合收益
　　贷：投资收益

② 其他综合收益不可转损益：

借：其他综合收益
　　贷：盈余公积
　　　　利润分配——未分配利润

（4）对于与子公司股权投资相关的其他所有者权益变动，在子公司终止确认时该资本公积应转入投资收益：

借：资本公积——其他资本公积
　　贷：投资收益

【例7-7】2021年1月1日，A公司支付4 000万元取得B公司100%的股权，能够对B公司实施控制，取得投资当日B公司可辨认净资产的公允价值为3 500万元，2021年1月1日至2021年12月31日，B公司的净资产增加了500万元，其中按购买日公允价值持续计算实现的净利润为450万元，持有的以公允价值计量且其变动计入其他综合收益的金融资产（债券投资）公允价值上升了50万元。2022年3月31日，A公司转让B公司60%的股权，收取现金3 000万元存入银行，转让后，A公司对B公司的持股比例为40%，能对其施加重大影响。2022年3月31日，即A公司丧失对B公司的控制权日，B公司剩余40%股权的公允价值为2 000万元，B公司2022年第一季度实现净利润80万元。假定自取得投资起B公司从未分配过现金股利，不考虑其他因素。

解析：

（1）首先应按处置投资的比例结转应终止确认的长期股权投资成本（2 400万元），终止确认部分的长期股权投资成本与取得价款之间的差额记入"投资收益"科目。A公司账务处理如下（会计分录单位：万元）。

借：银行存款　　　　　　　　　　　　　　　　　　　　　　　　　3 000
　　贷：长期股权投资　　　　　　　　　　　　　　　　　　　　　　2 400
　　　　投资收益　　　　　　　　　　　　　　　　　　　　　　　　　600

（2）判定是否需要调整长期股权投资的投资成本，本题比较剩余的长期股权投资成本（4 000×40%）与按照剩余持股比例计算原投资时应享有被投资单位可辨认净资产公允价值的份额（3 500×40%），两者之间的差额为200万元，这个差额视为内含商誉，不必调整长期股权投资的投资成本，不作账务处理。

（3）对于原取得投资后至转变为权益法核算之前被投资单位净资产的变动，应按剩余比例调整长期股权投资的账面价值，本题净资产的变动来源有三个方面：一是 2021 年实现净利润 450 万元；二是 2021 年确认其他综合收益 50 万元；三是 2022 年第一季度实现净利润 80 万元。A 公司账务处理如下（会计分录单位：万元）。

  借：长期股权投资（580×40%）   232
    贷：盈余公积（450×40%×10%）   18
      利润分配——未分配利润（450×40%×90%） 162
      投资收益（80×40%）   32
      其他综合收益（50×40%）   20

（二）公允价值计量的金融资产或权益法转换为成本法（非同一控制下）

1. 原投资采用权益法核算

个别报表中长期股权投资的初始投资成本为原权益法下长期股权投资的账面价值与购买日为取得新的股份所支付对价的公允价值之和。

2. 原投资为公允价值计量的金融资产

（1）原投资指定为以公允价值计量且其变动计入其他综合收益的非交易性权益工具投资，长期股权投资的初始投资成本为原股权投资在购买日的公允价值与购买日取得新的股份所支付对价的公允价值之和。

将原投资转为长期股权投资核算：

  借：长期股权投资（原股权投资在购买日的公允价值）
    贷：其他权益工具投资——成本
          ——公允价值变动
      盈余公积
      利润分配——未分配利润

新购入股权：

  借：长期股权投资
    贷：银行存款

（2）原投资指定为以公允价值计量且其变动计入当期损益的金融资产，长期股权投资的初始投资成本为原股权投资在购买日的公允价值与购买日取得新的股份所支付对价的公允价值之和。

将原投资转为长期股权投资核算：

  借：长期股权投资（原股权投资在购买日的公允价值）
    贷：其他权益工具投资——成本
          ——公允价值变动

　　　　盈余公积
　　　　　　利润分配——未分配利润
新购入股权：
　　借：长期股权投资
　　　　贷：银行存款

（三）公允价值计量的金融资产转换为权益法

投资企业对原持有的被投资单位的股权不具有控制、共同控制或重大影响，按照金融工具确认和计量准则进行会计处理的，因追加投资等原因导致持股比例增加，从而使其能够对被投资单位实施共同控制或重大影响而转按权益法核算的，应在转换日按照原股权的公允价值加上为取得新增投资而应支付对价的公允价值，作为改按权益法核算的初始投资成本。

追加投资日长期股权投资的初始投资成本=转换日原投资公允价值+新增投资成本

1. 对原投资改按长期股权投资核算

（1）若原投资指定为以公允价值计量且其变动计入其他综合收益的非交易性权益工具投资：

　　借：长期股权投资——投资成本
　　　　贷：其他权益工具投资——成本
　　　　　　　　　　　　　　——公允价值变动
　　　　　　盈余公积
　　　　　　利润分配——未分配利润

同时结转累计计入其他综合收益的公允价值变动：

　　借：其他综合收益
　　　　贷：盈余公积
　　　　　　利润分配——未分配利润

（2）若原投资指定为以公允价值计量且其变动计入当期损益的金融资产：

　　借：长期股权投资——投资成本
　　　　贷：交易性金融资产——成本
　　　　　　　　　　　　　　——公允价值变动
　　　　　　投资收益

2. 新购入股权的账务处理

　　借：长期股权投资——投资成本
　　　　贷：银行存款

3. 对初始投资成本的调整

追加投资日，应比较初始投资成本与获得被投资单位共同控制或重大影响时应享有被投资单位可辨认净资产公允价值份额，前者大于后者的，不调整长期股权投资的账面价值；前者小于后者的，调整长期股权投资的账面价值，并计入当期营业外收入。相关账务处理如下。

借：长期股权投资——投资成本
　　贷：营业外收入

【例7-8】 2021年1月1日，A公司支付1 200万元取得B公司15%的股权，对B公司不具有控制、共同控制和重大影响，依据对该金融资产的管理模式，A公司将其指定为以公允价值计量且其变动计入其他综合收益的非交易性权益工具投资。2022年4月1日，A公司支付1 400万元取得B公司10%的股权，当日B公司可辨认净资产公允价值总额为12 500万元，取得该部分股权后A公司能对B公司的财务和经营决策产生重大影响。2022年4月1日，A公司对B公司投资原15%股权的账面价值为1 800万元，公允价值为2 100万元，累计计入其他综合收益的公允价值变动收益为600万元。不考虑其他因素。

解析： 追加投资后A公司对B公司的持股比例为25%，初始投资成本为追加投资日原持股的公允价值和为取得新股权支付对价的公允价值之和，即：2 100+1 400=3 500（万元）。A公司初始投资成本3 500万元大于取得投资日应享有B公司可辨认净资产公允价值份额3 125万元（12 500×25%），不对初始投资成本进行调整。A公司账务处理如下（会计分录单位：万元）。

（1）对原投资改按长期股权投资核算：

借：长期股权投资——投资成本	2 100
贷：其他权益工具投资——成本	1 200
——公允价值变动	600
盈余公积	30
利润分配——未分配利润	270

同时将累计计入其他综合收益的金额结转至留存收益：

借：其他综合收益	600
贷：盈余公积	60
利润分配——未分配利润	540

（2）新增投资部分：

借：长期股权投资——投资成本	1 400
贷：银行存款	1 400

若A公司将原取得的股权指定为以公允价值计量且其变动计入当期损益的金融资产，其他条件不变，A公司将原投资改按长期股权投资核算的账务处理如下。

借：长期股权投资——投资成本	2 100
贷：交易性金融资产——成本	1 200
——公允价值变动	600
投资收益	300

（四）权益法转换为公允价值计量的金融资产

投资企业原持有的被投资单位的股权对其具有共同控制或重大影响，因部分处置等原因导致持股比例下降，不能再对被投资单位实施共同控制或重大影响的，应于失去共同控制或重大影响时，改按金融工具确认和计量准则的规定对剩余股权进行会计处理。相关账务处理如下。

（1）处置部分：

借：银行存款
  贷：长期股权投资
    投资收益

（2）剩余持股比例按其分类：

借：交易性金融资产——成本（剩余持股部分的公允价值）
  其他权益工具投资——成本（剩余持股部分的公允价值）
  贷：长期股权投资
    投资收益

（3）结转其他综合收益：

借：其他综合收益
  贷：投资收益
    盈余公积（不可转损益部分×10%）
    利润分配——未分配利润（不可转损益部分×90%）

（4）结转资本公积：

借：资本公积——其他资本公积
  贷：投资收益

【例7-9】 2021年1月1日，A公司持有B公司40%的股权，对B公司的财务、生产经营决策具有重大影响，A公司对该股权投资采用权益法核算。2021年6月1日，A公司将持有B公司30%的股权对外出售，取得价款1 200万元，A公司持有B公司剩余10%的股权无法再对B公司的财务、生产经营决策施加重大影响，依据A公司对该剩余股权投资的管理模式将其指定为以公允价值计量且其变动计入其他综合收益的非交易性权益工具投资，股权出售日，剩余10%的公允价值为400万元。出售该股权时，长期股权投资的账面价值为1 300万元，其中投资成本 1 000 万元,损益调整为 200 万元,因被投资单位持有以公允价值计量且其变动计入其他综合收益的金融资产(债券投资)公允价值上升确认其他综合收益 70 万元,持有长期股权投资期间 B 公司未发放或宣告发放现金股利,除净损益、其他综合收益和利润分配外的其他所有者权益变动为 30 万元。不考虑相关税费等其他因素影响。

解析:A 公司账务处理如下。

(1) 处置部分:

借:银行存款	12 000 000
贷:长期股权投资——投资成本	7 500 000
——损益调整	1 500 000
——其他综合收益	525 000
——其他权益变动	225 000
投资收益	2 250 000

(2) 剩余部分:

借:其他权益工具投资——成本	4 000 000
贷:长期股权投资——投资成本	2 500 000
——损益调整	500 000
——其他综合收益	175 000
——其他权益变动	75 000
投资收益	750 000

(五) 成本法转换为公允价值计量的金融资产

投资企业原持有被投资单位的股权使得其能够对被投资单位实施控制,其后因部分处置等原因导致持股比例下降,不能再对被投资单位实施控制,同时对被投资单位也不具有共同控制或重大影响的,应将剩余股权改按金融工具确认和计量准则的要求进行会计处理,并于丧失控制权日将剩余股权按公允价值重新计量,公允价值与其账面价值的差额计入当期损益。相关账务处理如下。

(1) 处置部分:

借:银行存款
  贷:长期股权投资
    投资收益

(2) 剩余部分:

借:交易性金融资产——成本(剩余持股部分的公允价值)
  贷:其他权益工具投资——成本(剩余持股部分的公允价值)

【例 7-10】 2021 年 1 月 1 日，A 公司持有 B 公司 60%的股权，能对 B 公司施加控制，投资成本为 3 000 万元，A 公司对该股权投资采用成本法核算。2021 年 5 月 20 日，A 公司将持有 B 公司 50%的股权对外出售给 C 公司，取得价款 2 900 万元，A 公司持有 B 公司剩余 10%的股权于丧失控制权日的公允价值为 580 万元，依据 A 公司对该剩余股权投资的管理模式将其指定为以公允价值计量且其变动计入当期损益的金融资产，假定不考虑其他因素。

解析：A 公司失去控制权当日的账务处理如下（会计分录单位：万元）。

借：银行存款　　　　　　　　　　　　　　　　　　　　　2 900
　　贷：长期股权投资　　　　　　　　　　　　　　　　　　2 500
　　　　投资收益　　　　　　　　　　　　　　　　　　　　　400
借：交易性金融资产——成本　　　　　　　　　　　　　　　580
　　贷：长期股权投资　　　　　　　　　　　　　　　　　　　500
　　　　投资收益　　　　　　　　　　　　　　　　　　　　　 80

二、长期股权投资的处置

企业处置长期股权投资时，应相应结转与所售股权对应的长期股权投资的账面价值，出售所得价款与处置长期股权投资账面价值之间的差额，应确认为处置损益（投资收益）。

原以权益法核算的长期股权投资处置部分股权后仍为权益法核算的，原确认的其他综合收益与资本公积在处置时应按处置比例将其他综合收益与资本公积转入当期损益（其他综合收益中不能结转当期损益的转入留存收益）。处置部分股权后对有关投资终止采用权益法核算的，原确认的其他综合收益与资本公积应全额结转当期损益（其他综合收益中不能结转当期损益的转入留存收益）。

【例 7-11】 2021 年年初，A 企业购入 B 企业 50%的股权，能与其他方共同控制 B 企业财务、生产经营决策。2022 年 1 月 1 日，A 企业决定出售 20%给 C 企业，取得价款 1 300 万元，当日收讫款项。出售时 A 企业持有 B 企业股权的账面价值为 3 000 万元，其中投资成本为 2 400 万元，损益调整为 400 万元，因 B 企业持有的其他权益工具公允价值上升确认的其他综合收益为 120 万元，除净损益、其他综合收益和分配现金股利或利润外的其他权益变动为 80 万元。处置投资当日剩余 30%的股份公允价值为 1 950 万元。假定不考虑其他因素。

解析：A 企业相关账务处理如下。

处置部分投资当日：

借：银行存款　　　　　　　　　　　　　　　　　　　　 13 000 000
　　贷：长期股权投资——投资成本　　　　　　　　　　　　9 600 000
　　　　　　　　　　——损益调整　　　　　　　　　　　　1 600 000

	——其他综合收益	480 000
	——其他权益变动	320 000
	投资收益	1 000 000

结转处置部分对应的其他综合收益：
借：其他综合收益　　　　　　　　　　　　　　　　480 000
　　贷：盈余公积　　　　　　　　　　　　　　　　　48 000
　　　　利润分配——未分配利润　　　　　　　　　432 000
结转处置部分对应的资本公积：
借：资本公积——其他资本公积　　　　　　　　　　320 000
　　贷：投资收益　　　　　　　　　　　　　　　　320 000

同步测试题

扫描二维码，查看
第七章同步测试题

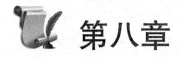

第八章

投资性房地产

> **引导案例**
>
> **华鸿公司投资性房地产**
>
> 2019年3月15日华鸿公司新购一栋写字楼，打算将一层用于对外出租，其余楼层作为本企业的办公场所。对外出租的写字楼一层为华鸿公司唯一对外出租的资产。写字楼一层购买成本为9 000万元，其余楼层购买成本为60 000万元，购买成本总计为69 000万元，华鸿公司即日付清全部款项。写字楼预计使用年限为30年，预计净残值为零，采用年限平均法计提折旧。2019年6月28日，华鸿公司与兴业公司签订了经营租赁合同，将写字楼的一层出租给兴业公司使用，租赁期为3年，年租金为300万元，自租赁期开始日起按年预收租金，租赁期开始日为2019年7月1日。华鸿公司对投资性房地产采用成本模式进行后续计量。2022年，华鸿公司与兴业公司的租赁合同到期，将写字楼一层收回自用。
>
> **思考并讨论：**
> 1. 什么是投资性房地产？
> 2. 什么是资产转换？
> 3. 该公司应于何时开始确认投资性房地产？

第一节 投资性房地产的特征与范围

一、投资性房地产的定义

房地产是土地和房屋及其权属的总称。在我国，土地归国家或集体所有，企业只能取得土地使用权。因此，房地产中的土地是指土地使用权，房屋是指土地上的房屋等建筑物及构筑物。随着我国社会主义市场经济的发展和完善，房地产市场日益活跃，企业持有的房地产除用作自身管理、生产经营活动场所和对外销售外，出现了将房地产用于赚取租金或增值收益的活动。就某些企业而言，投资性房地产属于日常经营性活动，形成的租金收入或转让增值收益确认为企业的主营业务收入，但对于大部分企业而言，是与经营性活动相关的其他经营活动，形成的租金收入或转让增值收益构成企业的其他业务收入。投资性房地产的确认、计量和披露适用《企业会计准则第3号——投资性房地产》（以下简称投资性房地产准则）的规定，房地产租金收入的确认、计量和披露适用《企业会计准则第21号——租赁》的规定。

投资性房地产，是指为赚取租金或资本增值，或者两者兼有而持有的房地产。投资性房地产应当能够单独计量和出售。在会计实际工作中，如果某项房地产部分用于赚取租金或资本增值，部分用于生产商品、提供劳务或经营管理，能够单独计量和出售的用于赚取租金或资本增值的部分，应当确认为投资性房地产，不能够单独计量和出售的用于赚取租金或资本增值的部分，不确认为投资性房地产。

二、投资性房地产的特征

投资性房地产主要有以下两个明显特征。

（一）投资性房地产是一种经营性活动

投资性房地产的主要形式是出租建筑物、出租土地使用权，这实质上属于一种让渡资产使用权行为。房地产租金就是让渡资产使用权取得的使用费收入，是企业为完成其经营目标所从事的经营性活动以及与之相关的其他活动形成的经济利益总流入。投资性房地产的另一种形式是持有并准备增值后转让的土地使用权，尽管其增值收益通常与市场供求、经济发展等因素相关，但目的是增值后转让以赚取增值收益，也是企业为完成其经营目标所从事的经营性活动以及与之相关的其他活动形成的经济利益总流入。按照国家有关规定认定的闲置土地，不属于持有并准备增值后转让的土地使用权。在我国实务中，持有并准备增值后转让的土地使用权这种情况较少。

（二）投资性房地产在用途、状态、目的等方面区别于作为生产经营场所的房地产和用于销售的房地产

企业持有的房地产除用作自身管理、生产经营活动场所和对外销售外出现了将房地产用于赚取租金或增值收益的活动，甚至是个别企业的主营业务，这就需要将投资性房地产单独作为一项资产核算和反映，与自用的厂房、办公楼等房地产和作为存货（已建完工商品房）的房地产加以区别，从而更加清晰地反映企业所持有房地产的构成情况和盈利能力。企业在首次执行投资性房地产准则时，应当根据投资性房地产的定义对资产进行重新分类，凡是符合投资性房地产定义和确认条件的建筑物和土地使用权，应当归为投资性房地产。

三、投资性房地产的范围

投资性房地产的范围包括已出租的土地使用权、持有并准备增值后转让的土地使用权和已出租的建筑物。

（一）已出租的土地使用权

已出租的土地使用权，是指企业通过出让或转让方式取得的、以经营租赁方式出租的土地使用权。企业取得的土地使用权通常包括在一级市场上以交纳土地出让金的方式取得的土地使用权，也包括在二级市场上接受其他单位转让的土地使用权。例如，甲公司与乙公司签署了土地使用权租赁协议，甲公司以年租金720万元租赁使用乙公司拥有的40万平方米土地使用权。那么，自租赁协议约定的租赁期开始日起，这项土地使用权属于乙公司的投资性房地产。对于以经营租赁方式租入土地使用权再转租给其他单位的，不能确认为投资性房地产。

（二）持有并准备增值后转让的土地使用权

持有并准备增值后转让的土地使用权，是指企业取得的、准备增值后转让的土地使用权。这类土地使用权很可能给企业带来资本增值收益，符合投资性房地产的定义。例如，企业发生转产或厂址搬迁，部分土地使用权停止自用，管理层决定继续持有这部分土地使用权，待其增值后转让以赚取增值收益。

企业依法取得土地使用权后，应当按照国有土地有偿使用合同或建设用地批准书规定的期限动工开发建设。根据《闲置土地处理办法》的规定，土地使用者依法取得土地使用权后，未经原批准用地的人民政府同意，超过规定的期限未动工开发建设的建设用地属于闲置土地。具有下列情形之一的，也可以认定为闲置土地：（1）国有土地有偿使用合同或者建设用地批准书未规定动工开发建设日期，自国有土地有偿使用合同生效或者土地行政主管部门建设用地批准书颁发之日起满1年未动工开发建设的；（2）已动工开发建设但开发建设的面积占应动工开发建设总面积不足1/3或者已投资额占总投资额不足25%且未经批准中止开发建设连续满1年的；（3）法律、行政法规规定的其他情形。《闲置土地处理办法》还规定，经法定程序批准，对闲置土地可以选择延长开发建设时间（不超过1年）、改变土地用途、办理有关手续后继续开发建设等处置方案。按照国家有关规定认定的闲置土地，不属于持有并准备增值后转让的土地使用权，也就不属于投资性房地产。

（三）已出租的建筑物

已出租的建筑物是指企业拥有产权的、以经营租赁方式出租的建筑物，包括自行建造或开发活动完成后用于出租的建筑物。例如,甲公司将其拥有的某栋厂房整体出租给乙公司,租赁期2年。对于甲公司而言,自租赁期开始日期,这栋厂房属于其投资性房地产。企业在判断和确认已出租的建筑物时,应当把握以下要点:用于出租的建筑物是指企业拥有产权的建筑物。企业以经营租赁方式出租,同时为该写字楼提供保安、维修等日常辅助服务。甲企业将写字楼出租,同时提供辅助服务,这栋写字楼属于甲企业的投资性房地产。

下列项目不属于投资性房地产。

(1) 自用房地产。自用房地产是指企业为生产商品、提供劳务或者经营管理而持有的房地产。例如,企业生产经营用的厂房和办公楼属于固定资产,企业生产经营用的土地使用权属于无形资产。自用房地产的特征在于服务于企业自身的生产经营活动,其价值将随着房地产的使用而逐渐转移到企业的产品或服务中去,通过销售商品或提供服务为企业带来经济利益,在产生现金流量的过程中与企业持有的其他资产密切相关。例如,企业出租给本企业职工居住的宿舍,虽然也收取租金,但间接为企业自身的生产经营服务,因此具有自用房地产的性质。又如,企业拥有并自行经营的旅馆饭店,旅馆饭店的经营者在向顾客提供住宿服务的同时,还提供餐饮、娱乐等其他服务,其经营目的主要是通过向客户提供服务取得服务收入,因此,企业自行经营的旅馆饭店是企业的经营场所,应当属于自用房地产。

(2) 作为存货的房地产。作为存货的房地产通常是指房地产开发企业在正常经营过程中销售的或为销售而正在开发的商品房和土地。这部分房地产属于房地产开发企业的存货,其生产、销售构成企业的主营业务活动,产生的现金流量也与企业的其他资产密切相关。因此,具有存货性质的房地产不属于投资性房地产。

从事房地产经营开发的企业依法取得的、用于开发后出售的土地使用权,属于房地产开发企业的存货,即使房地产开发企业决定待增值后再转让其开发的土地,也不得将其确认为投资性房地产。在实务中,存在某项房地产部分自用或作为存货出售、部分用于赚取租金或资本增值的情形,不同用途的部分能够单独计量和出售的,应当分别确认为固定资产、无形资产、存货和投资性房地产。例如,甲房地产开发商建造了一栋商住两用楼盘,一层出租给一家大型超市,已签订经营租赁合同,其余楼层均为普通住宅,正在公开销售中。这种情况下如果一层商铺能够单独计量和出售,应当确认为甲企业的投资性房地产,其余楼层为甲企业的存货,即开发产品。

第二节　投资性房地产的确认和初始计量

一、投资性房地产的确认

（一）投资性房地产的确认条件

投资性房地产只有在符合定义的前提下，同时满足下列条件的，才能予以确认：（1）与该投资性房地产有关的经济利益很可能流入企业；（2）该投资性房地产的成本能够可靠地计量。

（二）投资性房地产的确认时点

对已出租的土地使用权、已出租的建筑物，其作为投资性房地产的确认时点为租赁期开始日，即土地使用权、建筑物进入出租状态、开始赚取租金的日期。对持有并准备增值后转让的土地使用权，其作为投资性房地产的确认时点为企业将自用土地使用权停止自用，准备增值后转让的日期。

二、投资性房地产的初始计量

投资性房地产，应当按照实际成本进行初始计量。

1. 外购投资性房地产的初始计量

企业外购的房地产，只有在购入的同时开始对外出租或用于资本增值，才能作为投资性房地产加以确认。外购投资性房地产取得时的实际成本包括购买价款、相关税费和可直接归属于该资产的其他支出。企业购入的房地产，部分用于出租或资本增值、部分用于生产商品、提供劳务或经营管理，应按照不同部分的公允价值占公允价值总额的比例将成本在不同部分之间进行分配。投资性房地产后续计量可以采用成本模式或公允价值模式，在成本模式下，外购的土地使用权和建筑物，按照取得时的实际成本进行初始计量，借记"投资性房地产"科目，贷记"银行存款"等科目。在公允价值模式下，企业应当在"投资性房地产"科目下设置"成本"和"公允价值变动"两个明细科目。

2. 自行建造投资性房地产的初始计量

自行建造投资性房地产，其成本由建造该项资产达到预定可使用状态前发生的必要支出构成,包括土地开发费、建筑成本、安装成本、应予以资本化的借款费用、支付的其他费用和分摊的间接费用等。建造过程中发生的非正常性损失,直接计入当期损益,不计入建造成本。采用成本模式计量的,应按照确定的成本,借记"投资性房地产"科目,贷记"在建工程"或"开发产品"科目。采用公允价值模式计量的,应按照确定的成本,借记"投资性房地产——成本"科目,贷记"在建工程"或"开发产品"科目。

3. 非投资性房地产转换为投资性房地产的确认和初始计量

非投资性房地产转换为投资性房地产,实质上是因房地产用途发生改变而对房地产进行的重新分类。自用房地产或作为存货的房地产转为出租,应当在租赁期开始日确认投资性房地产。自用土地使用权转为持有准备增值后转让的土地使用权,应当在该土地使用权确已停止自用且管理当局形成转换决议的时点,确认投资性房地产。房地产转换的计量将在本章第四节投资性房地产的转换和处置中进行介绍。

【例8-1】2021年2月,A公司从其他单位购入一块使用期限为50年的土地,并在这块土地上开始自行建造两栋厂房。2021年11月,A公司预计厂房即将完工,与B公司签订了经营租赁合同,将其中的一栋厂房租赁给B公司使用,租赁合同约定,该厂房于完工时开始起租。2021年12月5日,两栋厂房同时完工,该块土地使用权的成本为9 000 000元,至2021年12月5日,土地使用权已摊销165 000元,两栋厂房的实际造价均为12 000 000元,能够单独出售。为简化处理,假设两栋厂房分别占用这块土地的一半面积,并且以占用的土地面积作为土地使用权划分依据。假设A公司采用成本模式进行后续计量,不考虑相关税费。

解析: A公司的账务处理如下。

由于A公司在购入的土地上建造的两栋厂房中,其中的一栋厂房用于出租,因此应当将土地使用权中的对应部分同时转换为投资性房地产。

9 000 000/2=4 500 000(元)

借:固定资产——厂房	12 000 000
投资性房地产——厂房	12 000 000
贷:在建工程——厂房	24 000 000
借:投资性房地产——已出租土地使用权	4 500 000
累计摊销	82 500
贷:无形资产——土地使用权(9 000 000/2)	4 500 000
投资性房地产累计摊销(165 000/2)	82 500

投资性房地产初始计量的具体账务处理如表8-1所示。

表 8-1 投资性房地产初始计量的具体账务处理

后续计量模式	外购投资性房地产	自行建造投资性房地产
成本模式后续计量	借：投资性房地产 　　贷：银行存款	借：投资性房地产 　　贷：在建工程、开发产品
公允价值模式后续计量	借：投资性房地产——成本 　　贷：银行存款	借：投资性房地产——成本 　　贷：在建工程、开发产品

三、与投资性房地产有关的后续支出

（一）资本化的后续支出

与投资性房地产有关的后续支出，满足投资性房地产确认条件的，应当计入投资性房地产成本。企业对投资性房地产进行改建或者扩建等再开发且将来仍作为投资性房地产的，在再开发期间应继续将其作为投资性房地产，在开发期间不计提折旧或摊销。

1. 以成本模式计量的投资性房地产后续支出资本化的账务处理

（1）投资性房地产转入改扩建工程：

借：投资性房地产——在建

　　投资性房地产累计折旧（摊销）

　　　贷：投资性房地产

（2）发生改扩建支出：

借：投资性房地产——在建

　　贷：银行存款等

（3）改扩建完工：

借：投资性房地产

　　贷：投资性房地产——在建

2. 以公允价值模式计量的投资性房地产后续支出资本化的账务处理

（1）投资性房地产转入改扩建工程：

借：投资性房地产——在建

　　贷：投资性房地产——成本

　　　　　　　　　　——公允价值变动（或借方）

（2）发生改扩建支出：

借：投资性房地产——在建

　　贷：银行存款等

（3）改扩建完工：
借：投资性房地产——成本
　　贷：投资性房地产——在建

【例 8-2】 2021 年 5 月，A 公司与 B 公司的一项厂房经营租赁合同即将到期，该厂房原价为 50 000 000 元，已计提折旧 10 000 000 元，为了提高厂房的租金收入，A 公司决定在租赁期满后对该厂房进行改扩建，并与 C 公司签订了经营租赁合同，约定自改扩建完工时将该厂房出租给 C 公司。2021 年 5 月 31 日，与 B 公司的厂房经营租赁合同到期，该厂房随即进入改扩建，2021 年 12 月 31 日，该厂房改扩建完工，共发生支出 5 000 000 元，均已支付，即日按照租赁合同出租给 C 公司，假定 A 公司采用成本计量模式。

解析：本例中，改扩建支出属于后续支出，符合《企业会计准则第 3 号——投资性房地产》的规定，应当计入投资性房地产的成本。A 公司的账务处理如下：

（1）2021 年 5 月 31 日，投资性房地产转入改扩建：
借：投资性房地产——厂房——在建　　　　　　　　　　　40 000 000
　　投资性房地产累计摊销　　　　　　　　　　　　　　　10 000 000
　　贷：投资性房地产——厂房　　　　　　　　　　　　　　　　50 000 000

（2）2021 年 5 月 31 日至 2021 年 12 月 31 日，发生改扩建支出：
借：投资性房地产——厂房——在建　　　　　　　　　　　　5 000 000
　　贷：银行存款　　　　　　　　　　　　　　　　　　　　　　5 000 000

（3）2021 年 12 月 31 日，改扩建支出工程完工：
借：投资性房地产——厂房　　　　　　　　　　　　　　　45 000 000
　　贷：投资性房地产——厂房——在建　　　　　　　　　　　　45 000 000

（二）费用化的后续支出

与投资性房地产有关的后续支出，不满足投资性房地产确认条件的，应当在发生时计入当期损益（其他业务成本等）。例如，企业对投资性房地产进行日常维护所发生的支出。企业在发生投资性房地产费用化的后续支出时，借记"管理费用"等科目，贷记"银行存款"等科目。

第三节　投资性房地产的后续计量

投资性房地产后续计量，通常应当采用成本模式，只有满足特定条件的情况下才可以采用公允价值模式。同一企业只能采用一种模式对所有投资性房地产进行后续计量，不得同时采用两种计量模式。

一、采用成本模式进行后续计量的投资性房地产

采用成本模式进行后续计量的投资性房地产，应当按照《企业会计准则第 4 号——固定资产》或《企业会计准则第 6 号——无形资产》的有关规定，按期（月）计提折旧或摊销，借记"其他业务成本"等科目，贷记"投资性房地产累计折旧（摊销）"，取得的租金收入，借记"银行存款"等科目，贷记"其他业务收入"等科目。

投资性房地产存在减值迹象的，还应当按照《企业会计准则第 8 号——资产减值》的有关规定，经减值测试后确定发生减值的，应当计提减值准备，借记"资产减值损失"科目，贷记"投资性房地产减值准备"科目，已经计提减值准备的投资性房地产，其减值损失在以后的会计期间不得转回。

（1）计提折旧或摊销的账务处理：

借：其他业务成本等
　　贷：投资性房地产累计折旧（摊销）

（2）取得租金收入的账务处理：

借：银行存款等
　　贷：其他业务收入
　　　　应交税费——应交增值税（销项税额）

（3）计提减值准备的账务处理：

借：资产减值损失
　　贷：投资性房地产减值准备

【例 8-3】 兴赣公司采用成本模式对投资性房地产进行后续计量。2021 年 6 月 30 日，兴赣公司与红光公司签订租赁协议，约定将兴赣公司当日改扩建完成的一栋厂房自当日起经营租赁给红光公司使用，租赁期为 8 年，年租金为 200 万元，租金每半年支付一次（假设红光公司 2021 年 12 月 31 日支付第一次租金）。该厂房改扩建完成后的入账价值为 2 100 万元，预计使用年限为 40 年，预计净残值为 100 万元，采用年限平均法计提折旧。假设不考虑其他因素。

解析：兴赣公司 2021 年 12 月 31 日的账务处理如下（会计分录单位：万元）。

（1）确认租金收入：

借：银行存款　　　　　　　　　　　　　　　　　　　　　　100
　　贷：其他业务收入　　　　　　　　　　　　　　　　　　　　100

（2）计提厂房折旧：

借：其他业务成本 25
　　贷：投资性房地产累计折旧 {[（2 100-100）/40]×（6/12）} 25

二、采用公允价值模式进行后续计量的投资性房地产

企业有确凿证据表明其投资性房地产的公允价值能够持续可靠取得的，可以对投资性房地产采用公允价值模式进行后续计量。

采用公允价值模式计量的投资性房地产，应当同时满足下列条件：（1）投资性房地产所在地有活跃的房地产交易市场。（2）企业能够从活跃的房地产交易市场上取得同类或类似房地产的市场价格及其他相关信息，从而对投资性房地产的公允价值作出合理的估计。

所在地，通常指投资性房地产所在的城市。对于大中型城市，应当为投资性房地产所在的城区。同类或类似的房地产，对建筑物而言，是指所处地理位置和地理环境相同、性质相同、结构类型相同或相近、新旧程度相同或相近、可使用状况相同或相近的建筑物；对土地使用权而言，是指同一位置区域、所处地理环境相同或相近、可使用状况相同或相近的土地。

投资性房地产采用公允价值模式进行后续计量的，不计提折旧或摊销，应当以资产负债表日的公允价值计量。资产负债表日，投资性房地产的公允价值高于其账面余额的差额，借记"投资性房地产——公允价值变动"科目，贷记"公允价值变动损益"科目；公允价值低于其账面余额的差额作相反的账务处理。

【例8-4】兴赣公司为从事房地产经营开发的企业。2021年8月，兴赣公司与红光公司签订租赁协议，约定将兴赣公司开发的一栋精装修的写字楼于开发完成的同时开始租赁给红光公司使用，租赁期为10年。当年10月1日，该写字楼开发完成并开始起租，写字楼的造价为9 000万元。2021年1月31日，该写字楼的公允价值为9 200万元。兴赣公司采用公允价值计量模式。

解析：兴赣公司的账务处理如下（会计分录单位：万元）。

（1）2021年10月1日，甲公司开发完成写字楼并出租：

借：投资性房地产——成本 9 000
　　贷：生产成本 9 000

（2）2021年12月31日，按照公允价值为基础调整其账面价值，将公允价值与原账面价值之间的差额计入当期损益：

借：投资性房地产——公允价值变动 200
　　贷：公允价值变动损益 200

三、投资性房地产后续计量模式的变更

企业对投资性房地产的计量模式一经确定,不得随意变更,以此来保证会计信息的可比性。但若存在成熟的房地产市场,并且能够满足采用公允价值模式条件的情况下,企业可以从成本模式变更为公允价值模式。企业一旦采用公允价值模式,则不得从公允价值模式转为成本模式。

投资性房地产后续计量模式从成本模式变更为公允价值模式,应当作为会计政策变更处理,进行追溯调整,按计量模式变更时公允价值与其账面价值的差额调整期初留存收益。账务处理如下。

借:投资性房地产——成本(变更日公允价值)
　　投资性房地产累计折旧(摊销)
　　投资性房地产减值准备
　贷:投资性房地产(原价)
　　　盈余公积(或借方)
　　　利润分配——未分配利润(或借方)

第四节　投资性房地产的转换和处置

一、投资性房地产的转换

(一)投资性房地产转换形式和转换日

1. **房地产转换形式**

房地产的转换,实质上是因房地产用途发生改变而对房地产进行的重新分类。这里所说的房地产转换是针对房地产用途发生改变而言,而不是后续计量模式的转变。企业必须有确凿证据表明房地产用途发生改变,才能将投资性房地产转换为非投资性房地产或者将非投资性房地产转换为投资性房地产,如自用的办公楼改为出租等。这里的确凿证据包括两个方面:一是企业管理当局应当就改变房地产用途形成正式的书面决议;二是房地产因用途改变而发生实际状态上的改变,如从自用状态改为出租状态。

房地产转换形式主要包括以下几种。

（1）投资性房地产开始自用，相应地由投资性房地产转换为固定资产或无形资产。投资性房地产开始自用是指企业将原来用于赚取租金或资本增值的房地产改为用于生产商品、提供劳务或者经营管理。例如，企业将出租的厂房收回，并用于生产本企业的产品。又如，从事房地产开发的企业将出租的开发产品收回，作为企业的固定资产使用。

（2）作为存货的房地产改为出租，通常指房地产开发企业将其持有的开发产品以经营租赁的方式出租，相应地由存货转换为投资性房地产。

（3）自用土地使用权停止自用改为用于赚取租金或资本增值，相应地由无形资产转换为投资性房地产。

（4）自用建筑物停止自用改为出租，相应地由固定资产转换为投资性房地产。

2. 投资性房地产转换日的确定

转换日的确定关系到资产的确认时点和入账价值，因此非常重要。转换日是指房地产的用途发生改变、状态相应发生改变的日期。

转换日的确定标准如下。

（1）投资性房地产开始自用，转换日是指房地产达到自用状态，企业开始将房地产用于生产商品、提供劳务或者经营管理的日期。

（2）作为存货的房地产改为出租，或者自用建筑物或土地使用权停止自用改为出租，转换日应当为租赁期开始日。租赁期开始日是指承租人有权行使其使用租赁资产权利的日期。

（3）自用土地使用权停止自用改为用于赚取租金或资本增值，转换日是指企业停止将该项土地使用权用于生产商品、提供劳务或经营管理且管理当局作出房地产转换决议的日期。

（二）投资性房地产转换为自用房地产

1. 采用成本模式进行后续计量的投资性房地产转换为自用房地产

企业将原本用于赚取租金或资本增值的房地产改为用于生产商品、提供劳务或者经营管理，投资性房地产相应地转换为固定资产或无形资产。例如，企业将出租的厂房收回并用于生产本企业的产品。

企业将采用成本模式进行后续计量的投资性房地产转换为自用房地产时，应当按该项投资性房地产在转换日的账面余额、累计折旧或摊销、减值准备等，分别转入"固定资产""累计折旧""固定资产减值准备"等科目；按投资性房地产的账面余额，借记"固定资产"或"无形资产"科目，贷记"投资性房地产"科目；按已计提的折旧或摊销，借记"投资性房地产累计折旧（摊销）"科目，贷记"累计折旧"或"累计摊销"科目；原已计提减值准备的，借记"投资性房地产减值准备"科目，贷记"固定资产减值准备"或"无形资产减值准备"科目。

【例8-5】2021年8月1日，兴赣公司将出租在外的厂房收回，开始用于本企业生产商品。该项房地产账面价值为 3 765 万元，其中，原价 5 000 万元，累计已提折旧 1 235 万元。假设兴赣公司采用成本计量模式。

解析：兴赣公司的账务处理如下（会计分录单位：万元）。

借：固定资产　　　　　　　　　　　　　　　　　　　　　5 000
　　投资性房地产累计折旧（摊销）　　　　　　　　　　　1 235
　　贷：投资性房地产　　　　　　　　　　　　　　　　　　　　5 000
　　　　累计折旧　　　　　　　　　　　　　　　　　　　　　　1 235

2. 采用公允价值模式进行后续计量的投资性房地产转为自用房地产

企业将采用公允价值模式进行后续计量的投资性房地产转换为自用房地产时，应当以其转换当日的公允价值作为自用房地产的账面价值，公允价值与原账面价值的差额计入当期损益。

转换日，按该项投资性房地产的公允价值，借记"固定资产"或"无形资产"科目；按该项投资性房地产的成本，贷记"投资性房地产——成本"科目，按该项投资性房地产的累计公允价值变动，贷记或借记"投资性房地产——公允价值变动"科目，按其差额，贷记或借记"公允价值变动损益"科目。

【例 8-6】 2022 年 10 月 15 日，兴赣公司因租赁期满，将出租的写字楼收回，开始作为办公楼用于本企业的行政管理。2022 年 10 月 15 日，该写字楼的公允价值为 4 800 万元。该项房地产在转换前采用公允价值模式计量，原账面价值为 4 750 万元，其中，成本为 4 500 万元，公允价值变动为增值 250 万元。

解析：兴赣公司的账务处理如下（会计分录单位：万元）。

借：固定资产　　　　　　　　　　　　　　　　　　　　　4 800
　　贷：投资性房地产——成本　　　　　　　　　　　　　　　　4 500
　　　　　　　　　　——公允价值变动　　　　　　　　　　　　　250
　　　　公允价值变动损益　　　　　　　　　　　　　　　　　　　50

（三）非投资性房地产转换为投资性房地产

1. 非投资性房地产转换为采用成本模式进行后续计量的投资性房地产

（1）作为存货的房地产转换为投资性房地产。作为存货的房地产转换为投资性房地产，通常指房地产开发企业将其持有的开发产品以经营租赁的方式出租，存货相应地转换为投资性房地产。这种情况下，转换日为房地产的租赁期开始日。租赁期开始日是指承租人有权行使其使用租赁资产权利的日期。

企业将作为存货的房地产转换为采用成本模式进行后续计量的投资性房地产时，应当按该项存货在转换日的账面价值，借记"投资性房地产"科目，原已计提跌价准备的，借记"存货跌价准备"科目，按其账面余额，贷记"开发产品"等科目。

【例 8-7】 兴赣公司是从事房地产开发业务的企业，2021 年 3 月 10 日，兴赣公司与红光公司签订了租赁协议，将其开发的一栋写字楼出租给红光公司使用，租赁期开始日为 2021 年 4 月 15 日。2021 年 4 月 15 日，该写字楼的账面余额 45 000 万元，未计提存货跌价准备，转换后采用成本模式计量。

解析：本例中，租赁期开始日为 2021 年 4 月 15 日，当日将写字楼由存货转换为投资性房地产。兴赣公司的账务处理如下（会计分录单位：万元）。

借：投资性房地产——写字楼　　　　　　　　　　　　　　　45 000
　　贷：开发产品　　　　　　　　　　　　　　　　　　　　45 000

（2）自用房地产转换为投资性房地产。自用房地产转换为投资性房地产，是指企业将原本用于生产商品、提供劳务或者经营管理的房地产改用于出租，应于租赁期开始日，按照固定资产或无形资产的账面价值，将固定资产或无形资产相应地转换为投资性房地产。

企业将自用土地使用权或建筑物转换为以成本模式进行后续计量的投资性房地产时，应当按该项建筑物或土地使用权在转换日的原价、累计折旧、减值准备等，分别转入"投资性房地产""投资性房地产累计折旧（摊销）""投资性房地产减值准备"科目，按其账面余额，借记"投资性房地产"科目，贷记"固定资产"或"无形资产"科目，按已计提的折旧或摊销，借记"累计摊销"或"累计折旧"科目，贷记"投资性房地产累计折旧（摊销）"科目，原已计提减值准备的，借记"固定资产减值准备"或"无形资产减值准备"科目，贷记"投资性房地产减值准备"科目。

【例 8-8】 兴赣公司拥有 1 栋办公楼，用于本企业总部办公。2021 年 3 月 10 日，兴赣公司与红光公司签订了经营租赁协议，将这栋办公楼整体出租给红光公司使用，租赁期开始日为 2021 年 4 月 15 日，为期 5 年。2021 年 4 月 15 日，这栋办公楼的账面余额 45 000 万元，已计提折旧 300 万元。假设兴赣公司采用成本模式进行后续计量。

解析：兴赣公司的账务处理如下（会计分录单位：万元）。

借：投资性房地产——写字楼　　　　　　　　　　　　　　　45 000
　　累计折旧　　　　　　　　　　　　　　　　　　　　　　300
　　贷：固定资产　　　　　　　　　　　　　　　　　　　　45 000
　　　　投资性房地产累计折旧（摊销）　　　　　　　　　　300

2. 非投资性房地产转换为采用公允价值模式进行后续计量的投资性房地产

（1）作为存货的房地产转换为投资性房地产。企业将作为存货的房地产转换为采用公允价值模式进行后续计量的投资性房地产时，应当按该项房地产在转换日的公允价值入账，借记"投资性房地产——成本"科目，原已计提跌价准备的，借记"存货跌价准备"科目，按其账面余额，贷记"开发产品"等科目。同时，转换日的公允价值小于账面价值的，按其差额，借记"公允价值变动损益"科目；转换日的公允价值大于账面价值的，按其差额，贷记"资本公积——其他资本公积"科目。

（2）自用房地产转换为投资性房地产。企业将自用房地产转换为采用公允价值模式计量的投资性房地产，应当按该项自用房地产在转换日的公允价值作为投资性房地产的入账价值；转换当日房地产的公允价值小于其原账面价值的差额，计入当期损益（公允价值变动损益）；转换当日房地产的公允价值大于其原账面价值的差额，计入所有者权益（其他综合收益），待该项投资性房地产处置时转入当期损益（其他业务成本）。转换时应作如下会计分录。

转换当日房地产的公允价值小于原账面价值：

借：投资性房地产——成本（转换当日房地产的公允价值）
　　累计折旧（或累计摊销）（转换当日房地产已计提的累计折旧或摊销）
　　固定资产（或无形资产）减值准备（转换当日房地产已计提的减值准备）
　　公允价值变动损益（房地产的公允价值小于其原账面价值的差额）
　　贷：固定资产（或无形资产）（房地产的账面原价）

转换当日房地产的公允价值大于原账面价值：

借：投资性房地产——成本（转换当日房地产的公允价值）
　　累计折旧（或累计摊销）（转换当日房地产已计提的累计折旧或摊销）
　　固定资产（或无形资产）减值准备（转换当日房地产已计提的减值准备）
　　贷：固定资产（或无形资产）（房地产的账面原价）
　　　　其他综合收益（房地产的公允价值大于其原账面价值的差额）

二、投资性房地产的处置

当投资性房地产被处置，或者永久退出使用且预计不能从其处置中取得经济利益时，应当终止确认该项投资性房地产。

企业可以通过对外出售或转让的方式处置投资性房地产，对于那些由于使用而不断磨损直到最终报废，或者由于遭受自然灾害等非正常损失发生毁损的投资性房地产，应当及时进行清理。此外，企业因其他原因，如非货币性交易等而减少投资性房地产也属于投资性房地产的处置。企业出售、转让、报废投资性房地产或者发生投资性房地产毁损，应当将处置收入扣除其账面价值和相关税费后的金额计入当期损益。

（一）采用成本模式计量的投资性房地产的处置

出售、转让按成本模式进行后续计量的投资性房地产时，应当按实际收到的金额，借记"银行存款"等科目，贷记"其他业务收入"科目；按该项投资性房地产的账面价值，借记"其他业务成本"科目,按其账面余额,贷记"投资性房地产"科目;按照已计提的折旧或摊销,借记"投资性房地产累计折旧(摊销)"科目;原已计提减值准备的,借记"投资性房地产减值准备"科目。

【例8-9】甲公司将其出租的一栋写字楼确认为投资性房地产,采用成本模式计量。租赁期届满后,甲公司将该栋写字楼出售给乙公司,合同价款为30 000万元,乙公司已用银行存款付清。出售时,该栋写字楼的成本为28 000万元,已计提折旧3 1 300万元。

解析:甲企业的账务处理如下(会计分录单位:万元)。

借:银行存款	30 000
贷:其他业务收入	30 000
借:其他业务成本	25 000
投资性房地产累计折旧(摊销)	3 000
贷:投资性房地产——写字楼	28 000

【例8-10】甲企业为了满足市场需求、扩大再生产,将生产车间从市中心搬迁到郊区。2016年3月,管理层决定,将原厂区旧厂房拆除平整后持有以备增值后转让。土地使用权的账面余额为3 000万元,已计提摊销900万元,剩余使用年限40年,按照直线法摊销,不考虑残值。2019年3月,甲企业将原厂区出售,取得转让收入4 000万元。假设不考虑相关税费。

解析:甲企业的账务处理如下。

(1)转换日:

借:投资性房地产——土地使用权	30 000 000
累计摊销	9 000 000
贷:无形资产——土地使用权	30 000 000
投资性房地产累计折旧(摊销)	9 000 000

(2)计提摊销(假设按年):

借:其他业务成本	525 000
贷:投资性房地产累计折旧(摊销)	525 000

(3)出售时:

借:银行存款	40 000 000
贷:其他业务收入	40 000 000
借:其他业务成本	28 425 000
投资性房地产累计折旧(摊销)	1 575 000
贷:投资性房地产——已出租土地使用权	30 000 000

（二）采用公允价值模式计量的投资性房地产的处置

出售、转让采用公允价值模式计量的投资性房地产，应当按实际收到的金额，借记"银行存款"等科目，贷记"其他业务收入"科目，按该项投资性房地产的账面余额，借记"其他业务成本"科目，按其成本，贷记"投资性房地产——成本"科目，按其累计公允价值变动，贷记或借记"投资性房地产公允价值变动"科目。同时，将投资性房地产累计公允价值变动转入其他业务收入，借记或贷记"公允价值变动"科目，贷记或借记"其他业务收入"科目。若存在原转换日计入资本公积的金额，则也需一并转入其他业务收入，借记"资本公积——其他资本公积"科目，贷记"其他业务收入"科目。

【例 8-11】 甲为一家房地产开发企业，2021 年 3 月 10 日，甲企业与乙企业签订了租赁协议，将其开发的一栋写字楼出租给乙企业使用，租赁期开始日为 2021 年 4 月 15 日。2021 年 4 月 15 日，该写字楼的账面余额 45 000 万元，公允价值为 47 000 万元。2021 年 12 月 31 日，该项投资性房地产的公允价值为 48 000 万元。2022 年 6 月租赁期届满，企业收回该项投资性房地产，并以 55 000 万元出售，出售款项已收讫。甲企业采用公允价值模式计量。

解析：甲企业的账务处理如下（会计分录单位：万元）。

（1）2021 年 4 月 15 日，存货转换为投资性房地产：

借：投资性房地产——成本　　　　　　　　　　　　　　47 000
　　贷：开发产品　　　　　　　　　　　　　　　　　　　45 000
　　　　资本公积——其他资本公积　　　　　　　　　　　　2 000

（2）2021 年 12 月 31 日，公允价值变动：

借：投资性房地产——公允价值变动　　　　　　　　　　1 000
　　贷：公允价值变动损益　　　　　　　　　　　　　　　1 000

（3）2022 年 6 月，出售投资性房地产：

借：银行存款　　　　　　　　　　　　　　　　　　　55 000
　　贷：其他业务收入　　　　　　　　　　　　　　　　55 000
借：其他业务成本　　　　　　　　　　　　　　　　　48 000
　　贷：投资性房地产——成本　　　　　　　　　　　　47 000
　　　　　　　　　　　——公允价值变动　　　　　　　 1 000

同时，将投资性房地产累计公允价值变动转入其他业务收入：

借：公允价值变动损益　　　　　　　　　　　　　　　1 000
　　贷：其他业务收入　　　　　　　　　　　　　　　　1 000

同时，将转换时原计入资本公积的部分转入其他业务收入：

借：资本公积——其他资本公积　　　　　　　　　　　　　　　2 000
　　贷：其他业务收入　　　　　　　　　　　　　　　　　　　2 000

扫描二维码，查看
第八章同步测试题

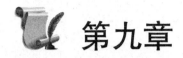

第九章

负 债

引导案例

麦道克公司财务危机

美国的匹兹堡有家小银行，贷款给麦道克公司1 000万美元。麦道克公司原以为这笔短期贷款可以付息转期，顺利地延长贷款期限。可是不知道从哪里听来了风言风语，这家银行认为麦道克公司的支付能力不佳，通知其这笔贷款必须到期收回，而且必须是全额现金。

思考并讨论：
1. 麦道克公司财务危机产生的原因是什么？
2. 高负债经营的优势有哪些？
3. 高负债经营的缺点有哪些？

第一节 负债概述

一、负债的含义及其特征

根据《企业会计准则——基本准则》对负债的定义，负债是指企业过去的交易或者事项形成的、预期会导致经济利益流出企业的现时义务。

负债具有以下三个方面的特征。

（一）负债是企业过去的交易或者事项形成的

只有使企业承担经济义务的交易或者事项已经发生时才形成负债。比如，企业从银行借入资金，就应对银行承担还本付息的义务；从供应单位赊购材料或商品，就应对其负有偿还货款的义务。企业未来可能发生的承诺、经营亏损或签订的合同等，并不构成企业当前的负债。

(二) 负债是企业承担的现时义务

现时义务是指企业在现行条件下已承担的义务,而非潜在义务。未来发生的交易或者事项形成的义务,不属于现时义务,不应当确认为负债。此处所指的义务可以是法定义务,也可以是推定义务。其中,法定义务是指具有约束力的合同或者法律法规规定的义务,通常必须依法执行。例如,企业购买原材料形成的应付账款,企业向银行借入款项形成的借款,企业按照税法规定应当交纳的税款等,均属于企业应承担的法定义务,需要依法予以偿还。推定义务是指根据企业多年来的习惯做法、公开的承诺或者公开宣布的政策而导致企业将承担的责任,这些责任也使有关各方形成了企业将履行义务的合理预期。

(三) 负债预期会导致经济利益流出企业

只有企业在履行义务时会导致经济利益流出企业的,才符合负债的定义,如果不会导致导致经济利益流出,就不符合负债的定义。在履行现时义务清偿负债时,导致经济利益流出企业的形式有多种多样。例如,用现金偿还或以实物资产形式偿还,以提供劳务形式偿还,以部分转移资产、部分提供劳务形式偿还,将负债转为资本等。

二、负债的分类及其确认

(一) 负债的分类

负债按其流动性,实际上是按偿还期限的长短,可以分为流动负债和非流动负债。

(1) 流动负债。流动负债主要是为筹集生产经营活动所需资金发生的、期限在1年以内(含1年)的负债。流动负债主要包括短期借款、应付票据、应付账款、预收账款、应交税费、应付利息、应付股利、其他应付款等。

(2) 非流动负债。非流动负债是指流动负债以外的负债,主要是为企业筹集长期投资项目所需资金发生的负债,如企业为购买大型设备、购建厂房等发生的中长期贷款等。非流动负债主要包括长期借款、应付债券、长期应付款、预计负债等。

(二) 负债的确认

将一项现时义务确认为负债,需要符合负债的定义,还应当同时满足以下两个条件。

(1) 与该义务有关的经济利益很可能流出企业。从负债的定义来看,负债预期会导致经济利益流出企业,但是,履行义务所需流出的经济利益带有不确定性,尤其是与推定义务相关的经济利益通常依赖于大量的估计。因此,负债的确认应当与对经济利益流出的不确定性程度的判断结合起来。如果有确凿证据表明,与现时义务有关的经济利益很可能流出企业,就应当将其作为负债予以确认;反之,如果企业承担了现时义务,但是,导致经济利益流出企业的可能性很小或不存在,就不符合负债的确认条件,不应将其作为负债予以确认。

（2）未来流出的经济利益的金额能够可靠地计量。负债的确认在考虑经济利益流出企业的同时,对于未来流出的经济利益的金额应当能够可靠计量。对于与法定义务有关的经济利益流出金额,通常可以根据合同或者法律规定的金额予以确定；考虑到经济利益流出的金额通常在未来期间,有时未来期间较长,有关金额的计量需要考虑货币时间价值等因素的影响。对于与推定义务有关的经济利益流出金额,企业应当根据履行相关义务所需支出的最佳估计数进行估计,并综合考虑有关货币时间价值、风险等因素的影响。

第二节 流动负债

一、短期借款

短期借款是指企业向银行或其他金融机构等借入的期限在1年以内（含1年）的各种借款。企业借入的短期借款无论用于哪方面,只要借入了这笔资金,就构成了一项负债。对于企业发生的短期借款,应设置"短期借款"科目核算；对于短期借款的利息,企业应当按照应计的金额,借记"财务费用""利息支出（金融企业）"等科目,贷记"应付利息"等科目。相关账务处理如下。

（1）借入款项时：
借：银行存款
　　贷：短期借款
（2）计提借款利息时：
借：财务费用
　　利息支出（金融企业）
　　贷：应付利息
（3）支付借款利息时：
借：应付利息
　　贷：银行存款

（4）偿还借款时：
借：短期借款
　　贷：银行存款

二、应付票据

应付票据，是指由出票人出票、委托付款人在指定日期无条件支付特定的金额给收款人或者持票人的票据。应付票据按是否带息分为带息应付票据和不带息应付票据两种。

（一）带息应付票据的处理

应付票据如为带息票据，票据的面值就是票据的现值。由于我国商业汇票期限较短，因此，通常在期末，对尚未支付的应付票据计提利息，计入当期财务费用；票据到期支付票款时，尚未计提的利息部分直接计入当期财务费用。

（二）不带息应付票据的处理

不带息应付票据，其面值就是票据到期时的应付金额。

【例9-1】某企业为增值税一般纳税人，采购原材料采用商业汇票方式结算贷款。根据有关发票账单购入材料的实际成本为150 000元，增值税专用发票上注明的增值税为25 500元。材料已经验收入库。企业开出三个月承兑的商业汇票，并用银行存款支付运杂费。该企业采用实际成本进行材料的日常核算。

解析：根据上述资料，企业应作如下会计分录。

借：原材料　　　　　　　　　　　　　　　　　　　　　　150 000
　　应交税费——应交增值税（进项税额）　　　　　　　　 25 500
　　贷：应付票据　　　　　　　　　　　　　　　　　　　175 500

开出并承兑的商业承兑汇票如果不能如期支付，应在票据到期时，将"应付票据"账面价值转入"应付账款"科目，待协商后再处理。如果重新签发新的票据以清偿原应付票据，再从"应付账款"科目转入"应付票据"科目。银行承兑汇票如果票据到期，企业无力支付到期票款时，承兑银行除凭票向持票人无条件付款外，对出票人尚未支付的汇票金额转作逾期贷款处理，并按照每天万分之五计收利息。企业无力支付到期银行承兑汇票，在接到银行转来的"××号汇票无款支付转入逾期贷款户"等有关凭证时，借记"应付票据"科目，贷记"短期借款"科目。对计收的利息，按短期借款利息的处理办法处理。

三、应付账款

应付账款指因购买材料、商品或接受劳务供应等而发生的债务。这是买卖双方在购销活动中由于取得物资与支付货款在时间上不一致而产生的负债。

应付账款入账时间的确定，应以与所购买物资所有权有关的风险和报酬已经转移或劳务已经接受为标志。但在实际工作中，应分情况处理：在物资和发票账单同时到达的情况下，应付账款一般待物资验收入库后，才按发票账单登记入账，这主要是为了确认所购入的物资是否在质量、数量和品种上都与合同上说明的条件相符，以免因先入账而在验收入库时发现购入物资错、漏、破损等问题再行调账；在物资和发票账单未同时到达的情况下，应付账款需根据发票账单登记入账，有时货物已到，发票账单要间隔较长时间才能到达，而这笔负债已经成立，应作为一项负债反映，为在资产负债表上客观反映企业所拥有的资产和承担的债务，在实际工作中采用在月份终了将所购物资和应付债务估计入账，待下月初再用红字予以冲回的办法。

因购买商品等而产生的应付账款，应设置"应付账款"科目进行核算，用以反映这部分负债的价值。应付账款一般按应付金额入账，而不按到期应付金额的现值入账。如果购入的资产在形成一笔应付账款时是带有现金折扣的，应付账款入账金额的确定按发票上记载的应付金额的总值（即不扣除折扣）记账。在这种方法下，应按发票上记载的全部应付金额，借记有关科目，贷记"应付账款"科目，获得的现金折扣冲减财务费用。

四、预收账款

预收账款是买卖双方协议商定，由购货方预先支付一部分货款给供应方而发生的一项负债。预收账款的核算应视企业的具体情况而定。如果预收账款比较多，可以设置"预收账款"科目；如果预收账款不多，也可以不设置"预收账款"科目，直接记入"应收账款"科目的贷方。单独设置"预收账款"科目核算的，其"预收账款"科目的贷方，反映预收的货款和补付的货款；借方反映应收的货款和退回多收的货款；期末贷方余额反映尚未结清的预收款项，借方余额反映应收的款项。

五、应交税费

企业在一定时期取得的营业收入和实现的利润，要按照规定向国家交纳各种税金，这些税金，应按照权责发生制的原则预提计入有关科目。这些税金在尚未交纳之前暂时停留在企业，形成一项负债。

（一）增值税

增值税是就货物或应税劳务的增值部分征收的一种税。按照增值税暂行条例规定，企业购入货物或接受应税劳务支付的增值税（即进项税额），可以从销售货物或提供劳务按规定收取的增值税（即销项税额）中抵扣。

1. 科目设置

（1）一般纳税人应在"应交税费"科目下设置"应交增值税""未交增值税""预交增值税""待抵扣进项税额"等明细科目进行核算。"应交税费——应交增值税"科目分别设置"进项税额""已交税金""销项税额""出口退税""进项税额转出""转出未交增值税""转出多交增值税""减免税款""出口抵减内销产品应纳税额"等专栏。其中，一般纳税人发生的应税行为适用简易计税方法的，销售商品时交纳的增值税额在"简易计税"明细科目核算。

（2）小规模纳税人应在"应交税费"科目下设置三个二级明细科目："应交增值税"、"转让金融商品应交增值税"和"代扣代交增值税"。

2. 增值税一般纳税人购销业务的处理

增值税一般纳税人发生的应税行为适用一般计税方法计税。在这种方法下，采购等业务的进项税额允许抵扣销项税额。相关账务处理如下。

（1）购进业务的账务处理：

借：在途物资、原材料等

　　应交税费——应交增值税（进项税额）

　　贷：应付账款、银行存款等

（2）销售业务的账务处理：

借：应收账款、银行存款等

　　贷：主营业务收入等

　　　　应交税费——应交增值税（销项税额）

　　　　　　　　——简易计税

按照国家统一的会计制度确认收入或利得的时点早于按照增值税制度确认增值税纳税义务发生时点的，应将应纳增值税额记入"应交税费——待转销项税额"科目，待实际发生纳税义务时再转入"应交税费——应交增值税（销项税额）"或"应交税费——简易计税"科目。

按照增值税制度确认增值税纳税义务发生时点早于按照国家统一的会计制度确认收入或利得的时点的，应将应纳增值税额，借记"应收账款"科目，贷记"应交税费——应交增值税(销项税额)"或"应交税费——简易计税"科目,按照国家统一的会计制度确认收入或利得时,应按扣除增值税销项税额后的金额确认收入。

3. 增值税小规模纳税人购销业务的处理

小规模纳税人的特点有：①小规模纳税人销售货物或者提供应税劳务，一般情况下只能开具普通发票，不能开具增值税专用发票；②小规模纳税人销售货物或提供应税劳务，实行简易计税方法计算应纳税额，按照销售额的一定比例计算；③小规模纳税人的销售额不包括其应纳税额。采用销售额和应纳税额合并定价方法的按照公式"销售额=含税销售额/（1+征收率）"还原为不含税销售额计算。

从会计核算角度看，首先，小规模纳税人购入货物无论是否具有增值税专用发票，其支付的增值税额均不计入进项税额，不得由销项税额抵扣，应计入购入货物的成本。相应地，其他企业从小规模纳税人购入货物或接受劳务支付的增值税额，如果不能取得增值税专用发票，也不能作为进项税额抵扣，而应计入购入货物或应税劳务的成本。其次，小规模纳税人的销售收入按不含税价格计算。最后，小规模纳税人"应交税费——应交增值税"科目，应采用三栏式账户。

4. 视同销售的账务处理

按照增值税暂行条例实施细则的规定，对于企业将自产、委托加工或购买的货物分配给股东或投资者，将自产、委托加工的货物用于集体福利或个人消费等行为，视同销售货物，需计算交纳增值税。对于税法上某些视同销售的行为，如对外投资，从会计角度看不属于销售行为，企业不会由于对外投资而取得销售收入，增加现金流量，因此，会计核算不作为销售处理，按成本转账。但是，无论会计上是否作销售处理，只要税法规定需要交纳增值税的，均应当计算交纳增值税销项税额，并记入"应交税费——应交增值税"科目中的"销项税额"专栏。

5. 进项税额不予抵扣的情况及抵扣情况发生变化的账务处理

按照增值税暂行条例及其实施细则的规定，企业购进固定资产、用于非应税项目的购进货物或者应税劳务等按规定不予抵扣增值税进项税额。属于购入货物时即能认定其进项税额不能抵扣的，如购进固定资产、购入的货物直接用于免税项目、直接用于非应税项目，或者直接用于集体福利和个人消费的，进行会计处理时，其增值税专用发票上注明的增值税额，计入购入货物及接受劳务的成本。属于购入货物时不能直接认定其进项税额能否抵扣的，增值税专用发票上注明的增值税额，按照增值税会计处理方法记入"应交税费——应交增值税（进项税额）"科目；如果这部分购入货物以后用于按规定不得抵扣进项税额的项目，应将原已计入进项税额并已支付的增值税转入有关的承担者予以承担，通过"应交税费——应交增值税（进项税额转出）"科目转入有关的"在建工程""应付职工薪酬——职工福利""待处理财产损溢"等科目。

6. 差额征税的账务处理

增值税一般纳税人提供应税服务，按照营业税改征增值税有关规定允许从销售额中扣除其支付给其他单位或个人价款的，在收入采用总额法确认的情况下，减少的销项税额应借记"应交税费——应交增值税（销项税额抵减）"科目。同理，小规模纳税人应借记"应交税费——应交增值税"科目；在收入采用净额法确认的情况下，按照增值税有关规定确定的销售额计算增值税销项税额并记入"应交税费——应交增值税（销项税额）"科目。

7. 转出多交增值税和未交增值税的账务处理

（1）月末终了，应交未交的增值税：

借：应交税费——应交增值税（转出未交增值税）
　　贷：应交税费——未交增值税

（2）月末终了，当月多交的增值税：

借：应交税费——未交增值税
　　贷：应交税费——应交增值税（转出多交增值税）

8. 交纳增值税的账务处理

（1）企业当月交纳当月的增值税：

增值税一般纳税人：

借：应交税费——应交增值税（已交税金）
　　贷：银行存款

小规模纳税人：

借：应交税费——应交增值税
　　贷：银行存款

（2）企业当月交纳以前各期未交的增值税：

借：应交税费——未交增值税
　　贷：银行存款

（3）企业预交增值税：

预交时：

借：应交税费——预交增值税
　　贷：银行存款

月末时：

借：应交税费——未交增值税
　　贷：应交税费——预交增值税

9. 增值税税控系统专用设备和技术维护费用抵减增值税额的账务处理

按增值税有关规定，初次购买增值税税控系统专用设备支付的费用以及交纳的技术维护费用允许在增值税应纳税额中全额抵减。企业购入增值税税控系统专用设备，按实际支付或应付的金额，借记"固定资产"科目，贷记"银行存款""应付账款"等科目。按规定抵减的增值税应纳税额，借记"应交税费——应交增值税（减免税款）"科目（小规模纳税人借记"应交税费——应交增值税"科目），贷记"管理费用"科目。

企业发生技术维护费用，按实际支付或应付的金额，借记"管理费用"等科目，贷记"银行存款"等科目。按规定抵减的增值税应纳税额，借记"应交税费——应交增值税（减免税款）"科目（小规模纳税人借记"应交税费——应交增值税"科目），贷记"管理费用"等科目。

（二）消费税

1. 应税产品销售的账务处理

（1）将生产的产品直接对外销售：

借：税金及附加
　　贷：应交税费——应交消费税

（2）在建工程领用自产应税消费品：

借：在建工程
　　贷：应交税费——应交消费税

2. 委托加工应税消费品的账务处理

（1）企业委托加工的应税消费品，委托方收回后以不高于受托方的计税价格出售的，为直接出售，此时不再交纳消费税。因此，受托方在委托加工环节代收代交的增值税计入委托加工物资成本。

（2）企业委托加工的应税消费品，委托方收回后以高于受托方的计税价格出售的，不属于直接出售，需按照规定申报交纳消费税，在计税时准予扣除受托方已代收代交的消费税。委托加工的应税消费品收回后用于连续生产应税消费品，按规定准予抵扣的税金，记入"应交税费——应交消费税"科目的借方。

（三）其他应交税费

其他应交税费包括资源税、土地增值税、房产税、城镇土地使用税、车船税、印花税、城市维护建设税、所得税和耕地占用税。其中耕地占用税和印花税不需要通过"应交税费"科目核算，企业交纳耕地占用税时，借记"在建工程"科目，贷记"银行存款"科目；企业购买印花税票时，直接借记"税金及附加"科目，贷记"银行存款"科目。"税金及附加"科目核算企业经营活动发生的消费税、城市维护建设税、资源税、教育费附加、房产税、城镇土地使用税、车船税、印花税等相关税费。企业发生相关税费时，应借记"税金及附加"科目，贷记"应交税费"科目或"银行存款"科目（印花税）。

六、应付利息

应付利息,是指企业按照合同约定应支付的利息,包括吸收存款、分期付息到期还本的长期借款、企业债券等应支付的利息。

资产负债表中应按摊余成本和实际利率计算确定的利息费用,借记"利息支出""在建工程""财务费用""研发支出"等科目,按合同利率计算确定的应付未付利息,贷记"应付利息",按借贷双方之间的差额,借记或贷记"长期借款——利息调整"等科目。

合同利率与实际利率差异较小的,也可以采用合同利率计算确定利息费用。实际支付利息时,借记"应付利息",贷记"银行存款"等科目。本科目期末贷方余额,反映企业应付未付的利息。

七、应付股利

应付股利是指企业经股东大会或类似机构审议批准分配的现金股利或利润。企业经股东大会或类似机构审议批准的利润分配方案、宣告分派的现金股利或利润,在实际支付前,形成企业的负债。

企业董事会或类似机构通过的利润分配方案中拟分配的现金股利或利润,不应确认负债,但应在附注中披露。

企业经股东大会或类似机构审议批准的利润分配方案,确认应支付的现金股利或利润时,借记"利润分配"科目,贷记"应付股利";实际支付现金股利或利润时,借记"应付股利",贷记"银行存款"等科目。

八、其他应付款

其他应付款,是指企业除应付票据、应付账款、预收账款、应付职工薪酬、应付利息、应付股利、应交税费、长期应付款等外的其他各项应付、暂收款项。

企业采用售后回购方式融入资金的,应按实际收到的金额,借记"银行存款"科目,贷记"其他应付款"。回购价格与原销售价格之间的差额,应在售后回购期间按期计提利息费用,借记"财务费用"科目,贷记"其他应付款"。按照合同约定购回该项商品时,应按实际支付的金额,借记"其他应付款"科目,贷记"银行存款"科目。

企业发生的其他各种应付、暂收款项,借记"管理费用"等科目,贷记"其他应付款";支付的其他各种应付、暂收款项,借记"其他应付款",贷记"银行存款"等科目。

第三节 非流动负债

一、长期借款

长期借款,是指企业从银行或其他金融机构借入的期限在1年以上(不含1年)的借款。企业借入各种长期借款时,按实际收到的款项,借记"银行存款"科目,贷记"长期借款——本金"科目;按借贷双方之间的差额,借记"长期借款——利息调整"科目。

在资产负债表日,企业应按长期借款的摊余成本和实际利率计算确定的长期借款的利息费用,借记"在建工程""财务费用""制造费用"等科目,按借款本金和合同利率计算确定的应付未付利息,贷记"应付利息"科目,按其差额,贷记"长期借款——利息调整"科目。

企业归还长期借款,按归还的长期借款本金,借记"长期借款——本金"科目,按转销的利息调整金额,贷记"长期借款——利息调整"科目,按实际归还的款项,贷记"银行存款"科目,按借贷双方之间的差额,借记"在建工程""财务费用""制造费用"等科目。

【例9-2】兴赣公司为建造一幢厂房,2021年1月1日借入期限为2年的长期专门借款1 000 000元,款项已存入银行。借款利率为9%,每年付息一次,期满后一次还清本金。2021年年初,以银行存款支付工程价款共计600 000元,2022年年初又以银行存款支付工程费用400 000元。该厂房于2022年8月底完工,达到预定可使用状态。假定不考虑闲置专门借款资金存款的利息收入或者投资收益。

解析: 根据上述业务编制如下会计分录。

(1) 2021年1月1日,取得借款时:

借:银行存款　　　　　　　　　　　　　　　　　　　　1 000 000
　　贷:长期借款　　　　　　　　　　　　　　　　　　　　1 000 000

(2) 2021年年初,支付工程款时:

借:在建工程　　　　　　　　　　　　　　　　　　　　　600 000
　　贷:银行存款　　　　　　　　　　　　　　　　　　　　600 000

(3) 2021年12月31日,计算2021年应计入工程成本的利息时:

1 000 000×9%=90 000(元)

借:在建工程　　　　　　　　　　　　　　　　　　　　　90 000
　　贷:应付利息　　　　　　　　　　　　　　　　　　　　90 000

(4) 2021 年 12 月 31 日支付借款利息时：

借：应付利息　　　　　　　　　　　　　　　　　　　　　90 000
　　贷：银行存款　　　　　　　　　　　　　　　　　　　　　90 000

(5) 2022 年年初支付工程款时：

借：在建工程　　　　　　　　　　　　　　　　　　　　　400 000
　　贷：银行存款　　　　　　　　　　　　　　　　　　　　400 000

(6) 2022 年 8 月底达到预定可使用状态，计算 2022 年 1—8 月应计入工程成本的利息时：

（1 000 000×9%/12）×8=60 000（元）

借：在建工程　　　　　　　　　　　　　　　　　　　　　60 000
　　贷：应付利息　　　　　　　　　　　　　　　　　　　　60 000

该期应计入工程成本的利息：

借：固定资产　　　　　　　　　　　　　　　　　　　　　150 000
　　贷：在建工程　　　　　　　　　　　　　　　　　　　　150 000

(7) 2022 年 12 月 31 日，计算 2022 年 9—12 月应计入财务费用的利息时：

（1 000 000×9%/12）×3=30 000

借：财务费用　　　　　　　　　　　　　　　　　　　　　30 000
　　贷：应付利息　　　　　　　　　　　　　　　　　　　　30 000

(8) 2022 年 12 月 31 日支付利息时：

借：应付利息　　　　　　　　　　　　　　　　　　　　　120 000
　　贷：银行存款　　　　　　　　　　　　　　　　　　　　120 000

(9) 2023 年 1 月 1 日到期还本时：

借：长期借款　　　　　　　　　　　　　　　　　　　　　1 000 000
　　贷：银行存款　　　　　　　　　　　　　　　　　　　　1 000 000

二、应付债券

（一）一般公司债券

(1) 发行债券时：

借：银行存款等（实际收到的款项）

贷：应付债券——面值
　　　　　　——利息调整（差额，或贷方）

(2) 计提利息时：

借：在建工程、财务费用、制造费用等（期初摊余成本×实际利率）
　　应付债券——利息调整（差额，或贷方）
　贷：应付利息（面值×票面利率，分期付息到期还本债券）
　　　应付债券——应计利息（面值×票面利率，到期一次还本付息债券）

分期付息到期还本债券支付利息时：

借：应付利息
　贷：银行存款

"应付债券——利息调整"应在债券存续期间采用实际利率法进行摊销。实际利率法是指按照应付债券的实际利率计算其摊余成本及各期利息费用的方法，实际利率是指将应付债券在债券存续期间的未来现金流量（各期支付的利息和到期偿还的本金），折现为该债券当前账面价值所使用的利率。

(3) 偿还债券时：

① 分期付息到期还本债券，偿还本金并支付最后一期利息时：

借：应付债券——面值
　　在建工程、财务费用、制造费用等
　贷：银行存款
　　　应付债券——利息调整

② 到期一次还本付息债券，偿还本金及利息时：

借：应付债券——面值
　　　　　　——应计利息
　贷：银行存款

（二）可转换公司债券

我国发行可转换公司债券采取记名式无纸化发行方式，债券最短期限为3年，最长期限为5年。企业发行的可转换公司债券在"应付债券"科目下设置"可转换公司债券"明细科目核算。

1. 可转换公司债券的初始确认原则

企业发行的可转换公司债券，应当在初始确认时将其包含的负债成分和权益成分进行分拆。将负债成分确认为应付债券，将权益成分确认为资本公积。

在进行分拆时，应当先对负债成分的未来现金流量进行折现，确定负债成分的初始确认金额,再按发行价格总额扣除负债成分初始确认金额后的金额确定权益成分的初始确认金额。发行可转换公司债券发生的交易费用,应当在负债成分和权益成分之间按照各自的相对公允价值进行分摊。企业应按实际收到的款项,借记"银行存款"等科目,按可转换公司债券包含的负债成分面值,贷记"应付债券——可转换公司债券(面值)"科目,按权益成分的公允价值,贷记"资本公积——其他资本公积"科目,按借贷双方之间的差额,借记或贷记"应付债券——可转换公司债券(利息调整)"科目。

2. 可转换公司债券的账务处理

(1) 发行可转换公司债券时:

借:银行存款
　　应付债券——可转换公司债券(利息调整)(债券的面值——负债成分的公允价值,或贷方)
　　贷:应付债券——可转换公司债券(面值)
　　　　其他权益工具(发行收到的价款——负债成分的公允价值)

(2) 可转换公司债券转股前:

可转换公司债券的负债成分转股前的账务处理与一般公司债券相同,即采用实际利率法确认利息费用,按面值与票面利率确认应付利息,二者的差额为利息调整的摊销。

(3) 可转换公司债券转股时:

借:应付债券——可转换公司债券(面值、应计利息)
　　应付利息(分期付息可转换公司债券转股时已到付息期但尚未支付的利息)
　　其他权益工具(转换部分权益成分的公允价值)
　　贷:股本(股票面值×转换的股数)
　　　　资本公积——股本溢价(差额)
　　　　应付债券——可转换公司债券(利息调整)(或借方)

企业发行附有赎回选择权的可转换公司债券,其在赎回日可能支付的利息补偿金,即债券约定赎回期届满日应当支付的利息减去应付债券票面利息的差额,应当在债券发行日至债券约定赎回期届满日期间计提应付利息,计提的应付利息,分别计入相关资产成本或财务费用。

三、长期应付款

长期应付款,是指企业除长期借款和应付债券外的其他各种长期应付款项,如以分期付款方式购入固定资产发生的应付款项等。企业购买资产有可能延期支付有关价款。如果延期支付的购买价款超过正常信用条件,实质上是具有融资性质的,所购资产的成本应当以延期支付购买价款的现值为基础确定。实际支付的价款与购买价款的现值之间的差额,应当在信用期间内采用实际利率法进行摊销,计入相关资产成本或当期损益。

同步测试题

扫描二维码,查看
第九章同步测试题

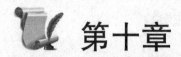

第十章

收入、费用和利润

引导案例

合同收入应怎样确定？

金海建筑工程公司为富康公司建造高层住宅楼一幢，合同总造价为 20 000 000 元，已经开工。由于发现了地热资源，富康公司要求金海建筑工程公司改变原设计，增加热水管道及设备，因变更追加工程款 500 000 元，并已办妥各项变更手续。当主体工程进入第五层时，因富康公司建筑手续不全，被主管部门勒令停工，补办手续。富康公司要求金海建筑工程公司人员和机具不得撤离现场。两个月后，手续补齐开工。金海建筑工程公司开出索赔单：塔吊每月 50 000 元，小型机械费每月 10 000 元，架管租赁费每月 30 000 元，误工费每月 10 000 元。经协商，富康公司同意赔偿 180 000 元。

思考并讨论：

1. 金海建筑工程公司签订的建造合同属于哪种类型？
2. 该项合同收入应当怎样确定？
3. 若富康公司发生财务困难，工程款预计不能按时结算，该项合同收入如何确定？

第一节 收 入

一、收入的定义及其核算范围

（一）收入的定义

收入是指企业在日常活动中形成的、会导致所有者权益增加的、与所有者投入资本无关的经济利益的总流入。其中，日常活动是指企业为完成其经营目标所从事的经常性活动以及与之相关的其他活动。工业企业制造并销售产品、商品流通企业销售商品、咨询公司提供咨询服务、软件公司为客户开发软件、安装公司提供安装服务、建筑企业提供建造服务等,均属于企业的日常活动。企业按照确认收入的方式应当反映其向客户转让商品(或提供劳务,以下简称转让商品)的模式,收入的金额应当反映企业因转让这些商品而预期有权收取的对价金额。

(二)收入的核算范围

收入准则适用于企业与客户之间的合同,但下列各项除外:
(1)企业对外出租资产收取的租金,适用租赁或投资性房地产等相关会计准则;
(2)进行债权投资收取的利息,适用金融工具确认和计量相关会计准则;
(3)进行债权投资取得的现金股利,适用金融工具确认和计量相关会计准则;
(4)进行非货币性资产交换,适用非货币性资产交换确认和计量相关会计准则;
(5)保险合同取得的保费收入,适用保险合同相关会计准则。

二、收入的确认和计量

(一)收入确认的原则

企业确认收入的方式应当反映其向客户转让商品的模式,收入的金额应当反映企业因转让商品而预期有权收取的对价金额。企业应当在履行了合同中的履约义务,即在客户取得了相关商品控制权时确认收入。

取得相关商品控制权,是指能够主导该商品的使用并从中获得几乎全部的经济利益,也包括有能力阻止其他方主导该商品的使用并从中获得经济利益。取得商品控制权同时包括下列三个要素:一是能力,即客户必须拥有现时权利,能够主导该商品的使用并从中获得几乎全部的经济利益。二是主导该商品的使用。客户有能力主导该商品的使用,是指主导该商品的使用并从中获得几乎全部的经济利益,也包括有能力阻止其他方主导该商品的使用并从中获得经济利益。三是能够获得几乎全部的经济利益。商品的经济利益,是指该商品的潜在现金流量,既包括现金流入的增加,也包括现金流出的减少。客户可以通过很多方式直接或间接地获得商品的经济利益,如使用、消耗、出售或持有该商品,使用该商品提升其他资产的价值,以及将该商品用于清偿债务、支付费用或抵押等。

(二)收入确认的前提条件

企业与客户之间的合同同时满足下列条件的,企业应当在客户取得相关商品控制权时确认收入:
(1)合同各方已批准该合同并承诺将履行各自义务;

（2）该合同明确了合同各方与所转让的商品相关的权利和义务；

（3）该合同有明确的与所转让的商品相关的支付条款；

（4）该合同具有商业实质，即履行该合同将改变企业未来现金流量的风险、时间分布或金额；

（5）企业因向客户转让商品而有权取得的对价很可能收回。

在进行上述判断时，需要注意以下三点。

一是，合同约定的权利和义务是否具有法律约束力，需要根据企业所处的法律环境和实务操作进行判断，包括合同订立的方式和流程、具有法律约束力的权利和义务的时间等。对于合同各方均有权单方面终止完全未执行的合同，且无需对合同其他方作出补偿的，企业应当视为该合同不存在。其中，完全未执行的合同，是指企业尚未向客户转让任何合同中承诺的商品，也尚未收取且尚未有权收取已承诺商品的任何对价的合同。

二是，合同具有商业实质，是指履行该合同将改变企业未来现金流量的风险、时间分布或金额。

三是，企业在评估其因向客户转让商品而有权取得的对价是否很可能收回时，仅应考虑客户到期时支付对价的能力和意图。企业在进行判断时，应当考虑是否存在价格折让。如果存在价格折让，应当在估计交易价格时进行考虑。企业预期很可能无法收回全部合同对价时，应当判断其原因是客户的信用风险还是企业向客户提供了价格折让所致。

（三）收入确认、计量的五步法

收入的确认和计量大致分为以下五个步骤：第一步，识别与客户订立的合同；第二步，识别合同中的单项履约义务；第三步，确定交易价格；第四步，将交易价格分摊至各单项履约义务；第五步，履行各单项履约义务时确认收入。其中，第一步、第二步和第五步主要与收入的确认有关，第三步和第四步主要与收入的计量有关。

1. 收入确认、计量的第一步：识别与客户订立的合同

本章所称合同，是指双方或多方之间订立的具有法律约束力的权利义务的协议，包括书面形式、口头形式以及其他可验证的形式（如隐含于商业惯例或企业以往的习惯做法中等）。

客户，是指与企业订立合同以向该企业购买其日常活动产出的商品或服务并支付对价的一方。

【例10-1】2022年3月5日，A公司与国外B公司签订合同，向B公司销售一批商品，合同标价为200万元。在此之前，A公司从未向B公司所在国家的其他客户进行过销售，B公司所在国家正在经历严重的经济危机，预计不能从B公司收回全部的对价金额，而是仅能收回120万元。尽管如此，A公司预计B公司所在国家的经济情况将在未来2~3年内好转，且与B公司之间建立的良好关系将有助于其在该国拓展其他潜在客户。

解析：根据 B 公司所在国家的经济情况以及 A 公司的销售战略，A 公司能够接受 B 公司支付低于合同对价的金额，且估计很可能收回该对价，A 公司认为，该合同满足有权取得的对价很可能收回的条件，按照收入准则的规定确定交易价格时，应当考虑其向 B 公司提供的价格折让的影响。因此，A 公司确定的交易价格不是合同标价 200 万元，而是 120 万元。

2. 收入确认、计量的第二步：识别合同中的单项履约义务

合同开始日，企业应当对合同进行评估，识别该合同所包含的各单项履约义务，并确定各单项履约义务是在某一时段内履行，还是在某一时点履行，然后，在履行了各单项履约义务时分别确认收入。

1）履约义务的定义

履约义务，是指合同中企业向客户转让可明确区分商品的承诺。

2）履约义务的内容

企业应当将下列向客户转让商品的承诺作为单项履约义务：

（1）企业向客户转让可明确区分商品（或者商品或服务的组合）的承诺；

（2）企业向客户转让一系列实质相同且转让模式相同的、可明确区分商品的承诺。

【例10-2】 2022 年 3 月 5 日，A 保洁公司与 B 公司签订为期 3 年的保洁服务合同，并承诺每天为 B 公司提供规定范围内的保洁服务。

解析：本例中，A 保洁公司安排保洁员每天所提供的保洁服务都是可明确区分且实质相同的，并且根据控制权转移的判断标准，每天的服务都属于在某一时段内履行的履约义务，因此，A 保洁公司应当将每天提供的保洁服务合并在一起作为单项履约义务进行账务处理。

3）可明确区分商品

企业向客户承诺的商品同时满足下列条件的，应当作为可明确区分商品：

（1）客户能够从该商品与其他易于获得的资源一起使用中受益，即该商品本身能够明确区分；

（2）企业向客户转让该商品的承诺与合同中其他承诺可单独区分，即转让该商品的承诺在合同中是可明确区分的。

4）不可明确区分的承诺

企业确定了商品本身能够明确区分后，还应当在合同层面继续评估转让该商品的承诺是否与合同中其他承诺彼此之间可明确区分。下列情形通常表明企业向客户转让该商品的承诺与合同中其他承诺不可单独区分：

（1）企业需提供重大的服务以将该商品与合同中承诺的其他商品整合，形成合同约定某个或某些组合产出转让给客户；

（2）该商品将对合同中承诺的其他商品予以重大修改或定制；

（3）该商品与合同中承诺的其他商品具有高度关联性。

5) 企业向客户销售商品,并负责将商品运送到客户指定的地点

企业向客户销售商品时,往往约定企业需要将商品运送至客户指定的地点。通常情况下,商品控制权转移给客户之前发生的运输活动不构成单项履约义务;相反,商品控制权转移给客户之后发生的运输活动可能表明企业向客户提供了一项运输服务,企业应当考虑该项服务是否构成单项履约义务。

3. 收入确认、计量的第三步:确定交易价格

交易价格,是指企业因向客户转让商品而预期有权收取的对价金额。企业代第三方收取的款项(如增值税)以及企业预期将退还给客户的款项,应当作为负债进行会计处理,不计入交易价格。合同标价并不一定代表交易价格,企业应当根据合同条款,并结合以往的习惯做法等确定交易价格。企业在确定交易价格时,应当假定将按照现有合同的约定向客户转让商品,且该合同不会被取消、续约或变更。

1) 可变对价

企业与客户的合同中约定的对价金额可能会因折扣、价格折让、返利、退款、奖励积分、激励措施、业绩奖金、索赔等因素而变化。此外,企业有权收取的对价金额,将根据一项或多项或有事项的发生有所不同,这也属于可变对价的情形。例如,企业售出商品但允许客户退货时,由于企业有权收取的对价金额将取决于客户是否退货,因此该合同的交易价格是可变的。

合同中存在可变对价的,企业应当按照期望值或最可能发生金额确定可变对价的最佳估计数。

(1) 期望值,是按照各种可能发生的对价金额及相关概率计算确定的金额。如果企业拥有大量具有类似特征的合同,企业据此估计合同可能产生多个结果时,按照期望值估计对价金额通常是恰当的。

【例 10-3】星光公司生产和销售壁挂式空调机。2022 年 3 月星光公司向零售商星火公司销售壁挂式空调机 2 000 台,每台价格为 3 000 元,合同价款合计 600 万元。星光公司向星火公司提供价格保护,即同意在未来 6 个月内,如果同款产品售价下降,则按照合同价格与最低售价之间的差额向星火公司支付差价。星光公司根据以往执行类似合同的经验,预计各种结果发生的概率如表 10-1 所示。

表 10-1 各种结果发生的概率

预计降价金额/元	概率
0	40%
200	30%
300	20%
700	10%

注:上述价格均不包含增值税

解析： 星光公司认为期望值能够更好地预测其有权获取的对价金额，假定不考虑将可变对价计入交易价格的限制要求，在期望值方法下，星光公司估计交易价格为每台 2 810 元 [3 000－（0×40%+200×30%+300×20%+700×10%）]。

（2）最可能发生金额，是一系列可能发生的对价金额中最可能发生的单一金额，即合同最可能产生的单一结果。当合同仅有两个可能结果时，按照最可能发生金额估计可变对价金额可能是恰当的。

企业按照期望值或最可能发生金额确定可变对价金额之后，计入交易价格的可变对价金额还应该满足限制条件，即包含可变对价的交易价格应当不超过在相关不确定性消除时累计已确认的收入极可能不会发生重大转回的金额。

2）合同中存在重大融资成分

当合同各方以在合同中约定的付款时间为客户或企业就该交易提供了重大融资利益时，合同中即包含了重大融资成分。

合同中存在重大融资成分的，企业应当按照假定客户在取得商品控制权时即以现金支付的应付金额确定交易价格。交易价格与合同对价之间的差额实质上是融资方因享受重大融资利益而承担的利息费用，该差额采用实际利率法在合同期内进行摊销。

3）非现金对价

非现金对价包括实物资产、无形资产、股权、客户提供的广告服务等。客户支付非现金对价的，通常情况下，企业应当按照非现金对价在合同开始日的公允价值确定交易价格。非现金对价公允价值不能合理估计的，企业应当参照其承诺向客户转让商品的单独售价间接确定交易价格。

非现金对价公允价值可能会因对价形式原因而发生变动，也可能会因为其形式以外的原因而发生变动。合同开始日后，非现金对价的公允价值因形式以外的原因而发生变动的，应当作为可变对价，按照与计入交易价格的可变对价金额的限制条件相关的规定进行处理；合同开始日后，非现金对价的公允价值因对价形式原因而发生变动的，该变动金额不应计入交易价格。

4）应付客户对价

企业存在应付客户对价的，应当将该应付对价冲减交易价格，但应付客户对价是为了向客户取得其他可明确区分商品的除外。企业应付客户对价是为了向客户取得其他可明确区分商品的，应当采用与企业其他采购相一致的方式确认所购买的商品。企业应付客户对价超过向客户取得可明确区分商品公允价值的，超过金额应当冲减交易价格。向客户取得可明确区分商品公允价值不能合理估计的，企业应当将应付客户对价全额冲减交易价格。在将应付客户对价冲减交易价格时，企业应当在确认相关收入与支付（或承诺支付）客户对价二者孰晚的时点冲减当期收入。

4. 收入确认、计量的第四步：将交易价格分摊至各单项履约义务

1）分摊的一般原则

当合同中包含两项或两项履约义务时，为了使企业分摊至每一单项履约义务的交易价格能够反映其因向客户转让已承诺的相关商品（或提供已承诺的相关服务）而预期有权收取的对价金额，企业应当在合同开始日，按照各单项履约义务所承诺商品的单独售价的相对比例，将交易价格分摊至各单项履约义务。

单独售价，是指企业向客户单独销售商品的价格。单独售价无法直接观察的，企业应当综合考虑其能够合理取得的全部相关信息，采用市场调整法、成本加成法、余值法等方法合理估计单独售价。

（1）市场调整法，是指企业根据某商品或类似商品的市场售价，考虑本企业的成本和毛利等进行适当调整后，确定其单独售价的方法。

（2）成本加成法，是指企业根据某商品的预计成本，加上其合理毛利后的价格，确定其单独售价的方法。

（3）余值法，是指企业根据合同交易价格减去合同中其他商品可观察的单独售价后的余值，确定某商品单独售价的方法。企业应当最大限度地采用可观察的输入值，并对类似的情况采用一致的估计方法。

企业在商品近期售价波动幅度巨大，或者因未曾单独销售而使售价无法可靠确定时，可采用余值法估计其单独售价。

【例10-4】2021年3月1日，A公司与客户B公司签订合同，向B公司销售甲、乙两项商品，合同价款为2 000元，合同约定，甲商品于合同开始日交付，乙商品在一个月后交付，只有甲、乙两项商品全部交付之后，A公司才有权收取2 000元的合同对价。假定甲、乙两项商品构成两项履约义务，其控制权在交付时转移给客户，分摊至甲、乙两项商品的交易价格分别为500元和2 000元，合计2 500元，上述价格均不包含增值税，且假定不考虑相关税费影响。

解析：本例中，根据交易价格分摊原则，甲商品应当分摊的交易价格为400元［（500/2 500）×2 000］，乙商品应当分摊的交易价格为1 600元［（2 000/2 500）×2 000］，A公司将甲商品交付给客户之后，与该商品相关的履约义务已经履行，但是需要等到后续交付乙商品时，企业才具有无条件收取合同对价的权利。因此，A公司应当将因交付甲商品而有权收取的对价400元确认为合同资产，而不是应收账款，相应的账务处理如下。

（1）交付甲商品时：

借：合同资产　　　　　　　　　　　　　　　　　　　　　　　　400
　　　贷：主营业务收入　　　　　　　　　　　　　　　　　　　　400

（2）交付乙商品时：

借：应收账款	2 000
贷：合同资产	400
主营业务收入	1 600

2）分摊合同折扣

合同折扣，是指合同中各单项履约义务所承诺商品的单独售价之和高于合同交易价格的金额。

对于合同折扣，企业应当在各单项履约义务之间按比例分摊。有确凿证据表明合同折扣仅与合同中一项或多项履约义务相关的，企业应当将该合同折扣分摊至相关一项或多项履约义务。

企业将合同折扣分摊至相关一项或多项履约义务应当同时满足下列三个条件：

（1）企业经常将其中部分可明确区分的商品以组合的方式按折扣价格单独销售；

（2）企业经常将其中部分可明确区分的商品单独销售或以组合的方式按折扣价格单独销售；

（3）上述第（1）项中的折扣与该合同中的折扣基本相同，且针对每一组合中的商品的分析为将该合同的全部折扣归属于某一项或多项履约义务提供了可观察的证据。

3）分摊可变对价

合同中包含可变对价的，该可变对价可能与整个合同相关，也可能仅与合同中的某一特定组成部分有关。后者包括两种情形：一是可变对价可能与合同中的一项或多项履约义务有关；二是可变对价可能与企业向客户转让的构成单项履约义务的一系列可明确区分商品中的一项或多项商品有关。

同时满足下列条件的，企业应当将可变对价及可变对价的后续变动额全部分摊至与之相关的某项履约义务，或者构成单项履约义务的一系列可明确区分商品中的某项商品：

（1）可变对价的条款是为履行该项履约义务或转让该项可明确区分商品专门定制，或者是履行该项履约义务或转让该项可明确区分商品所导致的特定结果；

（2）企业将合同对价中的可变金额全部分摊至该项履约义务或该项可明确区分商品符合分摊交易价格的目标，且考虑了合同中的全部履约义务和支付条款。

4）交易价格的后续变动

合同开始日之后，由于相关不确定性的消除或环境的其他变化等原因，交易价格可能会发生变化，从而导致企业因向客户转让商品而预期有权收取的对价金额发生变化。

交易价格发生后续变动的，企业应当按照在合同开始日所采用的基础将该后续变动金额分摊至合同中的履约义务。企业不得因合同开始日之后单独售价的变动而重新分摊交易价格。

5. 收入确认、计量的第五步：履行各单项履约义务时确认收入

企业应当在履行了合同中的履约义务，即客户取得相关商品控制权时确认收入。企业应

当根据实际情况,首先判断履约义务是否满足在某一时段内履行的条件,如不满足,则该履约义务属于某一时点履行的履约义务。对于在某一时段内履行的履约义务,企业应当选取恰当的方法来确定履约进度;对于在某一时点履行的履约义务,企业应当综合分析控制权转移的迹象,判断其转移时点。

1)在某一时段内履行的履约义务的收入确认条件

满足下列条件之一的,属于在某一时段内履行的履约义务,相关收入应当在该履约义务履行的期间内确认:

(1)客户在企业履约的同时即取得并消耗企业履约所带来的经济利益;

(2)客户能够控制企业履约过程中在建的商品;

(3)企业履约过程中所产出的商品具有不可替代用途,且该企业在整个合同期间内有权就累计至今已完成的履约部分收取款项。

【例10-5】2021年3月1日,造船企业A公司与客户B公司签订一份船舶建造合同,按照B公司的具体要求设计和建造船舶。A公司在自己的厂区内完成该船舶的建造,B公司无法控制在建过程中的船舶,A公司如果想把该船舶出售给其他客户,需要发生重大的改造成本,双方约定,如果B公司单方面解约,B公司需向A公司支付相当于合同总价30%的违约金,且建造中的船舶归A公司所有。假定该合同仅包含一项履约义务,即设计和建造船舶。

解析:本例中,船舶是按照B公司的具体要求设计和建造的,A公司需要发生重大的改造成本将该船舶改造之后才能将其出售给其他客户,因此,该船舶具有不可替代用途。然而,如果B公司单方面解约,B公司需向A公司支付相当于合同总价30%的违约金,表明A公司无法在整个合同期间内都有权就累计至今已完成的履约部分收取能够补偿其已经发生成本和合理利润的款项,因此,A公司为B公司设计和建造船舶不属于在某一时段内履行的履约义务。

2)在某一时段内履行的履约义务的收入确认方法

对于在某一时段内履行的履约义务,企业应当在该段时间内按照履约进度确认收入,履约进度不能合理确定的除外。企业应当采用恰当的方法确定履约进度,以使其如实反映企业向客户转让商品的履约情况。企业应当考虑商品的性质,采用产出法或投入法确定恰当的履约进度,并且在确定履约进度时,应当扣除那些控制权尚未转移给客户的商品和服务。

(1)产出法。产出法主要是根据已转移给客户的商品对于客户的价值确定履约进度,主要包括按照实际测量的完工进度、评估已实现的结果、已达到的里程碑、时间进度、已完工或交付的产品等确定履约进度的方法。企业在评估是否采用产出法确定履约进度时,应当考虑所选择的产出指标是否能够如实地反映向客户转移商品的进度。

产出法是直接计量已完成的产出,一般能够客观地反映履约进度。当产出法所需要的信息无法直接通过观察获得,或者为获得这些信息需要花费很高的成本时,可采用投入法。

（2）投入法。投入法主要是根据企业履约义务的投入确定履约进度，主要包括已投入的材料数量、花费的人工工时或机器工时、发生的成本和时间进度等投入指标确定履约进度的方法。当企业从事的工作或发生的投入是在整个履约期间内平均发生时，按照直线法确认收入是合适的。由于企业的投入与向客户转移商品的控制权之间未必存在直接的对应关系，因此，企业在采用投入法时，应当扣除那些虽然已经发生、但是未导致向客户转移商品的投入。实际工作中，企业通常按照累计实际发生的成本占预计总成本的比例（即成本法）确定履约进度，累计实际发生的成本包括企业向客户转移商品过程中所发生的直接成本和间接成本，如直接人工、直接材料、分包成本以及其他与合同相关的成本。

企业在采用成本法确定履约进度时，可能需要对已发生的成本进行适当调整。例如，已发生的成本并未反映企业履行其履约义务的进度，如因企业生产效率低下等原因而导致的非正常消耗，包括非正常消耗的直接材料、直接人工及制造费用等，除非企业和客户在订立合同时已经预见会发生这些成本并将其包括在合同价款中。再如，已发生的成本与企业履行其履约义务的进度不成比例。如果已发生的成本与企业履行其履约义务的进度不成比例，企业在采用成本法时不应包括该商品的成本，而是应当按照其成本金额确认收入：一是该商品不构成单项履约义务；二是客户先取得该商品的控制权，之后才接受与之相关的服务；三是该商品的成本占预计总成本的比重较大；四是企业自第三方采购该商品，且未深入参与其设计和制造，对于包括该商品的履约义务而言，企业是主要责任人。

对于每一项履约义务，企业只能采用一种方法来确定其履约进度，并加以一贯运用。对于类似情况下的类似履约义务，企业应当采用相同的方法确定履约进度。

资产负债表日，企业应当在按照合同的交易价格总额乘以履约进度扣除以前会计期间累计已确认的收入后的金额，确认为当期收入。当履约进度不能合理确定时，企业已经发生的成本预计能够得到补偿的，应当按照已经发生的成本金额确认收入，直到履约进度能够合理确定为止。每一资产负债表日，企业应当对履约进度进行重新估计。当客观环境发生变化时，企业也需要重新评估履约进度是否发生变化，以确保履约进度能够反映履约情况的变化，该变化应当作为会计估计变更进行会计处理。

3）在某一时点履行的履约义务

当一项履约义务不属于某一时段内履行的履约义务时，应当属于在某一时点履行的履约义务。对于在某一时点履行的履约义务，企业应当在客户取得相关商品控制权时点确认收入。在判断客户是否已取得商品控制权时，企业应当考虑下列迹象。

（1）企业就该商品享有现时收款权利，即客户就该商品负有现时付款义务。如果企业就该商品享有现时收款权利，则可能表明客户已经有能力主导该商品的使用并从中获得几乎全部的经济利益。

（2）企业已将该商品的法定所有权转移给客户，即客户已拥有该商品的法定所有权。客户如果取得了商品的法定所有权,则可能表明其已经有能力主导该商品的使用并从中获得几乎全部的经济利益,或者能够阻止其他企业获得这些经济利益。如果企业仅仅是为了确保到期收回货款而保留商品的法定所有权,那么企业所保留的这项权利通常不会对客户取得对该商品的控制权构成障碍。

(3)企业已将该商品实物转移给客户,即客户已实物占有该商品。客户如果已经实物占有商品,则可能表明其有能力主导该商品的使用并从中获得几乎全部的经济利益,或者能够阻止其他企业获得这些经济利益。

(4)企业已将该商品所有权上的主要风险和报酬转移给客户,即客户已取得该商品所有权上的主要风险和报酬。企业在判断时,不应当考虑保留了除转让商品外产生其他履约义务的风险的情形。

(5)客户已接受该商品。企业在判断是否已经将商品的控制权转移给客户时,应当考虑客户是否已接受该商品,特别是客户的验收是否仅仅是一个形式。如果企业能够客观地确定其已经按照合同约定的标准和条件将商品的控制权转移给客户,那么客户验收可能只是一个形式,并不会影响企业判断客户取得该商品控制权的时点。

(6)其他表明客户已取得商品控制权的迹象。需要强调的是,在上述迹象中,并没有哪一个或哪几个迹象是决定性的,企业应当根据合同条款和交易实质进行分析,综合判断其是否以及何时将商品的控制权转移给客户,从而确定收入确认的时点。此外,企业应当从客户的角度进行评估,而不应当仅考虑企业自身的看法。

三、合同成本

(一)合同履约成本

企业为履行合同可能会发生各种成本,企业在确认收入的同时应当对这些成本进行分析,属于存货、固定资产、无形资产等规范范围的,应当按照相关章节进行会计处理;不属于上述章节规范范围且同时满足下列条件的,应当作为合同履约成本确认为一项资产:

(1)该成本与一份当前或预期取得的合同直接相关;
(2)该成本增加了企业未来用于履行(或持续履行)履约义务的资源;
(3)该成本预期能够收回。

企业应当在下列支出发生时,将其计入当期损益:一是管理费用,除非这些费用明确由客户承担。二是非正常消耗的直接材料、直接人工和制造费用(或类似费用),这些支出为履行合同发生,但未反映在合同价格中。三是与履约义务中已履行(包括已全部履行或部分履行)部分相关的支出,即该支出与企业过去的履约活动相关。四是无法在尚未履行的与已履行（或已部分履行）的履约义务之间区分的相关支出。

（二）合同取得成本

企业为取得合同发生的增量成本预期能够收回的，应当作为合同取得成本确认为一项资产。增量成本，是指企业不取得合同就不会发生的成本，如销售佣金等。为简化操作，该资产摊销期限不超过一年的，可以在发生时计入当期损益。企业采用该简化处理方法的，应当对所有类似合同一致采用。企业为取得合同发生的、除预期能够收回的增量成本外的其他支出，如无论是否取得合同均会发生的差旅费、投标费、为准备投标资料发生的相关费用等，应当在发生时计入当期损益，除非这些支出明确由客户承担。

（三）与合同履约成本和合同取得成本有关的资产的摊销和减值

1. 摊销

对于确认为资产的合同履约成本和合同取得成本，企业应当采用与该资产相关的商品收入确认相同的基础（即在履约义务履行的时点或按照履约义务的履约进度）进行摊销，计入当期损益。

在确定与合同履约成本和合同取得成本有关的资产的摊销期限和方式时，如果该资产与一份预期将要取得的合同（如续约后的合同）相关，则在确定相关摊销期限和方式时，应当考虑该预期将要取得的合同的影响。但是，对于合同取得成本而言，如果合同续约时，企业仍需要支付与取得原合同相当的佣金，这表明取得原合同时支付的佣金与预期将要取得的合同无关，该佣金只能在原合同的期限内进行摊销。企业为合同续约仍需支付的佣金是否与原合同相当，需要根据具体情况进行判断。例如，如果两份合同的佣金按照各自合同金额的相同比例计算，通常表明这两份合同的佣金水平是相当的。

企业应当根据预期向客户转让与上述资产相关的商品的时间，对资产的摊销情况进行复核并更新，以反映该预期时间的重大变化。此类变化应当作为会计估计变更进行会计处理。

2. 减值

合同履约成本和合同取得成本的账面价值高于下列两项的差额的，超出部分应当计提减值准备，并确认为资产减值损失：

（1）企业因转让与该资产相关的商品预期能够取得的剩余对价；

（2）为转让该相关商品估计将要发生的成本。估计将要发生的成本主要包括直接人工、直接材料、制造费用（或类似费用）、明确由客户承担的成本以及仅因该合同而发生的其他成本（如支付给分包商的成本）等。

以前期间减值的因素之后发生变化，使得上述（1）减去（2）的差额高于该资产账面价值的，应当转回原已计提的资产减值准备，并计入当期损益，但转回后的资产账面价值不应超过假定不计提减值准备情况下该资产在转回日的账面价值。

在确定合同履约成本和合同取得成本的减值损失时,企业应当先确定其他资产减值损失,再确定合同履约成本和合同取得成本的减值损失。

四、关于特定交易的账务处理

(一)附有退回条款的销售

对于附有退回条款的销售,企业应当在客户取得相关商品控制权时,按照因向客户转让商品而预期有权收取的对价金额(即不包含预期因销售退回将退还的金额)确认收入,按照预期因销售退回将退还的金额确认负债;同时,按照预期将退回商品转让时的账面价值,扣除收回该商品预计发生的成本(包括退回商品的价值减损)后的余额,确认为一项资产,按照所转让商品转让时的账面价值,扣除上述资产成本的净额结转成本。

每一资产负债表日,企业应当重新估计未来销售退回情况,如有变化,应当作为会计估计变更进行会计处理。

(二)附有保证条款的销售

对于附有保证条款的销售,企业应当评估该质量保证是否在向客户保证所销售商品符合既定标准之外提供了一项单独的服务。企业提供额外服务的,应当作为单项履约义务进行会计处理;否则,质量保证责任应当按照或有事项的要求进行会计处理。在评估质量保证是否在向客户保证所销售商品符合既定标准之外提供了一项单独的服务时,企业应当考虑该质量保证是否为法定要求、质量保证期限以及企业承诺履行任务的性质等因素。客户能够选择单独购买质量保证的,该质量保证构成单项履约义务。法定要求通常是为了保护客户避免其购买瑕疵或缺陷商品的风险,而并非为客户提供一项单独的质量保证服务。质量保证期限越长,越有可能是单项履约义务。如果企业必须履行某些特定的任务以保证所转让的商品符合既定标准(如企业负责运输被客户退回的瑕疵商品),则这些特定的任务可能不构成单项履约义务。企业提供的质量保证同时包含上述两类的,应当分别对其进行会计处理,无法合理区分的,应当将这两类质量保证一起作为单项履约义务进行会计处理。

(三)主要责任人和代理人

企业应当根据其在向客户转让商品前是否拥有对该商品的控制权,来判断其从事交易时的身份是主要责任人还是代理人。企业在向客户转让商品前能够控制该商品的,该企业为主要责任人,应当按照已收或应收对价总额确认收入;否则,该企业为代理人,应当按照预期有权收取的佣金或手续费的金额确认收入,该金额应当按照已收或应收对价总额扣除应支付给其他相关方的价款后的净额,或者按照既定的佣金金额或比例等确定。企业与客户订立的包含多项可明确区分商品的合同中,企业需要分别判断其在不同履约义务中的身份是主要责任人还是代理人。

当存在第三方参与企业向客户提供商品时,企业向客户转让特定商品之前能够控制该商品,从而应当作为主要责任人的情形包括:一是企业自该第三方取得商品或其他资产控制权后,再转让给客户,此时,企业应当考虑该权利是仅在转让给客户时才产生,还是在转让给客户之前就已经存在,且企业一直能够主导其使用,如果该权利在转让给客户之前并不存在,表明企业实质上并不能在该权利转让给客户之前控制该权利。二是企业能够主导该第三方代表本企业在向客户提供服务,说明企业在相关服务提供给客户之前能够控制该相关服务。三是企业自该第三方取得商品控制权后,通过提供重大的服务将该商品与其他商品整合成合同约定的某组合产出转让给客户,此时,企业承诺提供的特定商品就是合同约定的组合产出,企业应首先获得为生产该组合产出所需要的投入的控制权,然后才能够将这些投入加工整合为合同约定的组合产出。

如果企业仅仅是在特定商品的法定所有权转移给客户之前,暂时性地获得该特定商品的法定所有权,这并不意味着企业一定控制了该商品。实际工作中,企业在判断其向客户转让特定商品之前是否已经拥有对该商品的控制权时,不应仅局限于合同的法律形式,而是应当综合考虑所有相关事实和情况进行判断,这些事实和情况包括:

(1)企业承担向客户转让商品的主要责任;
(2)企业在转让商品之前或之后承担了该商品的存货风险;
(3)企业有权自主决定所交易商品的价格;
(4)其他相关事实和情况。

(四)附有客户额外购买选择权的销售

对于附有客户额外购买选择权的销售,企业应当评估该选择权是否向客户提供了一项重大权利。企业提供重大权利的,应当作为单项履约义务,按照有关交易价格分摊的要求将交易价格分摊至该履约义务,在客户未来行使购买选择权取得相关商品控制权时,或者该选择权失效时,确认相应的收入。客户额外购买选择权的单独售价无法直接观察的,企业应当综合考虑客户行使和不行使该选择权所能获得的折扣的差异、客户行使该选择权的可能性等全部相关信息后,予以合理估计。

额外购买选择权的情况包括销售激励、客户奖励积分、未来购买商品的折扣券以及合同续约选择权等。对于附有客户额外购买选择权的销售,企业应当评估该选择权是否向客户提供了一项重大权利。如果客户只有在订立了一项合同的前提下才取得了额外购买选择权,并且客户行使该选择权购买额外商品时,能够享受到超过该地区或该市场中其他同类客户所能够享有的折扣,则通常认为该选择权向客户提供了一项重大权利。该选择权向客户提供了重大权利的,应当作为单项履约义务。在考虑授予客户的该项权利是否重大时,应根据其金额和性质综合进行判断。

客户虽然有额外购买选择权,但客户行使该选择权购买商品时的价格反映了这些商品单独售价的,不应被视为向客户提供了重大权利。为简化实务操作,当客户行使该权利购买的额外商品与原合同下购买的商品类似,且企业将按照原合同条款提供该额外的商品时,直接把其预计将提供的额外商品的数量以及预计将收取的相应对价金额纳入原合同,并进行相应的会计处理。

(五)授予知识产权许可

企业向客户授予的知识产权,常见的有软件和技术、影视和音乐等的版权、特许经营权以及专利权、商标权和其他版权等。企业向客户授予知识产权许可的,应当评估该知识产权许可是否构成单项履约义务。对于不构成单项履约义务的,企业应当将该知识产权许可和其他商品一起作为一项履约义务进行会计处理。授予知识产权许可不构成单项履约义务的情形包括:一是该知识产权许可构成有形商品的组成部分,并且对于该商品的正常使用不可或缺。例如,企业向客户销售设备和相关软件,该软件内嵌于设备之中,该设备必须安装了该软件之后才能正常使用。二是客户只有将该知识产权许可和相关服务一起使用才能够从中获益。例如,客户取得授权许可,但是只有通过企业提供的在线服务才能访问相关内容。

对于构成单项履约义务的,应当进一步确定其是在某一时段内履行还是在某一时点履行,同时满足下列条件时,应当作为在某一时段内履行的履约义务确认相关收入;否则,应当作为在某一时点履行的履约义务确认相关收入。

(1)合同要求或客户能够合理预期企业将从事对该项知识产权有重大影响的活动。企业从事的下列活动均会对该项知识产权有重大影响:一是这些活动预期将显著改变该项知识产权的形式或者功能(如知识产权的设计、内容、功能性等);二是客户从该项知识产权中获益的能力在很大程度上来源于或者取决于这些活动,即这些活动会改变该项知识产权的价值,例如,企业向客户授权使用其品牌,客户从该品牌获益的能力取决于该品牌价值,而企业所从事的活动为维护或提升其品牌价值提供了支持。如果该项知识产权具有重大的独立功能,且该项知识产权绝大部分的经济利益来源于该项功能,客户从这项知识产权中获益的能力则可能不会受到企业从事的相关活动的重大影响,除非这些活动显著改变了该项知识产权的形式或者功能。具有重大独立功能的知识产权主要包括软件、生物合成物或药物配方以及已完成的媒体内容(如电影、电视节目以及音乐录音)版权等。

(2)该活动对客户将产生有利或不利影响。当企业从事的后续活动并不影响授予客户的知识产权许可时,企业的后续活动只是在改变其自己拥有的资产。

(3)该活动不会导致向客户转让商品。当企业从事的后续活动本身构成单项履约义务时,企业在评估授予知识产权许可是否属于在某一时段内履行的履约义务时应当不予考虑。

企业向客户授予知识产权许可不能同时满足上述条件的,则属于在某一时点履行的履约义务,并在该时点确认收入。在客户能够使用某项知识产权许可并开始从中获益之前,企业不能对此类知识产权许可确认收入。例如,企业授权客户在一定期间内使用软件,但是在企业向客户提供该软件的密钥之前,客户都无法使用该软件,不应确认收入。值得注意的是,在判断某项知识产权许可是在某一时段内履行的履约义务还是在某一时点履行的履约义务时,企业不应考虑下列因素:一是该许可在时间、地域或使用方面的限制;二是企业就其拥有的知识产权的有效性以及防止未经授权使用该知识产权许可所提供的保证。

(六)售后回购

售后回购,是指企业销售商品的同时承诺或有权选择日后将该商品(包括相同或几乎相同的商品,或以该商品作为组成部分的商品)购回的销售方式。对于不同类型的售后回购交易,企业应当区分下列两种情形分别进行会计处理。

(1)企业因存在与客户的远期安排而负有回购义务或企业享有回购权利的,表明客户在销售时点并未取得相关商品控制权,企业应当作为租赁交易或融资交易进行相应的会计处理。其中,回购价格低于原售价的,应当视为租赁交易;回购价格不低于原售价的,应当视为融资交易,在收到客户款项时确认金融负债,并将该款项和回购价格的差额在回购期间内确认为利息费用等。企业到期未行使回购权利的,应当在该回购权利到期时终止确认金融负债,同时确认收入。

(2)企业负有应客户要求回购商品义务的,应当在合同开始日评估客户是否具有行使该要求权的重大经济动因。客户具有行使该要求权的重大经济动因的,企业应当将售后回购作为租赁交易或融资交易,按照上述第(1)项的情形进行会计处理;否则,企业应当将其作为附有退回条款的销售交易进行会计处理。在判断客户是否具有行使该要求权的重大经济动因时,企业应当综合考虑各种相关因素,包括回购价格与预计回购时市场价格之间的比较,以及权利的到期日等。例如,如果回购价格明显高于该资产回购时的市场价值,则表明客户有行权的重大经济动因。

(七)客户未行使的权利

企业向客户预收销售商品款项的,应当先将该款项确认为负债,待履行了相关履约义务时再转为收入。当企业预收款项无需退回,且客户可能会放弃其全部或部分合同权利时,例如,放弃储值卡的使用等,企业预期将有权获得与客户所放弃的合同权利相关的金额的,应当按照客户行使合同权利的模式按比例将上述金额确认为收入;否则,企业只有在客户要求其履行剩余履约义务的可能性极低时,才能将上述负债的相关余额转为收入。企业在确定其是否预期将有权获得与客户所放弃的合同权力相关的金额时,应当考虑将估计的可变对价计入交易价格的限制要求。

如果有相关法律规定,企业所收取的与客户未行使权利相关的款项须转交给其他方的(如法律规定无人认领的财产须上交政府),企业不应将其确认为收入。

(八)无需退回的初始费

企业在合同开始(或接近合同开始)日向客户收取的无需退回的初始费(如俱乐部的入会费等)应当计入交易价格。企业应当评估该初始费是否与向客户转让已承诺的商品相关。并且该商品构成单项履约义务的,企业应当在转让该商品时,按照分摊至该商品的交易价格确认收入;该初始费与向客户转让已承诺的商品相关,但该商品不构成单项履约义务的,企业应当在包含该商品的单项履约义务履行时,按照分摊至该商品的交易价格确认收入;该初始费与向客户转让已承诺的商品不相关的,该初始费应当作为未来将转让商品的预收款,在未来转让该商品时确认为收入。

第二节 费 用

一、费用的定义

费用是企业在日常活动中产生的、会导致所有者权益减少的、与向所有者分配利润无关的经济利益的总流出。从这个定义中,我们可以看出费用包括以下特征。

(1)费用最终会导致企业资源的减少。这种减少表现为企业的资金支出或资产耗费,具体表现为支付工资、发生费用、消耗材料和机器设备等。

(2)费用最终会减少企业的所有者权益。一般来说,企业所有者权益随着收入的增加而增加,而费用的增加会减少企业的所有者权益。

二、费用的分类

为了便于合理地确认和计算费用,正确地计算产品成本,应恰当地对费用进行分类。对费用进行分类有不同的分类标准。

（一）费用按其经济内容或性质分类

费用按其经济内容或性质不同，可分为劳动对象方面的费用、劳动手段方面的费用和活劳动方面的费用三大类。这在企业会计中称为生产费用要素，一般由以下九个项目组成。

（1）外购材料。外购材料指企业为进行生产而耗用的从外部购入的原材料及主要材料、半成品、辅助材料、包装物、修理用备件和低值易耗品等。

（2）外购燃料。外购燃料指企业为进行生产而耗用的从外部购入的各种燃料，包括固体燃料、液体燃料和气体燃料。

（3）外购动力。外购动力指企业为进行生产而耗用的从外部购入的各种动力，包括热力、电力和蒸汽等。

（4）工资。工资指企业所有应计入生产费用的职工工资。

（5）提取的职工福利费。提取的职工福利费指企业按照工资总额的一定比例计提并计入费用的职工福利费。

（6）折旧费。折旧费指企业所拥有或控制的固定资产按照使用情况而计提的折旧费用。

（7）利息支出。利息支出指企业计入期间费用等的负债利息净支出（即利息支出减利息收入后的余额）。

（8）税金。税金指计入企业成本费用的各种税金，如印花税、房屋税、车船税和城镇土地使用税等。

（9）其他费用。其他费用指不属于以上各费用要素的费用。

费用按其经济内容或性质进行分类的作用主要有：一是可以反映企业在一定时期内发生了哪些生产费用，金额各是多少；二是便于分析企业各个时期各种费用占整个费用的比重，进而分析企业各个时期各种要素费用支出的水平；三是有利于考核费用计划的执行情况。

（二）费用按其经济用途分类

费用按其经济用途分类，首先可以将企业发生的费用划分为应计入产品成本、劳务成本的费用和不应计入产品成本、劳务成本的费用。对于应计入产品成本、劳务成本的费用再继续划分为直接费用和间接费用。其中直接费用包括直接材料、直接人工和其他直接费用；间接费用主要指制造费用。对于不应计入产品成本、劳务成本的费用再继续划分为管理费用、财务费用和营业费用。

（1）直接材料。直接材料指企业在生产产品和提供劳务过程中所消耗的，直接用于产品生产，构成产品实体的原料及主要材料外的半成品（外购件）、修理用备件（备品配件）、包装物、有助于产品形成的辅助材料以及其他直接材料。

（2）直接人工。直接人工指企业在生产产品和提供劳务过程中，直接从事产品生产的工人工资、津贴、补贴和福利费等。

（3）其他直接费用。其他直接费用指企业发生的除直接材料费用和直接人工费用外的，与生产产品和提供劳务有直接关系的费用。

（4）制造费用。制造费用指企业为生产产品和提供劳务而发生的各项间接费用，包括工资和福利费、折旧费、修理费、办公费、水电费、物资消耗、劳动保护费、季节性和修理期间的停工损失等。

三、费用的确认

（一）费用确认的原则

费用的实质是资产的耗费，但并不是所有的资产耗费都是费用，因此，就需明确什么样的资产耗费应确认为费用。由于发生费用的目的是取得收入，那么费用的确认就应当与收入的确认相联系。因此，确认费用应遵循划分收益性支出与资本性支出原则、权责发生制原则和配比原则。

（二）费用确认的标准

根据上述费用确认原则，在确认费用时，通常应遵循以下三个标准。

1. 按费用与收入的因果关系加以确认

费用与收入密切相关，是收入形成、实现的必要条件，因而费用确认的最理想方法就是找出本期收入与费用的相互关系，即费用的发生是与产生哪一个会计期间的营业收入相关联。例如，与某一个会计期间销售收入相关联的费用，是本期已售商品的销售成本和销售人员的工资等，在销售成立的情况下，如果不能确认销售收入，也就不能确认商品的销售成本。

2. 按合理和系统的分配方法加以确认

在企业会计实务中，一项耗费未必就真的能带来一项收入，收入的产生往往是许多耗费的综合结果。因此，在日常会计核算中并不能做到用因果关系确认企业的全部费用。在这种情况下，便可以采用合理和系统地分配费用的办法。将耗费合理和系统地分配为不同期间的费用，是早已为人们所熟知的一项会计方法，如折旧费就是费用合理和系统分配的一个最好的佐证。

3. 耗费发生时当即予以确认

若不能直接运用上述两种费用确认标准，则可以考虑第三种标准，即在耗费发生时即确认费用。例如，广告费即是在费用发生时便确认为费用，因为广告费虽然可以给企业获得长期的效益，从理论上讲，也应将其分配于各个效益的会计期间，但是在现实的经济生活中，确定哪个会计期间是由于哪项广告获得了多少效益是异常困难的,因而对于类似广告费的这类费用,一般在支付时就确认为当期的费用。

四、费用的计量

费用的计量,是指采用一定的方法对作为本期费用的各个费用项目的具体金额加以确定。上述费用按其经济性质不同,可分为生产费用和期间费用。根据实际成本计价原则,对属于生产费用或期间费用的各个费用项目都应按其实际发生的耗费进行处理,并分别通过不同的成本费用科目予以确认。

1. 生产费用的计量

生产费用的入账金额通常是由原材料、燃料、应付职工薪酬、制造费用科目结转而来。

2. 期间费用的计量

期间费用是指企业本期发生的、不能直接或间接归入某种产品成本的、直接计入损益的各项费用,包括管理费用、销售费用和财务费用。

(1) 管理费用。管理费用是指企业为组织和管理企业生产经营活动所发生的管理费用。它包括企业的董事会和行政管理部门在企业的经营管理中发生的,或者应当由企业统一负担的公司经费(包括行政管理部门职工工资、修理费、物料消耗、低值易耗品摊销、办公费和差旅费等)、工会经费、待业保险费、劳动保险费、董事会费、聘请中介机构费、咨询费(含顾问费)、诉讼费、业务招待费、房产税、车船使用税、土地使用税、印花税、技术转让费、矿产资源补偿费、无形资产摊销、职工教育经费、研究与开发费、排污费、存货盘亏或盘盈(不包括应计入营业外支出的存货损失)、计提的坏账准备和存货跌价准备等。

企业发生的管理费用,在"管理费用"账户核算,并在"管理费用"账户中按费用项目设置明细账,进行明细核算。期末,"管理费用"账户的余额结转至"本年利润"账户后应无余额。

(2) 销售费用。销售费用是指企业在销售商品过程中发生的费用,包括企业销售商品过程中发生的运输费、装卸费、包装费、保险费、展览费和广告费,以及为销售本企业商品而专设的销售机构的职工工资及福利费、类似工资性质的费用、业务费等经营费用。商品流通企业在购买商品过程中所发生的进货费用也包括在内。

企业发生的销售费用,在"销售费用"账户核算,并在"销售费用"账户中按费用项目设置明细账户,进行明细核算。期末,"销售费用"账户的余额结转到"本年利润"账户后应无余额。

(3) 财务费用。财务费用是指企业为筹集生产经营所需资金等而发生的费用,包括作为期间费用的利息支出以及相关的手续费等。企业发生的财务费用,在"财务费用"账户中核算,并在"财务费用"账户中按费用项目设置明细账户,进行明细核算。期末,"财务费用"账户的余额结转到"本年利润"账户后应无余额。

【例10-6】 兴赣公司 2022 年 6 月为生产甲、乙、丙三种产品而发生直接人工费用分别为 50 000 元、30 000 元、20 000 元,6 月甲产品实际产量为 1 400 件,单位消耗定额为 6 千克;乙产品为 1 000 件,单位消耗定额为 8 千克;丙产品实际产量为 860 件,单位消耗定额为 10 千克,消耗原材料费用共计 127 500 元。该公司以定额耗用量比例作为标准来分配间接费用。

解析: 在会计处理中,按照"直接费用直接计入,间接费用分配计入"的原则作如下会计分录。

(1) 借:生产成本——基本生产成本——甲产品　　　　　　　　　50 000
　　　　　　　　　　　　　　　　——乙产品　　　　　　　　　30 000
　　　　　　　　　　　　　　　　——丙产品　　　　　　　　　20 000
　　　　贷:应付职工薪酬　　　　　　　　　　　　　　　　　　100 000

(2) 对共同耗用的原材料费用用分配率法进行计算分配:

甲产品定额耗用量=1 400×6=8 400(千克)

乙产品定额耗用量=1 000×8=8 000(千克)

丙产品定额耗用量=860×10=8 600(千克)

定额耗用量合计=25 000(千克)

分配率=127 500/25 000=5.10(元/千克)

甲产品分配额=8 400×5.10=42 840(元)

乙产品分配额=8 000×5.10=40 800(元)

丙产品分配额=8 600×5.10=43 860(元)

　　借:生产成本——基本生产成本——甲产品　　　　　　　　　42 840
　　　　　　　　　　　　　　　——乙产品　　　　　　　　　40 800
　　　　　　　　　　　　　　　——丙产品　　　　　　　　　43 860
　　　贷:原材料　　　　　　　　　　　　　　　　　　　　　127 500

【例10-7】 兴赣公司为开发一种新产品,7 月发生以下费用,用银行存款支付新产品设计费、工艺规程制定费 2 500 元;由机修车间为新产品试制调试设备,需负担费用 230 元,生产车间进行中间试验需负担试验费用 1 300 元;生产车间试制完成新产品 5 件,经计算确定成本为 140 元,收入成品仓库。

解析: 支付新产品设计费、工艺规程制定费时可作如下会计分录。

　　借:管理费用——技术开发费　　　　　　　　　　　　　　　2 500

　　　　贷：银行存款　　　　　　　　　　　　　　　　　　　　　　　　2 500
　负担设备调试费时：
　　　借：管理费用——技术开发费　　　　　　　　　　　　　　　　　　230
　　　　贷：生产成本——辅助生产成本　　　　　　　　　　　　　　　　　230
　负担中间试验费时：
　　　借：管理费用——技术开发费　　　　　　　　　　　　　　　　　1 300
　　　　贷：生产成本——基本生产成本　　　　　　　　　　　　　　　1 300
　新产品入库时：
　　　借：库存商品　　　　　　　　　　　　　　　　　　　　　　　　　700
　　　　贷：生产成本——基本生产成本　　　　　　　　　　　　　　　　700
　若本例新产品试制失败，估计试制失败的产品有残值约 100 元，收入原材料仓库，据此可作会计分录为：
　　　借：原材料　　　　　　　　　　　　　　　　　　　　　　　　　　100
　　　　管理费用——技术开发费　　　　　　　　　　　　　　　　　　　600
　　　　贷：生产成本——基本生产成本　　　　　　　　　　　　　　　　700

【例 10-8】 兴赣公司为购置设备借入 200 000 元为期 2 年的银行借款，年利率为 7.8%，利息按年结算支付。该设备价款 180 000 元，已用银行存款支付，另支付安装费用 30 000 元，3 个月后投入使用。

　　解析：按此可作如下有关会计分录。
　取得借款时：
　　　借：银行存款　　　　　　　　　　　　　　　　　　　　　　　200 000
　　　　贷：长期借款　　　　　　　　　　　　　　　　　　　　　　200 000
　购入设备时：
　　　借：在建工程——工程物资　　　　　　　　　　　　　　　　　180 000
　　　　贷：银行存款　　　　　　　　　　　　　　　　　　　　　　180 000
　投入安装时：
　　　借：在建工程——安装工程　　　　　　　　　　　　　　　　　180 000
　　　　贷：在建工程——工程物资　　　　　　　　　　　　　　　　180 000
　购建期间各月计提利息时：
　　各月应提利息=（200 000×7.8%×1）/12=1 300（元）
　　　借：在建工程——安装工程　　　　　　　　　　　　　　　　　1 300
　　　　贷：长期借款　　　　　　　　　　　　　　　　　　　　　　1 300
　这一笔会计分录应作 3 个月。

支付安装费用时：

借：在建工程——安装工程　　　　　　　　　　　　　　　30 000
　　贷：银行存款　　　　　　　　　　　　　　　　　　　　　　　30 000

投入使用时：

固定资产原价=180 000+1 300×3+30 000=213 900（元）

借：固定资产　　　　　　　　　　　　　　　　　　　　213 900
　　贷：在建工程——安装工程　　　　　　　　　　　　　　　　213 900

投入使用后各月计提利息时：

借：财务费用——利息支出　　　　　　　　　　　　　　　1 300
　　贷：长期借款　　　　　　　　　　　　　　　　　　　　　　　1 300

这一笔会计分录应作 21 个月。

支付第一年利息时：

借：长期借款　　　　　　　　　　　　　　　　　　　　15 600
　　贷：银行存款　　　　　　　　　　　　　　　　　　　　　　15 600

第二年末归还借款及支付第二年利息时：

借：长期借款　　　　　　　　　　　　　　　　　　　　215 600
　　贷：银行存款　　　　　　　　　　　　　　　　　　　　　215 600

【例 10-9】 兴赣公司为销售甲产品 30 吨、乙产品 20 吨，发生运输装卸费用 3 600 元，以银行存款付款。

解析：据此可作如下会计分录。

甲产品负担额=（3 600×30）/（30+20）=2 160（元）

乙产品负担额=（3 600×20）/（30+20）=1 440（元）

借：销售费用——甲产品　　　　　　　　　　　　　　　2 160
　　　　　　——乙产品　　　　　　　　　　　　　　　1 440
　　贷：银行存款　　　　　　　　　　　　　　　　　　　　　3 600

第三节　利　　润

一、利润的构成

企业作为独立的经济实体，应当以自己的经营收入抵补支出，并且为投资者提供一定的投资收益，企业盈利的大小在很大程度上反映企业生产经营利益，表明企业在每一会计期间的最终财务成果。

利润是指企业在一定会计期间的经营成果，利润包括收入减去费用后的净额、直接计入当期利润的利得和损失等，它是综合反映经营成果的最终要素。

直接计入当期利润的利得和损失，是指应当计入当期损益、会导致所有者权益发生增减变动的、与所有者投入资本或者向所有者分配利润无关的利得和损失。

利润是企业生产经营成果的综合反映，是企业会计核算的重要组成部分。企业在生产经营过程中，通过销售行为将商品卖给购买方，实现收入，收入扣除当初的投入成本，以及其他一系列费用，再加减非经营性质的收支及投资损益，即为企业的利润总额。

（一）营业利润

营业利润=营业收入−营业成本−税金及附加−销售费用−管理费用−研发费用−财务费用−资产减值损失+其他收益+投资收益（−投资损失）+净敞口套期收益（−净敞口套期损失）+公允价值变动收益（−公允价值变动损失）+资产处置收益（−资产处置损失）

其中，营业收入是指企业经营业务所实现的收入总额，包括主营业务收入和其他业务收入。营业成本是指企业经营业务所发生的实际成本总额，包括主营业务成本和其他业务成本。资产减值损失是指企业计提各项资产减值准备所形成的损失。公允价值变动收益（或损失）是指企业交易性金融资产等公允价值变动形成的应计入当期损益的利得（或损失）。投资收益（或损失）是指企业以各种方式对外投资所取得的收益（或发生的损失）。

（二）利润总额

利润总额=营业利润+营业外收入−营业外支出

其中，营业外收入（或支出）是指企业发生的与日常活动无直接关系的各项利得（或损失）。

（三）净利润

净利润=利润总额−所得税费用

其中，所得税费用是指企业确认的应从当期利润总额中扣除的所得税费用。

二、营业外收支的会计处理

营业外收支是指企业发生的与日常活动无直接关系的各项利得（或损失）。营业外收支虽然与企业生产经营活动没有多大的关系，但从企业主体来考虑，同样带来收入或形成企业的支出，也是增加或减少利润的因素，对企业的利润总额及净利润产生较大的影响。

（一）营业外收入

营业外收入是指企业发生的营业利润以外的收益。营业外收入并不是有企业经营资金耗费所产生的，不需要企业付出代价，实际上是一种纯收入，不可能也不需要与有关费用进行配比。因此，在会计处理上，应当严格区分营业外收入与营业收入的界限。营业外收入主要包括非流动资产毁损报废收益、与企业日常活动无关的政府补助、盘盈利得、捐赠利得等。

非流动资产毁损报废收益是指因自然灾害等发生毁损、已丧失使用功能而报废非流动资产所产生的清理收益。

政府补助，指与企业日常活动无关的、从政府无偿取得货币性资产或非货币性资产形成的利得。

盘盈利得，指企业对于现金等资产清查盘点中盘盈的资产，报经批准后计入营业外收入的金额。

捐赠利得，指企业接受捐赠产生的利得。企业接受的捐赠和债务豁免，按照会计准则规定符合确认条件的，通常应当确认为当期收益。但是，企业接受控股股东（或控股股东的子公司）或非控股股东（或非控股股东的子公司）直接或间接代为偿债、债务豁免或捐赠，经济实质表明控股股东或非控股股东对企业的资本性投入，应当将相关利得计入所有者权益（资本公积）。

企业发生破产重整，其非控股股东因执行人民法院批准的破产重整计划，通过让渡所持有的该企业的部分股份向企业债权人偿债，企业应将非控股股东所让渡股份按照其在让渡之日的公允价值计入所有者权益（资本公积），减少所豁免债务的账面价值，并将让渡股份公允价值与被豁免的债务账面价值之间的差额计入当期损益。控股股东按照破产重整计划让渡了所持有的部分该企业股权向企业债权人偿债，该企业也按此原则处理。

企业应当通过"营业外收入"科目，核算营业外收入的取得和结转情况。该科目可按营业外收入项目进行明细核算。期末，应将该科目的余额转入"本年利润"科目，结转后该科目无余额。

（二）营业外支出

营业外支出是指企业发生的营业利润以外的支出，主要包括非流动资产毁损报废损失、公益性捐赠支出、非常损失、固定资产盘亏损失等。

企业应通过"营业外支出"科目，核算营业外支出的发生及结转情况，期末，应将该科目余额转入"本年利润"科目，结转后该科目无余额。

三、本年利润的会计处理

企业应设置"本年利润"科目，核算企业当期实现的净利润（或发生的净亏损）。

企业期末结转利润时，应将各损益类科目的金额转入本科目，结平各损益类科目。结转后本科目的贷方余额为当期实现的净利润；借方余额为当期发生的净亏损。

年度终了，应将本年收入利得和费用、损失相抵后结出的本年实现的净利润，转入"利润分配"科目，借记本科目，贷记"利润分配——未分配利润"科目；如为净亏损则作相反的会计分录。

四、综合收益总额

净利润加上其他综合收益扣除所得税影响后的净额为综合收益总额。用公式表示如下：

$$综合收益总额=净利润+其他综合收益×（1-所得税税率）$$

扫描二维码，查看
第十章同步测试题

第十一章

所有者权益

> **引导案例**
>
>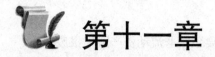
>
> "实收资本"与"注册资本""投入资本"关系如何?
>
> 为了促进红叶公司的发展,董事会近期招进一批新的管理人员。在财务及其他部门召开的共同会议上,各部门主管对本部门的工作计划进行了简要概括的说明,并重点讨论了业务预算和财务工作。财务总监借助财务报表,向参会的各部门负责人介绍了下一年度公司的财务计划。某部门主管看完计划后,对"资产负债表"所有者权益部分的内容提出了几个问题。
>
> 思考并讨论:
> 1. "实收资本"与"注册资本""投入资本"是什么关系?
> 2. 负债和所有者权益的关系是怎么样的?
> 3. 区分"实收资本""资本公积""盈余公积"和"未分配利润"有什么实际意义?

第一节 实收资本

一、实收资本概述

实收资本是指企业的投资者投入形成企业法定资本的各种资产的价值,是企业得以设立开业的基本条件之一。按投资主体的不同身份及投入资本的不同物质形式,实收资本可作如下两种分类。

1. 按投资主体的不同身份分类

实收资本可分为国家投入资本、法人投入资本、个人投入资本和外商投入资本四种。

(1) 国家投入资本。国家投入资本是指有权代表国家投资的政府部门或机构以国有资产投入企业的资本。

(2)法人投入资本。法人投入资本是指企业在横向经济联合中接受其他单位投入的资本，企业可以通过横向经济联合方式吸收其他单位各种形式（如设备、场地、材料、资金、技术等）的投资。按照"谁投资，谁收益"的原则，企业接受其他单位投入的资本，一律作为法人资本入账，由投资单位分享收益。

(3)个人投入资本。个人投入资本是指（国内）社会个人或企业内部职工以个人财产投资而形成的资本。按照国家现行有关法律与政策的规定，一切城乡居民个人均可以其合法财产作各种形式的投资，既可以直接投资兴办产业，也可以通过购买证券进行投资，企业职工还可以内部集资方式在本企业投资，个人投入资本同样受到法律的保护。

(4)外商投入资本。外商投入资本是指由外商投资而形成的资本。随着对外开放的进一步扩大，外商在国内投资的方式进一步多样化，不仅可以合资或独资方式投资兴办企业，而且可直接购买股份制企业发行的股票（目前只可购买人民币特种股票，即 B 股），外商投入资本与国内资本享有同样的权益。

2. 按投入资本的不同物质形式分类

实收资本可分为货币投资、实物投资、证券投资和无形资产投资等形式。

(1)货币投资。货币投资是指企业收到投资人直接以货币形式投入的资本。

(2)实物投资。实物投资是指企业收到投资人以设备、场地、材料、商品等实物资产形式投入的资本。

(3)证券投资。证券投资是指企业收到投资人以股票、证券等各种有价证券形式投入企业的资本。

(4)无形资产投资。无形资产投资是指企业收到投资人以土地使用权、专利权、商标权等无形资产形式投入企业的资本。

二、实收资本的确认和计量

企业应当设置"实收资本"科目，核算企业接受投资者投入的实收资本，股份有限公司应将该科目改为"股本"。企业收到投资时，一般应作如下会计处理：收到投资者投入的现金，应在实际收到或者存入企业开户银行时，按实际收到的金额，借记"银行存款"科目；以实物资产投资的，应在办理实物产权转移手续时，借记有关资产科目；以无形资产投资的，应在按照合同、协议或公司章程规定移交有关凭证时，借记"无形资产"科目；以证券形式投资的，按投入资本在注册资本或股本中所占份额，贷记"实收资本"或"股本"科目，按其差额，贷记"资本公积——资本溢价"或"资本公积——股本溢价"等科目。

初建有限责任公司时，各投资者按照合同、协议或公司章程投入企业的资本，应全部记入"实收资本"科目，注册资本为在公司登记机关登记的全体股东认缴的出资额。在企业增资时,如有新介入的投资者交纳的出资额大于其按约定比例计算的其在注册资本中所占的份额部分,不记入"实收资本"科目,而作为资本公积,记入"资本公积"科目。

【例11-1】A、B、C共同出资设立甲有限责任公司,公司章程约定注册资本为10 000 000元,A、B、C持股比例分别为50%、35%、15%。2022年3月5日,甲公司如期收到上述三位投资者一次性缴足的款项。

解析:根据上述资料,甲公司应作如下账务处理。

借:银行存款　　　　　　　　　　　　　　　　10 000 000
　　贷:实收资本——A　　　　　　　　　　　　　5 000 000
　　　　　　——B　　　　　　　　　　　　　3 500 000
　　　　　　——C　　　　　　　　　　　　　1 500 000

股份有限公司是指全部资本由等额股份构成并通过发行股票筹集资本、股东以其认购的股份为限对公司承担责任、公司以其全部财产对公司债务承担责任的企业法人。股份有限公司设立有两种方式,即发起式和募集式。发起式设立的特点是公司的股份全部由发起人认购,不向发起人之外的任何人募集股份;募集式设立的特点是公司的股份除发起人认购外,还可以采用向其他法人或自然人发行股票的方式进行募集。公司设立方式不同,筹集资本的风险也不同。发起式设立公司,其所需资本由发起人一次认足,一般不会发生设立公司失败的情况,因此,其筹资风险小。募集式设立公司,其筹资对象广泛,在资本市场不景气或股票的发行价格不恰当的情况下,有发行失败的可能,因此,其筹资风险大。

股份有限公司与其他企业相比较,最显著的特点就是将企业的全部资本划分为等额股份,并通过发行股票的方式来筹集资本。股东以其认购股份对公司承担有限责任。股票的面值与股份总数的乘积为股本,股本应等于企业的注册资本,股本是很重要的指标。为了直观地反映这一指标,在会计处理上,股份有限公司应设置"股本"科目。

"股本"科目核算股东投入股份有限公司的股本,企业应将核定的股本总额、股份总数、每股面值在股本账户中作备查记录。为提供企业股份的构成情况,企业可在"股本"科目下按股东单位或姓名设置明细账。企业的股东应在核定的股本总额范围内,发行股票取得收入。但值得注意的是,企业发行股票取得的收入与股本总额往往不一致,企业发行股票取得的收入大于股本总额的,称为溢价发行;小于股本总额的,称为折价发行;等于股本总额的,为面值发行。我国不允许企业折价发行股票。在采用溢价发行股票的情况下,企业应将相当于股票面值的部分记入"股本"科目,其余部分在扣除发行手续费、佣金等发行费用后记入"资本公积——股本溢价"科目。

【例11-2】兴赣股份有限公司发行普通股20 000 000股,每股面值为1元,发行价格为6元。股款120 000 000元已经全部收到,发行过程中发生相关税费60 000元。

解析:兴赣股份有限公司应作如下账务处理。

计入股本的金额=20 000 000×1=20 000 000（元）

计入资本公积的金额=（6-1）×20 000 000-60 000=99 940 000（元）

借：银行存款　　　　　　　　　　　　　　　　　119 940 000
　　贷：股本　　　　　　　　　　　　　　　　　　　20 000 000
　　　　资本公积——股本溢价　　　　　　　　　　　99 940 000

三、实收资本增减变动的会计处理

《中华人民共和国公司登记管理条例》规定，公司增加注册资本的，有限责任公司股东认缴新增资本的出资和股份有限公司的股东认购新股，应当分别依照《中华人民共和国公司法》设立有限责任公司交纳出资和设立股份有限公司交纳股款的有关规定执行。公司法定公积金转增为注册资本的，留存的该项公积金不少于转增前公司注册资本的25%。公司减少注册资本的，应当自公告之日起45日后申请变更登记，并应当提交公司在报纸上登载公司减少注册资本公告的有关证明和公司债务清偿或者债务担保情况的说明。公司减资后的注册资本不得低于法定的最低限额。

（一）实收资本增加的会计处理

企业增加资本的途径一般有三种：一是将资本公积转为实收资本或者股本。会计上应借记"资本公积——资本溢价"或"资本公积——股本溢价"科目，贷记"实收资本"或"股本"科目。二是将盈余公积转为实收资本或者股本。会计上应借记"盈余公积"科目，贷记"实收资本"或"股本"科目。这里要注意的是，资本公积和盈余公积均属所有者权益，转为实收资本或者股本时，企业为独资企业的，核算比较简单，直接结转即可；为股份有限公司或有限责任公司的，应按原投资者所持股份同比例增加各股东的股权。三是所有者（包括原企业所有者和新投资者）投入。企业接受投资者投入的资本，借记"银行存款""固定资产""无形资产""长期股权投资"等科目，贷记"实收资本"或"股本"等科目。

（二）实收资本减少的会计处理

企业实收资本减少的原因大体有两种：一是资本过剩；二是企业发生重大亏损。企业因资本过剩而减资，一般要发还股款。

有限责任公司和一般企业发还投资的会计处理比较简单，按法定程序报经批准减少注册资本的，借记"实收资本"科目，贷记"库存现金""银行存款"等科目。

股份有限公司由于采用的是发行股票的方式筹集股本，发还股款时，则要回购发行的股票，发行股票的价格与股票面值可能不同，回购价格也可能与发行价格不同，会计处理较为复杂。股份有限公司因减少注册资本而回购本公司股份的，应按实际支付的金额，借记"库存股"科目，贷记"银行存款"等科目。注销库存股时，应按股票面值和注销股数计算的股票面值总额，借记"股本"科目，按注销库存股的账面余额，贷记"库存股"科目，按其差额，冲减股票发行时原计入资本公积的溢价部分，借记"资本公积——股本溢价"科目，回购价格超过上述冲减"股本"及"资本公积——股本溢价"科目的部分，应依次借记"盈余公积""利润分配——未分配利润"等科目。如回购价格低于回购股份所对应的股本，所注销库存股的账面余额与所冲减股本的差额作为增加股本溢价处理，按回购股份所对应的股票面值，借记"股本"科目，按注销库存股的账面余额，贷记"库存股"科目，按其差额，贷记"资本公积——股本溢价"科目。

第二节 其他权益工具

企业发行的除普通股（作为实收资本或股本）外，按照金融负债和权益工具区分原则分类为权益工具的其他权益工具，按照以下原则进行会计处理。

一、其他权益工具会计处理的基本原则

企业发行的金融工具应当按照金融工具准则进行初始确认和计量，于每个资产负债表日计提利息或分派股利，按照相关具体会计准则进行处理，即企业应当以所发行金融工具的分类为基础，确定该工具利息支出或股利分配等的会计处理。对于归类为权益工具的金融工具，无论其名称中是否包含"债"，其利息支出或股利分配都应当作为企业的利润分配，其回购、注销等作为权益的变动处理；对于归类为金融负债的金融工具，无论其名称中是否包含"股"，其利息支出或股利分配原则上按照借款费用进行处理，其回购或赎回产生的利得或损失等计入当期损益。

企业（发行方）发行金融工具，发生的手续费、佣金等交易费用，分类为金融负债且以摊余成本计量的，应当计入所发行工具的初始计量金额；分类为权益工具的，应当从权益（其他权益工具）中扣除。

二、科目设置

金融工具发行方应当设置下列会计科目，对发行的金融工具进行会计核算。

发行方对于归类为金融负债的金融工具在"应付债券"科目核算。

"应付债券"科目应当按照发行的金融工具种类进行明细核算,并在各类工具中按"面值""利息调整""应计利息"设置明细账,进行明细核算。

对于需要拆分且形成衍生金融负债或衍生金融资产的,应将拆分的衍生金融负债或衍生金融资产按照其公允价值在"衍生工具"科目核算。对于发行的且嵌入了非紧密相关的衍生金融资产或衍生金融负债的金融工具,如果发行方选择将其整体指定为以公允价值计量且其变动计入当期损益的,则应将发行的金融工具的整体在以公允价值计量且其变动计入当期损益的金融负债等科目核算。

在所有者权益类科目中设置"其他权益工具"科目,核算企业发行的除普通股外的归类为权益工具的各种金融工具。"其他权益工具"科目应按发行金融工具的种类等进行明细核算。

三、主要账务处理

(一)发行方的账务处理

(1)发行方发行的金融工具归类为金融负债且以摊余成本计量的,应按实际收到的金额,借记"银行存款"等科目,按债务工具的面值,贷记"应付债券——优先股、永续债等(面值)"科目,按其差额,贷记或借记"应付债券——优先股、永续债等(利息调整)"科目。

在该工具存续期间,计提利息并对账面的利息调整进行调整等的会计处理,按照金融工具确认和计量准则中有关金融负债按摊余成本后续计量的规定进行会计处理。

(2)发行方发行的金融工具归类为权益工具的,应按实际收到的金额,借记"银行存款"等科目,贷记"其他权益工具——优先股、永续债等"科目。

分类为权益工具的金融工具,在存续期间分派股利(含分类为权益工具的工具所产生的利息)的,作为利润分配处理。发行方应根据报经批准的股利分配方案,按应分配给工具持有者的股利金额,借记"利润分配——应付优先股股利、应付永续债利息等"科目,贷记"应付股利——优先股股利、永续债利息等"科目。

(3)发行方发行的金融工具为复合金融工具的,应按实际收到的金额,借记"银行存款"等科目,按金融工具的面值,贷记"应付债券——优先股、永续债等(面值)"科目。按负债成分的公允价值与金融工具面值之间的差额,借记或贷记"应付债券——优先股、永续债等(利息调整)"科目。

发行复合金融工具发生的交易费用,应当在负债成分和权益成分之间按照各自占总发行价款的比例进行分摊。与多项交易相关的共同交易费用,应当在合理的基础上,采用与其他类似交易一致的方法,在各项交易之间进行分摊。

（4）发行的金融工具本身是衍生金融负债或衍生金融资产或者内嵌了衍生金融负债或衍生金融资产的，按照金融工具确认和计量准则中有关衍生工具的规定进行处理。

（5）由于发行的金融工具原合同条款约定的条件或事项随着时间的推移或经济环境的改变而发生变化，导致原归类为权益工具的金融工具重分类为金融负债的，应当于重分类日，按该工具的账面价值，借记"其他权益工具——优先股、永续债等"科目，按该值与面值之间的差额，借记或贷记"应付债券——优先股、永续债等（利息调整）"科目，按该工具的公允价值与账面价值的差额，贷记或借记"资本公积——资本溢价（或股本溢价）"科目，资本公积不够冲减的，依次冲减盈余公积和未分配利润。发行方以重分类日计算的实际利率作为应付债券后续计量利息调整等的基础。

因发行的金融工具原合同条款约定的条件或事项随着时间的推移或经济环境的改变而发生变化，导致原归类为金融负债的金融工具重分类为权益工具的，应当于重分类日，按金融负债的面值，借记"应付债券——优先股、永续债等（面值）"科目，按利息调整余额，借记或贷记"应付债券——优先股、永续债等（利息调整）"科目，按金融负债的账面价值，贷记"其他权益工具——优先股、永续债等"科目。

（6）发行方按合同条款约定赎回所发行的除普通股外的分类为权益工具的金融工具，按赎回价格，借记"库存股——其他权益工具"科目，贷记"银行存款"等科目；注销所购回的金融工具，按该工具对应的其他权益工具的账面价值，借记"其他权益工具"科目，按该工具的赎回价格，贷记"库存股——其他权益工具"科目，按其差额，借记或贷记"资本公积——资本溢价（或股本溢价）"科目，资本公积不够冲减的，依次冲减盈余公积和未分配利润。

发行方按合同条款约定赎回所发行的分类为金融负债的金融工具，按该工具赎回日的账面价值，借记"应付债券"等科目，按赎回价格，贷记"银行存款"等科目，按其差额，借记或贷记"财务费用"科目。

（7）发行方按合同条款约定将所发行的除普通股外的金融工具转换为普通股的，按该工具对应的金融负债或其他权益工具的账面价值，借记"应付债券""其他权益工具"等科目，按普通股的面值，贷记"实收资本（或股本）"等科目，按其差额，贷记"资本公积——资本溢价（或股本溢价）"科目（如转股时金融工具的账面价值不足转换为1股普通股而以现金或其他金融资产支付的，还需按支付的现金或其他金融资产的金额，贷记"银行存款"等科目）。

（二）投资方的账务处理

金融工具投资方（持有人）考虑持有的金融工具或其组成部分是权益工具还是债务工具投资时，应当遵循金融工具确认和计量准则的相关要求，通常应当与发行方对金融工具的权益或负债属性的分类保持一致。例如，对于发行方归类为权益工具的非衍生金融工具，投资方通常应当将其归类为权益工具投资。

如果投资方因持有发行方发行的金融工具而对发行方拥有控制、共同控制或重大影响，按照《企业会计准则第2号——长期股权投资》和《企业会计准则第20号——企业合并》进行确认和计量；投资方需编制合并财务报表的，按照《企业会计准则第33号——合并财务报表》的规定编制合并财务报表。

第三节　资本公积和其他综合收益

一、资本公积的确认与计量

资本公积是企业收到投资者的超出其在企业注册资本（或股本）中所占份额的投资，以及直接计入所有者权益的利得和损失等。资本公积包括资本溢价（或股本溢价）和其他资本公积。

资本溢价（或股本溢价）是企业收到投资者的超出其在企业注册资本（或股本）中所占份额的投资。形成资本溢价（或股本溢价）的原因有溢价发行股票、投资者超额缴入资本等。

资本公积一般应当设置"资本溢价（或股本溢价）""其他资本公积"明细科目核算。

（一）资本溢价（或股本溢价）的账务处理

1. 资本溢价

在企业重组并有新的投资者加入时，为了维护原有投资者的权益，新加入的投资者的出资额，并不一定全部作为实收资本处理，这是因为投资者对公司进行投资的时间存在差异，而不同时间段投入企业正常经营过程中的资金获利能力不一致。投资者在公司的初始创业期需要承担较大的风险以及开辟新市场和试生产经营，资本利润率相对较低，当企业发展稳定时，其投入资本为企业带来的利润要高于初始阶段的利润，即早期出资者为后期出资者带来了收益。因此，早期出资带给投资者的权利要大于后期出资带给投资者的权利。除此之外，初始投资者的投入资金经过企业的运转实现利润，部分利润没有返还给投资者从而形成了留存收益，这部分留存收益是所有投资者共同分享的，所以后期的投资者为了获取与初始投资者相同的投资比例或权利需要付出更多的出资额。投资者投入的资本中按其投资比例计算的出资额部分，应记入"实收资本"科目，大于部分应记入"资本公积"科目，相关账务处理如下。

借：银行存款等
　　　　贷：实收资本
　　　　　　资本公积——资本溢价

【例11-3】假设华强实业有限公司由A、B、C三位股东各自出资150万元设立，设立时实收资本为450万元，经过数年经营，公司留存收益225万元，这时又有D投资者有意投资加入该公司，并表示愿意出资270万元而仅占该公司股权的25%，经协商该公司将注册资本增加到600万元。

　　解析：华强实业有限公司的账务处理如下。
　　借：银行存款　　　　　　　　　　　　　　　　　　　　　　2 700 000
　　　　贷：实收资本　　　　　　　　　　　　　　　　　　　　　1 500 000
　　　　　　资本公积——资本溢价　　　　　　　　　　　　　　　1 200 000

2. 股本溢价

股份有限公司是以发行股票的方式筹集股本的，在采用溢价发行股票的情况下，企业发行股票取得的收入，相当于股票面值的部分记入"股本"科目，超出股票面值的溢价收入记入"资本公积——股本溢价"科目，相关账务处理如下。

　　借：银行存款等
　　　　贷：实收资本
　　　　　　资本公积——股本溢价

【例11-4】兴赣股份有限公司委托华泰证券公司代理发行普通股2 000 000股，每股面值为1元，发行价格为1.5元。公司与受托单位约定，按发行收入的3%收取手续费，从发行收入中扣除，股款已经全部收到。

　　解析：兴赣股份有限公司应作如下账务处理。
　　股款=20 000 000×1=2 000 000×1.5×（1-3%）=2 910 000（元）
　　计入资本公积的金额=（1.5-1）×2 000 000-2 000 000×1.5×3%=910 000（元）
　　借：银行存款　　　　　　　　　　　　　　　　　　　　　　2 910 000
　　　　贷：股本　　　　　　　　　　　　　　　　　　　　　　　2 000 000
　　　　　　资本公积——股本溢价　　　　　　　　　　　　　　　　910 000

（二）其他资本公积的账务处理

其他资本公积是指除资本溢价（或股本溢价）项目外所形成的资本公积。

1. 以权益结算的股份支付

以权益结算的股份支付换取职工或其他方提供服务的，相关账务处理如下。

（1）等待期内按照授予日权益工具的公允价值为基础计算应确认的金额：

借：管理费用等
　　贷：资本公积——其他资本公积
（2）行权日，应按实际行权的权益工具数量计算确定的金额：
借：资本公积——其他资本公积
　　贷：实收资本（或股本）（按记入实收资本或股本的金额）
　　　　资本公积——资本溢价（或股本溢价）

2. 采用权益法核算的长期股权投资

长期股权投资采用权益法核算的，被投资单位除净损益、其他综合收益和利润分配以外的所有者权益的其他变动，投资企业按持股比例计算应享有的份额，应当增加或减少长期股权投资的账面价值，同时增加或减少"资本公积——其他资本公积"，相关账务处理如下。

借：长期股权投资——其他权益变动
　　贷：资本公积——其他资本公积

（三）资本公积转增资本的账务处理

按照《公司法》的规定，法定公积金转为资本时，所留存的该项公积金不得少于转增前公司注册资本的25%。经股东大会或类似机构决议，用资本公积转增资本时，应冲减资本公积，同时按照转增前的实收资本（或股本）的结构或比例，将转增的金额记入"实收资本（或股本）"科目，相关账务处理如下。

借：资本公积
　　贷：实收资本（或股本）

二、其他综合收益的确认、计量及会计处理

其他综合收益是指企业根据其他会计准则规定未在当期损益中确认的各项利得和损失，包括以后会计期间不能重分类进损益的其他综合收益和以后会计期间满足规定条件时将重分类进损益的其他综合收益两类。

1. 以后会计期间不能重分类进损益的其他综合收益

以后会计期间不能重分类进损益的其他综合收益项目，主要包括以下几项。

（1）重新计量设定受益计划净负债或净资产导致的变动。

（2）按照权益法核算因被投资单位重新计量设定受益计划净负债或净资产导致的权益变动，投资企业按持股比例计算确认的该部分其他综合收益项目。

（3）其他权益工具投资终止确认时原计入其他综合收益的公允价值变动损益不得重分类进损益。

(4) 企业自身信用风险公允价值变动。

2. 以后会计期间满足规定条件时将重分类进损益的其他综合收益

以后会计期间满足规定条件时将重分类进损益的其他综合收益项目，主要包括以下几项。

（1）其他债权投资终止确认时，之前计入其他综合收益的累计利得或损失应当从其他综合收益中转出，计入当期损益。

（2）按照金融工具准则规定，将以公允价值计量且其变动计入其他综合收益的债务工具投资重分类为以摊余成本计量的金融资产的，或重分类为以公允价值计量且其变动计入当期损益的金融资产的，按规定可以将原计入其他综合收益的累计利得或损失转入当期损益的部分。

（3）按照权益法核算的长期股权投资，按照被投资单位实现其他综合收益以及持股比例计算应享有或分担的金额，调整长期股权投资的账面价值，同时增加或减少其他综合收益，相关账务处理如下。

借：长期股权投资——其他权益变动
　　贷：其他综合收益

（4）存货或自用房地产。企业将作为存货的房地产转换为采用公允价值计量的投资性房地产时，相关账务处理如下。

借：投资性房地产——成本（转换日的公允价值）
　　存货跌价准备
　　公允价值变动损益
　　贷：开发产品等
　　　　其他综合收益

（5）现金流量套期工具产生的利得或损失中属于有效套期的部分。

（6）外币报表折算差额。按照外币折算的要求，企业在处置境外经营的当期，将已列入合并财务报表所有者权益的外币报表折算差额中与该境外经营相关部分，自其他综合收益项目转入处置当期损益。如果是部分处置境外经营，应当按处置的比例计算处置部分的外币报表折算差额，转入处置当期损益。

三、留存收益

（一）盈余公积

1. 相关规定

根据《公司法》等有关法律法规的规定，企业当年实现的净利润，一般应当按照如下顺序进行分配。

（1）提取法定公积金。公司制企业的法定盈余公积根据规定应该按照税后利润的10%的比例进行提取，提取法定公积的基数不应该包括企业年初未分配的利润，当公司计提的累计法定盈余公积金额超过公司注册资本的50%时，则可以不再强制提取。

（2）提取任意公积金。当从税后利润中提取完法定盈余公积时，企业可以根据股东大会决议从税后利润中提取任意盈余公积。

（3）向投资者分配利润或股利。

2. 盈余公积的概念

盈余公积是指企业按照规定从净利润中提取的各种积累资金。公司制企业的盈余公积分为法定盈余公积和任意盈余公积。两者的区别就在于其各自计提的依据不同，前者以国家的法律或行政规章为依据提取；后者则由企业自行决定提取。

3. 盈余公积的用途

企业提取盈余公积主要可以用于以下几个方面。

（1）弥补亏损。企业发生亏损时，一般用以后年度税前利润弥补，如果下一纳税年度的所得不足弥补的，可以在5年内逐年延续弥补。如果企业发生的亏损经过5年时间未弥补完，剩余部分应该用扣除所得税后的利润进行弥补，也可以经过公司董事会提议和股东大会批准用盈余公积弥补亏损。

（2）转增资本。企业经过公司董事会决议批准后可以将盈余公积转增资本。

（3）扩大企业生产经营。企业盈余公积的结存数只表现为企业所有者权益的组成部分，表明企业生产经营资金的一个来源而已，其形成的资金可能表现为一定的货币资金，也可能表现为一定的实物资产，如存货和固定资产等，随同企业的其他来源所形成的资金进行循环周转，用于企业的生产经营。

4. 盈余公积的确认和计量

为了反映盈余公积的形成及使用情况，企业应设置"盈余公积"科目。企业应当分别"法定盈余公积""任意盈余公积"进行明细核算。外商投资企业还应分别"储备基金""企业发展基金"进行明细核算。相关账务处理如下。

（1）企业提取法定或任意盈余公积时：

借：利润分配——提取法定盈余公积
　　　　　　——提取任意盈余公积
　贷：盈余公积——法定盈余公积
　　　　　　——任意盈余公积

（2）结转时：

借：利润分配——未分配利润

　　　　贷：利润分配——提取法定盈余公积
　　　　　　　　　　——提取任意盈余公积
　（3）外商投资企业按规定提取储备基金、企业发展基金、职工奖励及福利基金时
　　　　借：利润分配——提取储备基金
　　　　　　　　　　——提取企业发展基金
　　　　　　　　　　——提取职工奖励及福利基金
　　　　贷：盈余公积——储备基金
　　　　　　　　　　——企业发展基金
　　　　　　　　　　——应付职工薪酬
　（4）企业用盈余公积弥补亏损或转增资本时：
　　　　借：盈余公积
　　　　　　贷：利润分配——盈余公积补亏
　　　　　　　　实收资本（或股本）
　（5）经股东大会决议，用盈余公积派送新股时：
　　　　借：盈余公积
　　　　　　贷：股本（按股票面值和派送新股总数计算的股票面值总额）

（二）未分配利润

未分配利润是企业留待以后年度进行分配的结存利润，也是企业所有者权益的组成部分。相对于所有者权益的其他部分来讲，企业对于未分配利润的使用分配有较大的自主权。从数量上来讲，未分配利润是期初未分配利润，加上本期实现的净利润，减去提取的各种盈余公积和分出利润后的余额。

在会计处理上，未分配利润是通过"利润分配"科目进行核算的，"利润分配"科目应当分别"提取法定盈余公积""提取任意盈余公积""应付现金股利或利润""转作股本的股利""盈余公积补亏""未分配利润"等进行明细核算。

1. 分配股利或利润的账务处理

经股东大会或类似机构决议，分配给股东或投资者的现金股利或利润，借记"利润分配——应付现金股利或利润"科目，贷记"应付股利"科目。经股东大会或类似机构决议，分配给股东的股票股利，应在办理增资手续后，借记"利润分配——转作股本的股利"科目，贷记"股本"科目。

2. 期末结转的会计处理

企业期末结转利润时，应将各损益类科目的余额转入"本年利润"科目，结平各损益类科目。结转后"本年利润"科目的贷方余额为当期实现的净利润，借方余额为当期发生的净

亏损。年度终了，应将本年收入和支出相抵后结出的本年实现的净利润或净亏损，转入"利润分配——未分配利润"科目。同时，将"利润分配"科目所属的其他明细科目的余额，转入"利润分配——未分配利润"科目。结转后，"利润分配——未分配利润"科目的贷方余额，就是未分配利润的金额；如出现借方余额，则表示未弥补亏损的金额。"利润分配"科目所属的其他明细科目应无余额。

【例 11-5】 兴赣股份有限公司的股本为 100 000 000 元，每股面值 1 元，2021 年年初未分配利润为贷方 90 000 000 元，2021 年实现净利润 60 000 000 元，2022 年 2 月 25 日，公司董事会提出 2021 年利润分配方案，按照 2021 年实现净利润的 10% 提取法定盈余公积，5% 提取任意盈余公积，决定向股东按每股 0.2 元派发现金股利，按每 10 股送 3 股的比例派发股票股利。2022 年 3 月 15 日，股东大会审议批准了该利润分配方案。2022 年 4 月 15 日，公司以银行存款支付了全部现金股利，新增股本也已经办理完股权登记和相关增资手续。

解析：兴赣股份有限公司的账务处理如下。

（1）2021 年度终了时，公司结转本年实现的净利润：

借：本年利润　　　　　　　　　　　　　　　　　　　　　60 000 000
　　贷：利润分配——未分配利润　　　　　　　　　　　　　　60 000 000

（2）2022 年 2 月 25 日，根据董事会提出的方案提取法定盈余公积和任意盈余公积：

借：利润分配——提取法定盈余公积　　　　　　　　　　　　6 000 000
　　　　　　——提取任意盈余公积　　　　　　　　　　　　3 000 000
　　贷：盈余公积——法定盈余公积　　　　　　　　　　　　　6 000 000
　　　　　　　——任意盈余公积　　　　　　　　　　　　　3 000 000

此处需注意的是，董事会提出的拟分配现金股利暂时不作账务处理，待股东大会或类似机构审议批准后再入账。

（3）2022 年 3 月 15 日，股东大会审议批准发放现金股利：

100 000 000×0.2=20 000 000（元）

借：利润分配——应付现金股利　　　　　　　　　　　　　20 000 000
　　贷：应付股利　　　　　　　　　　　　　　　　　　　　20 000 000

发放股票股利可以暂时不入账，待办理增资手续后入账。

（4）2022 年 4 月 15 日，实际发放现金股利：

借：应付股利　　　　　　　　　　　　　　　　　　　　　20 000 000
　　贷：银行存款　　　　　　　　　　　　　　　　　　　　20 000 000

发放股票股利：

（100 000 000/10）×3=30 000 000（元）

借：利润分配——转作股本的股利　　　　　　　　　　　　30 000 000

　　　　贷：股本　　　　　　　　　　　　　　　　　　　　　30 000 000

（5）结转"利润分配"的明细科目：

借：利润分配——未分配利润　　　　　　　　　　　　　59 000 000
　　贷：利润分配——提取法定盈余公积　　　　　　　　　 6 000 000
　　　　　　　　——提取任意盈余公积　　　　　　　　　 3 000 000
　　　　　　　　——应付现金股利　　　　　　　　　　　20 000 000
　　　　　　　　——转作股本的股利　　　　　　　　　　30 000 000

兴赣股份有限公司 2022 年 4 月 15 日"利润分配——未分配利润"科目余额为：
90 000 000+60 000 000－59 000 000=91 000 000（元）

即贷方余额为 91 000 000 元，反映公司的累计未分配利润为 91 000 000 元。

3. 弥补亏损的会计处理

企业在生产经营过程中既有可能发生盈利，也有可能出现亏损。企业在当年发生亏损的情况下，与实现利润的情况相同，应当将本年发生的亏损自"本年利润"科目，转入"利润分配——未分配利润"科目，借记"利润分配——未分配利润"科目，贷记"本年利润"科目，结转后"利润分配"科目的借方余额，即为未弥补亏损的数额。然后通过"利润分配"科目核算有关亏损的弥补情况。

由于未弥补亏损形成的时间长短不同等原因，以前年度未弥补亏损有的可以以当年实现的税前利润弥补，有的则须用税后利润弥补。以当年实现的税前利润弥补以前年度结转的未弥补亏损，不需要进行专门的账务处理。企业应当将当年实现的利润自"本年利润"科目，转入"利润分配——未分配利润"科目的贷方，其贷方发生额与"利润分配——未分配利润"科目的借方余额自然抵补。无论是以当年实现的税前利润还是以税后利润弥补亏损，其会计处理方法均相同。但是，两者在计算交纳所得税时的处理是不同的，在以当年实现的税前利润弥补亏损的情况下，其弥补的数额可以抵减当期企业应纳税所得额，而以税后利润弥补亏损的数额，则不能作为纳税所得扣除处理。

扫描二维码，查看
第十一章同步测试题

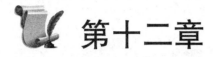

第十二章

财务会计报告

> **引导案例**
>
> **财务会计报告反映的问题**
>
> SN公司2022年2月1日召开董事会,决定2021年报报出事宜及其他事项。该公司的财务总监只向董事会提供了资产负债表、利润表等三张基本报表和利润分配表,并向董事会作如下说明:
>
> (1)为了帮助会计报表使用者阅读报表,在资产负债表中详细列示了资产减值的信息;
>
> (2)为了突出本年度的盈利状况,在利润表中无须反映上年数和本月数(12月);
>
> (3)其他诸如会计报表附注等资料对会计报表使用者而言,不一定是重要的信息,故无须提供。
>
> 该公司的独立董事谢教授认为,该公司的财务会计报告不完整,而且财务报表本身还存在一些问题。
>
> **思考并讨论:**
>
> 该公司财务总监提供的财务会计报告存在哪些主要问题?

第一节 财务报表概述

财务会计报告,是指企业对外提供的反映企业某一特定日期财务状况和某一会计期间经营成果、现金流量等会计信息的文件。财务会计报告包括财务报表和其他应当在财务会计报告中披露的相关信息和资料。本章主要介绍财务会计报告中的财务报表相关内容。

一、财务报表的定义和构成

财务报表是对企业财务状况、经营成果和现金流量的结构性表述。

财务报表至少应当包括下列组成部分：①资产负债表；②利润表；③现金流量表；④所有者权益变动表；⑤附注。

财务报表可以按照不同的标准进行分类。

（1）按财务报表编报期间的不同，可以分为中期财务报表和年度财务报表。中期财务报表是以短于一个完整会计年度的报告期间为基础编制的财务报表，包括月报、季报和半年报等。

（2）按财务报表编报主体的不同，可以分为个别财务报表和合并财务报表。个别财务报表是由企业在自身会计核算基础上对账簿记录进行加工而编制的财务报表，它主要用以反映企业自身的财务状况、经营成果和现金流量情况。合并财务报表是以母公司和子公司组成的企业集团为会计主体，根据母公司和所属子公司的财务报表，由母公司编制的综合反映企业集团财务状况、经营成果和现金流量情况的财务报表。

二、财务报表列报的基本要求

编制财务报表的基本目标就是要向报表使用者提供对决策有用和反映受托责任履行情况的财务信息，为了达到这一目标，编制财务报表必须做到以下几个方面。

（一）依据各项会计准则确认和计量的结果编制财务报表

企业应当根据实际发生的交易或事项，遵循《企业会计准则——基本准则》及各项具体会计准则的规定进行确认和计量，并在此基础上编制财务报表。企业应当在附注中对这一情况作出声明，只有遵循了企业会计准则的所有规定时，财务报表才能被称为"遵循了企业会计准则"。同时，企业不应以在附注中披露代替对交易或事项的确认和计量，不恰当的确认和计量也不能通过充分披露相关会计政策而纠正。

此外，如果按照各项会计准则的规定披露的信息不足以让报表使用者了解特定交易或事项对企业财务状况和经营成果的影响时，企业还应当披露其他的必要信息。

（二）列报基础

持续经营是会计的基本前提，也是会计确认、计量及编制财务报表的基础。在编制财务报表的过程中，企业管理层应当利用其所有可获得信息来评价企业自报告期末起至少12个月的持续经营能力。评价时需要考虑的因素包括宏观政策风险、市场经营风险、企业目前或长期的盈利能力、偿债能力、财务弹性以及企业管理层改变经营政策的意向等。评价结果表明对持续经营能力产生重大怀疑的，企业应当在附注中披露导致对持续经营能力产生重大怀疑的因素以及企业拟采取的改善措施。

企业在评估持续经营能力时应当结合企业的具体情况。通常情况下，企业过去每年都有可观的净利润，并且易于获取所需的财务资源，则往往表明以持续经营为基础编制财务报表是合理的，而无须进行详细的分析即可得出企业持续经营的结论。反之，企业过去多年有亏损的记录等情况，则需要通过考虑更加广泛的相关因素来作出评价，如目前和预期未来的盈利能力、债务清偿计划、替代融资的潜在来源等。

非持续经营是企业在极端情况下呈现的一种状态。企业存在以下情况之一的，通常表明企业处于非持续经营状态：

（1）企业已在当期进行清算或停止营业；

（2）企业已经正式决定在下一个会计期间进行清算或停止营业；

（3）企业已确定在当期或下一个会计期间没有其他可供选择的方案而将被迫进行清算或停止营业。

企业处于非持续经营状态时，应当采用其他基础编制财务报表。比如，企业处于破产状态时，其资产应当采用可变现净值计量、负债应当按照其预计的结算金额计量等。在非持续经营情况下，企业应当在附注中声明财务报表未以持续经营为基础列报，披露未以持续经营为基础的原因以及财务报表的编制基础。

（三）权责发生制

除现金流量表按照收付实现制编制外，企业应当按照权责发生制编制其他财务报表。

（四）列报的一致性

可比性是对会计信息质量的一项重要要求，目的是使同一企业不同期间和同一期间不同企业的财务报表相互可比。为此，财务报表项目的列报应当在各个会计期间保持一致，不得随意变更。这一要求不仅针对财务报表中的项目名称，还包括财务报表项目的分类、排列顺序等方面。

在以下规定的特殊情况下，财务报表项目的列报是可以改变的：

（1）会计准则要求改变；

（2）企业经营业务的性质发生重大变化或对企业经营影响较大的交易或事项发生后，变更财务报表项目的列报能够提供更可靠、更相关的会计信息。

（五）依据重要性原则单独或汇总列报项目

关于项目在财务报表中是单独列报还是汇总列报，应当依据重要性原则来判断。总的原则是，如果某项目单个看不具有重要性，则可将其与其他项目汇总列报；如具有重要性，则应当单独列报。企业在进行重要性判断时,应当根据企业所处的具体环境,从项目的性质和金额两方面予以判断:一方面,应该考虑该项目的性质是否属于企业日常活动、是否显著影响企业的财务状况、经营成果和现金流量等因素;另一方面,判断项目金额大小的重要性,应当通过单项金额占资产总额、负债总额、所有者权益总额、营业收入总额、营业成本总额、净利润、综合收益总额等直接相关项目金额的比重或所属报表单列项目金额的比重加以确定。同时,企业对于各个项目重要性的判断标准一经确定,不得随意变更。具体而言,就是性质或功能不同的项目,一般应当在财务报表中单独列报,如存货和固定资产在性质上和功能上都有本质差别,应分别在资产负债表上单独列报,但是不具有重要性的项目可以汇总列报。

性质或功能类似的项目,一般可以汇总列报,但是对其具有重要性的类别应该单独列报。比如,原材料、在产品等项目在性质上类似,均通过生产过程形成企业的产品存货,因此可以汇总列报,汇总之后的类别统称为"存货",在资产负债表上列报。

重要性原则不仅适用于报表,还适用于附注。某些项目的重要性程度不足以在资产负债表、利润表、现金流量表或所有者权益变动表中单独列报,但是可能对附注而言却具有重要性,在这种情况下应当在附注中单独披露。

无论是财务报表列报准则规定单独列报的项目,还是其他具体会计准则规定单独列报的项目,企业都应当予以单独列报。

(六)财务报表项目金额间的相互抵销

财务报表项目应当以总额列报,资产和负债、收入和费用、直接计入当期利润的利得和损失项目的金额不能相互抵销,即不得以净额列报,但企业会计准则另有规定的除外,比如,企业欠客户的应付款不得与其他客户欠本企业的应收款相抵销,如果相互抵销就掩盖了交易的实质。

下列三种情况不属于抵销,可以净额列示。

(1)一组类似交易形成的利得和损失以净额列示的,不属于抵销。比如,汇兑损益应当以净额列报,为交易目的而持有的金融工具形成的利得和损失应当以净额列报等。但是,如果相关利得和损失具有重要性,则应当单独列报。

(2)资产或负债项目按扣除备抵项目后的净额列示,不属于抵销。比如,对资产计提减值准备,表明资产的价值确实已经发生减损,按扣除减值准备后的净额列示,才反映了资产当时的真实价值。

(3)非日常活动产生的利得和损失,以同一交易形成的收益扣减相关费用后的净额列示更能反映交易实质的,不属于抵销,非日常活动并非企业主要的业务,非日常活动产生的损益以收入扣减费用后的净额列示,更有利于报表使用者的理解。比如,非流动资产处置形成的利得或损失，应当按处置收入扣除该资产的账面金额和相关销售费用后的净额列报。

（七）比较信息的列报

企业在列报当期财务报表时，至少应当提供所有列报项目上一个可比会计期间的比较数据，以及与理解当期财务报表相关的说明，目的是向报表使用者提供对比数据，提高信息在会计期间的可比性，以反映企业财务状况、经营成果和现金流量的发展趋势。列报比较信息的这一要求适用于财务报表的所有组成部分，即既适用于四张报表，也适用于附注。

通常情况下，企业列报所有项目上一个可比会计期间的比较数据，应当至少包括两期各报表及相关附注。当企业追溯应用会计政策或追溯重述，或者重新分类财务报表项目时，按照《企业会计准则第28号——会计政策、会计估计变更和差错更正》等的规定，企业应当在一套完整的财务报表中列报最早可比期间期初的财务报表，即应当至少列报三期资产负债表、两期其他各报表（利润表、现金流量表和所有者权益变动表）及相关附注。其中，列报三期资产负债表分别指当期期末的资产负债表、上期期末（即当期期初）的资产负债表，以及上期期初的资产负债表。

在财务报表项目的列报确需发生变更的情况下，应当至少对可比期间的数据按照当期的列报要求进行调整，并在附注中披露调整的原因和性质，以及调整的各项目金额。但是，在某些情况下，对可比期间的数据进行调整是不切实可行的，则应当在附注中披露不能调整的原因，以及假设金额重新分类可能进行的调整的性质。关于企业变更会计政策或更正差错时要求的对比较信息的调整，还应遵循《企业会计准则第28号——会计政策、会计估计变更和差错更正》。

（八）财务报表表首的列报要求

财务报表通常与其他信息（如企业年度报告等）一起公布，企业应当将按照企业会计准则编制的财务报表与一起公布的其他信息相区分。

财务报表一般分为表首、正表两部分，其中，企业应当在表首部分概括地说明下列信息：①编报企业的名称，企业名称在所属当期发生了变更的，还应明确标明；②对资产负债表而言，应当披露资产负债表日，对利润表、现金流量表、所有者权益变动表而言，应当披露报表涵盖的会计期间；③货币名称和单位，按照我国企业会计准则的规定，企业应当以人民币作为记账本位币列报，并标明金额单位，如人民币元、人民币万元等；④财务报表是合并财务报表的，应当予以标明。

（九）报告期间

企业至少应当按年编制财务报表。根据我国《会计法》的规定，会计年度自公历 1 月 1 日起至 12 月 31 日止。因此，在编制年度财务报表时，可能存在年度财务报表涵盖的期间短于一年的情况，如企业在年度中间（如 3 月 1 日）开始设立的，在这种情况下，企业应当披露年度财务报表的实际涵盖期间及其短于一年的原因，并说明由此引起财务报表项目与比较数据不具可比性这一事实。

第二节 资产负债表

一、资产负债表的内容和结构

（一）资产负债表的内容

资产负债表是反映企业在某一特定日期财务状况的会计报表。它是一张揭示企业在一定时点上的财务状况的静态报表。通过分析资产负债表，能够扼要地了解企业在资产负债表日的财务状况，长期、短期和即期偿债能力，资产、负债和权益结构等重要信息。

在我国，资产负债表采用账户式结构，分左、右两部分。左边列示资产，右边列示负债和所有者权益。从整体上体现了"资产=负债+所有者权益"的会计恒等式。

资产和负债项下各项目均按其流动性顺序依次排列。所有者权益项下各项目则按实收资本、资本公积、盈余公积和未分配利润的顺序排列。

（二）资产负债表的结构

资产负债表一般采用对比式填列，即各项目均应对比填列期初数和期末数。资产负债表的基本格式见表 12-1。这样做，便于进行纵向的对比分析，也有利于考察各项目在本期增减变动的情况，便于年末编制现金流量表时获得必要的数据。

表 12-1 资产负债表

会企 01 表

编制单位：　　　　　　　　　　　年　月　日　　　　　　　　　　　单位：元

资产	期末余额	上年年末余额	负债和所有者权益（或股东权益）	期末余额	上年年末余额
流动资产：			流动负债：		
货币资金			短期借款		
交易性金融资产			交易性金融负债		
衍生金融资产			衍生金融负债		
应收票据			应付票据		
应收账款			应付账款		
应收账款融资			预收款项		
预付款项			合同负债		
其他应收款			应付职工薪酬		
其中：应收利息			应交税费		
应收股利			其他应付款		
存货			其中：应付利息		
合同资产			应付股利		
持有待售资产			持有待售负债		
一年内到期的非流动资产			一年内到期的非流动负债		
其他流动资产			其他流动负债		
流动资产合计			流动负债合计		
非流动资产：			非流动负债：		
债权投资			长期借款		
其他债权投资			应付债券		
长期应收款			其中：优先股		
长期股权投资			永续债		
其他权益工具投资			租赁负债		

续表

资产	期末余额	上年年末余额	负债和所有者权益（或股东权益）	期末余额	上年年末余额
其他非流动金融资产			长期应付款		
投资性房地产			预计负债		
固定资产			递延收益		
在建工程			递延所得税负债		
生产性生物资产			其他非流动负债		
油气资产			非流动负债合计		
使用权资产			负债合计		
无形资产			所有者权益（或股东权益）：		
开发支出			实收资本（或股本）		
商誉			其他权益工具		
长期待摊费用			其中：优先股		
递延所得税资产			永续债		
其他非流动资产			资本公积		
非流动资产合计			减：库存股		
			其他综合收益		
			专项储备		
			盈余公积		
			未分配利润		
			所有者权益（或股东权益）合计		
资产总计			负债和所有者权益（或股东权益）总计		

二、资产和负债按流动性列报

根据财务报表列报准则的规定，资产负债表上资产和负债应当按照流动性分别分为流动资产和非流动资产、流动负债和非流动负债列示。流动性，通常按资产的变现或耗用时间长短或者负债的偿还时间长短来确定。

对于一般企业（如工商企业）而言，通常在明显可识别的营业周期内销售产品或提供服务，应当将资产和负债分别分为流动资产和非流动资产、流动负债和非流动负债列示，有助于反映本营业周期内预期能实现的资产和应偿还的负债。但是，对于银行、证券、保险等金融企业而言，有些资产或负债无法严格区分为流动资产和非流动资产，大体按照流动性顺序列示往往能够提供更可靠且更相关的信息。

（一）资产的流动性划分

资产满足下列条件之一的，应当归类为流动资产：①预计在一个正常营业周期中变现、出售或耗用；②主要为交易目的而持有；③预计在资产负债表日起一年内变现；④自资产负债表日起一年内，交换其他资产或清偿负债的能力不受限制的现金或现金等价物。同时，流动资产以外的资产应当归类为非流动资产。所谓"正常营业周期"，是指企业从购买用于加工的资产起至实现现金或现金等价物的期间。正常营业周期通常短于一年，在一年内有几个营业周期。但是，因生产周期较长等导致正常营业周期长于一年的，尽管相关资产往往超过一年才变现、出售或耗用，仍应当划分为流动资产。当正常营业周期不能确定时，企业应当以一年（12个月）作为正常营业周期。

（二）负债的流动性划分

流动负债的判断标准与流动资产的判断标准相类似。负债满足下列条件之一的，应当归类为流动负债：①预计在一个营业周期中清偿；②主要为交易目的而持有；③自资产负债表日起一年内到期应予以清偿；④企业无权自主地将清偿推迟至资产负债表日后一年以上。

三、资产负债表的填列方法

（一）资产负债表"期初余额"栏的填列方法

资产负债表"期初余额"栏内各项数字，应根据上年年末资产负债表"期末余额"栏内所列数字填列。如果本年度资产负债表规定的各个项目的名称和内容同上年度不一致，应对上年年末资产负债表各项目的名称和数字按照本年度的规定进行调整，填入资产负债表"期初余额"栏内。

（二）资产负债表"期末余额"栏的填列方法

资产负债表"期末余额"栏一般应根据资产、负债和所有者权益类科目的期末余额填列。

1. 直接根据总账科目的余额填列

"其他权益工具投资""递延所得税资产""长期待摊费用""短期借款""应付票据""持有待售负债""交易性金融负债""租赁负债""递延收益""递延所得税负债""实收资本（或股本）""其他权益工具""库存股""资本公积""其他综合收益""专项储备""盈余公积"等项目，应根据有关总账科目的余额填列。其中，自资产负债表日起一年内到期应予以清偿的租赁负债的期末账面价值，在"一年内到期的非流动负债"项目反映；"长期待摊费用"项目中摊销年限（或期限）只剩一年或不足一年的，或者预计在一年内（含一年）进行摊销的部分，仍在"长期待摊费用"项目中列示，不转入"一年内到期的非流动资产"项目；"递延收益"项目中摊销年限（或期限）只剩一年或不足一年的，或者预计在一年内（含一年）进行摊销的部分，不得归类为流动负债，仍在该项目中填列，不转入"一年内到期的非流动负债"项目。有些项目则应根据几个总账科目的余额计算填列，如"货币资金"项目，需根据"库存现金""银行存款""其他货币资金"三个总账科目余额的合计数填列；"其他应付款"项目，需根据"其他应付款""应付利息""应付股利"三个总账科目余额的合计数填列。

2. 根据有关明细科目的余额分析计算填列

"开发支出"项目，应根据"研发支出"科目中所属的"资本化支出"明细科目期末余额填列；"应付账款"项目，应根据"应付账款"和"预付账款"科目所属的相关明细科目的期末贷方余额合计数填列；"预收款项"项目，应根据"预收账款"和"应收账款"科目所属各明细科目的期末贷方余额合计数填列；"交易性金融资产"项目，应根据"交易性金融资产"科目的明细科目期末余额分析填列，自资产负债表日起超过一年到期且预期持有超过一年的以公允价值计量且其变动计入当期损益的非流动金融资产，在"其他非流动金融资产"项目中填列；"其他债权投资"项目，应根据"其他债权投资"科目的明细科目余额分析填列，自资产负债表日起超过一年到期的长期债权投资，在"一年内到期的非流动资产"项目中填列，购入的以公允价值计量且其变动计入其他综合收益的一年内到期的债权投资，在"其他流动资产"项目中填列；"应收账款融资"项目，应根据"应收票据""应收账款"科目的明细科目期末余额分析填列；"应交税费"项目，应根据"应交税费"科目的明细科目期末余额分析填列，其中的借方余额，应当根据其流动性在"其他流动资产"或"其他非流动资产"项目中填列；"一年内到期的非流动资产""一年内到期的非流动负债"项目，应根据有关流动资产或负债科目的明细科目期末余额分析填列;"应付职工薪酬"项目,应根据"应付职工薪酬"科目的明细科目期末余额分析填列;"未分配利润"项目,应根据"利润分配"科目中所属的"未分配利润"明细科目期末余额填列。

3. 根据总账科目和明细科目的余额分析计算填列

"长期借款""应付债券"项目,应根据"长期借款""应付债券"总账科目余额扣除"长期借款""应付债券"总账科目所属相关明细科目中将于一年内到期,且企业不能自主地将清偿义务展期的部分后的金额计算填列;"其他流动资产""其他流动负债"项目,应当根据有关总账科目及有关科目的明细科目期末余额分析填列;"其他非流动负债"项目,应根据有关科目的期末余额减去将于一年内(含一年)到期偿还数后的金额填列。

4. 根据有关科目余额减去其备抵科目余额后的净额填列

"持有待售资产""长期股权投资""商誉"项目,应根据相关科目的期末余额填列,已计提减值准备的,还应扣减相应的减值准备;"在建工程"项目,应根据"在建工程"和"工程物资"科目的期末余额,扣减"在建工程减值准备"和"工程物资减值准备"科目的期末余额后的金额填列;"固定资产"项目,应根据"固定资产"和"固定资产清理"科目的期末余额,减去"累计折旧"和"固定资产减值准备"科目的期末余额后的金额填列;"无形资产""投资性房地产""生产性生物资产""油气资产"项目,应根据相关科目的期末余额扣减相关的累计折旧(或摊销、折耗)填列,已计提减值准备的,还应扣减相应的减值准备,折旧(或摊销、折耗)年限(或期限)只剩一年或不足一年的,或者预计在一年内(含一年)进行折旧(或摊销、折耗)的部分,仍在上述项目中列示,不转入"一年内到期的非流动资产"项目,采用公允价值计量的上述资产,应根据相关科目的期末余额填列;"长期应收款"项目,应根据"长期应收款"科目的期末余额,减去相应的"未实现融资收益"科目和"坏账准备"科目所属相关明细科目期末余额后的金额填列;"使用权资产"项目,应根据"使用权资产"科目的期末余额,减去"使用权资产累计折旧"和"使用权资产减值准备"科目的期末余额后的金额填列;"长期应付款"项目,应根据"长期应付款"和"专项应付款"科目的期末余额,减去相应的"未确认融资费用"科目期末余额后的金额填列。

5. 综合运用上述填列方法分析填列

主要包括:"应收票据"项目,应当根据"应收票据"科目的期末余额,减去"坏账准备"科目中相关坏账准备期末余额后的金额分析填列;"其他应收款"项目,应当根据"应收账款"科目的期末余额,减去"坏账准备"科目中相关坏账准备期末余额后的金额填列;"预付款项"项目,应当根据"预付款项"和"应付账款"科目所属各明细科目的期末借方余额合计数,减去"坏账准备"科目中相关坏账准备期末余额后的金额填列;"债权投资"项目,应根据"债权投资"科目的相关明细科目的期末余额,减去"债权投资减值准备"科目中相关减值准备的期末余额后的金额分析填列;自资产负债表日起一年内到期的长期债权投资,在"一年内到期的非流动资产"项目中填列,购入的以摊余成本计量的一年内到期的债权投资,在"其他流动资产"项目中填列;"合同资产"和"合同负债"项目,应根据"合同资产"科目和"合同负债"科目的明细科目期末余额分析填列,同一合同下的合同资产和合同负债应以净额列示,其中净额为借方余额的,应根据其流动性在"合同资产"或"其他非流动资产"项目中填列,已计提减值准备的,还应根据减去"合同资产减值准备"科目中相应的期末余额后的金额填列,其中净额为贷方余额的,应根据其流动性在"合同负债"或"其他非流动负债"项目中填列;"存货"应根据"材料采购""原材料""发出商品""库存商品""周转材料""委托加工物资""生产成本""受托代销商品"等科目的期末余额及"合同履约成本"科目的明细科目中初始确认时摊销期限不超过一年或一个正常营业周期的期末余额合计,减去"受托代销商品款""存货跌价准备"科目期末余额及"合同履约成本减值准备"科目中相应的期末余额后的金额填列,材料采用计划成本核算,以及库存商品采用计划成本核算或售价核算的企业,还应按加或减材料成本差异、商品进销差价后的金额填列。"其他非流动资产"项目,应根据有关科目的期末余额减去将于一年内(含一年)收回数后的金额,及"合同取得成本"科目和"合同履约成本"科目的明细科目中初始确认时摊销期限在一年或一个正常营业周期以上的期末余额,减去"合同取得成本减值准备"科目和"合同履约成本减值准备"科目中相应的期末余额填列。

第三节 利 润 表

一、利润表的内容和结构

(一)利润表的内容

利润表是反映企业在一定会计期间的经营成果的报表。它是一张动态报表。利润表的列报应当充分反映企业经营业绩的主要来源和构成,有助于报表使用者预测净利润的持续性,从而作出正确的决策。通过利润表,可以反映企业一定会计期间的收入实现情况,如实现的营业收入、实现的投资收益、实现的营业外收入各有多少;可以反映一定会计期间的费用耗费情况,如耗费的营业成本、税金及附加、销售费用、管理费用、研发费用、财务费用、营业外支出各有多少;可以反映企业生产经营活动的成果,即净利润的实现情况,据以判断资本保值、增值情况。将利润表中的信息与资产负债表中的信息相结合,可以提供进行财务分析的基本资料,如将净利润与资产总额进行比较,计算出资产收益率等;可以表现企业资金周转情况以及企业的盈利能力和水平，便于报表使用者判断企业未来的发展趋势，作出经济决策。

（二）利润表的结构

利润表的结构主要有单步式和多步式两种，在我国，企业利润表采用的基本上是多步式结构，即通过对当期的收入、费用、支出项目按性质加以归类，按利润形成的主要环节列示一些中间性利润指标，分步计算当期净损益，便于使用者理解企业经营成果的不同来源，企业利润表对于费用列报通常应当按照功能进行分类，即分为从事经营业务发生的成本、管理费用、销售费用、研发费用和财务费用等，有助于使用者了解费用发生的活动领域；与此同时，为了帮助报表使用者预测企业的未来现金流量，对于费用的列报还应当在附注中披露按照性质分类的补充资料，比如，分为耗用的原材料、职工薪酬费用、折旧费用、摊销费用等。

利润表主要反映以下几个方面的内容。

（1）营业收入，由主营业务收入和其他业务收入组成。

（2）营业利润，营业收入减去营业成本（主营业务成本、其他业务成本）、营业税金及附加、销售费用、管理费用、财务费用、信用减值损失、资产减值损失，加上其他收益、投资收益、净敞口套期收益、公允价值变动收益、资产处置收益，即为营业利润。

（3）利润总额，营业利润加上营业外收入减去营业外支出，即为利润总额。

（4）净利润，利润总额减去所得税费用，即为净利润。按照经营可持续性具体分为"持续经营净利润"和"终止经营净利润"两项。

（5）其他综合收益，具体分为"不能重分类进损益的其他综合收益"和"将重分类进损益的其他综合收益"两类，并以扣除相关所得税影响后的净额列报。

其他综合收益项目分为下列两类：①不能重分类进损益的其他综合收益，主要包括重新计量设定受益计划变动额、权益法下不能转损益的其他综合收益、其他权益工具投资公允价值变动、企业自身信用风险公允价值变动等。②将重分类进损益的其他综合收益，主要包括权益法下可转损益的其他综合收益、其他债权投资公允价值变动、金融资产重分类计入其他综合收益的金额、其他债权投资信用减值准备、现金流量套期储备、外币财务报表折算差额、自用房地产或作为存货的房地产转换为以公允价值模式计量的投资性房地产在转换日公允价值大于账面价值部分等。

（6）综合收益总额，净利润加上其他综合收益税后净额，即为综合收益总额。

（7）每股收益，每股收益包括"基本每股收益"和"稀释每股收益"两项指标。

其他综合收益是指企业根据其他会计准则规定未在当期损益中确认的各项利得和损失。

此外，为了使报表使用者通过比较不同期间利润的实现情况，判断企业经营成果的未来发展趋势，企业需要提供比较利润表，利润表还就各项目再分为"本期金额"和"上期金额"

两栏分别填列。利润表的基本格式见表12-2。

表12-2 利 润 表

会企02表

编制单位：　　　　　　　　　　年　月　　　　　　　　　单位：元

项目	本期金额	上期金额
一、营业收入		
减：营业成本		
税金及附加		
销售费用		
管理费用		
研发费用		
财务费用		
其中：利息费用		
利息收入		
加：其他收益		
投资收益（损失以"-"号填列）		
其中：对联营企业和合营企业的投资收益		
以摊余成本计量的金融资产终止确认收益		
净敞口套期收益（损失以"-"号填列）		
公允价值变动收益（损失以"-"号填列）		
信用减值损失		
资产减值损失		
资产处置收益（损失以"-"号填列）		
二、营业利润（亏损以"-"号填列）		
加：营业外收入		
减：营业外支出		

续表

项目	本期金额	上期金额
三、利润总额（亏损总额以"-"号填列）		
减：所得税费用		
四、净利润（净亏损以"-"号填列）		
（一）持续经营净利润（净亏损以"-"号填列）		
（二）终止经营净利润（净亏损以"-"号填列）		
五、其他综合收益的税后净额		
（一）不能重分类进损益的其他综合收益		
1. 重新计量设定受益计划变动额		
2. 权益法下不能转损益的其他综合收益		
3. 其他权益工具投资公允价值变动		
4. 企业自身信用风险公允价值变动		
5. 其他		
（二）将重分类进损益的其他综合收益		
1. 权益法下可转损益的其他综合收益		
2. 其他债权投资公允价值变动		
3. 金融资产重分类计入其他综合收益的金额		
4. 其他债权投资信用减值准备		
5. 现金流量套期储备		
6. 外币财务报表折算差额		
7. 其他		
六、综合收益总额		
七、每股收益		
（一）基本每股收益		
（二）稀释每股收益		

二、利润表的填列方法

1. 利润表"上期金额"栏的填列方法

利润表"上期金额"栏应根据上年同期利润表"本期金额"栏内所列数字填列。如果上年同期利润表规定的项目名称和内容与本期不一致,应对上年同期利润表各项目的名称和金额按照本期的规定进行调整,填入"上期金额"栏。

2. 利润表"本期金额"栏的填列方法

利润表"本期金额"栏反映各项目的本期实际发生数,如果上年度利润表与本年度利润表的项目名称和内容不相一致,应对上年度利润表项目的名称和数字按本年度的规定进行调整,填入本表"上期金额"栏。报表中各项目主要根据各损益类科目的发生额分析填列。

"营业收入""营业成本""税金及附加""销售费用""管理费用""财务费用""其他收益""投资收益""净敞口套期收益""公允价值变动收益""信用减值损失""资产减值损失""资产处置收益""营业外收入""营业外支出""所得税费用"等项目,应根据有关损益类科目的发生额分析填列。

"研发费用"项目,应根据"管理费用"科目下的"研发费用"明细科目的发生额,以及"管理费用"科目下的"无形资产摊销"明细科目的发生额分析填列。

"其中:利息费用"和"利息收入"项目,应根据"财务费用"科目所属的相关明细科目的发生额分析填列,且这两个项目作为"财务费用"项目的其中项以正数填列。

"其中:对联营企业和合营企业的投资收益"和"以摊余成本计量的金融资产终止确认收益"项目,应根据"投资收益"科目所属的相关明细科目的发生额分析填列。

"其他综合收益的税后净额"项目及其各组成部分,应根据"其他综合收益"科目及其所属明细科目的本期发生额分析填列。

"营业利润""利润总额""净利润""综合收益总额"项目,应根据利润表中相关项目计算填列。

"(一)持续经营净利润"和"终止经营净利润"项目,应根据《企业会计准则第 42 号——持有待售的非流动资产、处置组和终止经营》的相关规定分别填列。

第四节 现金流量表

一、现金流量表的内容和结构

（一）现金流量表的内容

现金流量表是反映企业在一定会计期间的现金和现金等价物流入和流出的会计报表。其中，现金，是指企业库存现金以及可以随时用于支付的存款。不能随时用于支付的存款不属于现金。现金等价物，是指企业持有的期限短、流动性强、易于转换为已知金额现金、价值变动风险很小的投资。期限短，一般是指从购买日起三个月内到期。现金等价物通常包括三个月内到期的债券投资等。权益性投资变现的金额通常不确定，因而不属于现金等价物。企业应当根据具体情况，确定现金等价物的范围，一经确定不得随意变更。从编制原则上看，现金流量表按照收付实现制原则编制，将权责发生制下的盈利信息调整为收付实现制下的现金流量信息，便于信息使用者了解企业净利润的质量。从内容上看，现金流量表被划分为经营活动、投资活动和筹资活动三个部分，每类活动又分为各具体项目，这些项目从不同角度反映企业业务活动的现金流入与流出，弥补了资产负债表和利润表提供信息的不足。通过现金流量表，报表使用者能够了解现金流量的影响因素，评价企业的支付能力、偿债能力和周转能力，预测企业未来现金流量，为其决策提供有力依据。

（二）现金流量表的结构

在现金流量表中，现金及现金等价物被视为一个整体，企业现金形式的转换不会产生现金的流入与流出。例如，企业从银行提取现金，是企业现金存放形式的转换，并未流出企业，不构成现金流量。同样，现金与现金等价物之间的转换也不属于现金流量，例如，企业用现金购买三个月到期的国库券。根据企业业务活动的性质和现金流量的来源，现金流量表在结构上将企业一定期间产生的现金流量分为三类：经营活动产生的现金流量、投资活动产生的现金流量和筹资活动产生的现金流量。现金流量表的基本格式见表12-3。

表 12-3 现金流量表

会企 03 表

编制单位：　　　　　　　　　　　年　月　　　　　　　　　　　单位：元

项目	本期金额	上期金额
一、经营活动产生的现金流量		
销售商品、提供劳务收到的现金		
收到的税费返还		
收到的其他与经营活动有关的现金		
经营活动现金流入小计		
购买商品、接受劳务支付的现金		
支付给职工以及为职工支付的现金		
支付的各项税费		
支付的其他与经营活动有关的现金		
经营活动现金流出小计		
经营活动产生的现金流量净额		
二、投资活动产生的现金流量		
收回投资收到的现金		
取得投资收益收到的现金		
处置固定资产、无形资产和其他长期资产收回的现金净额		
处置子公司及其他营业单位收到的现金净额		
收到的其他与投资活动有关的现金		
投资活动现金流入小计		
购建固定资产、无形资产和其他长期资产支付的现金		
投资支付的现金		
取得子公司及其他营业单位支付的现金净额		
支付的其他与投资活动有关的现金		
投资活动现金流出小计		
投资活动产生的现金流量净额		
三、筹资活动产生的现金流量		
吸收投资收到的现金		
取得借款收到的现金		
收到的其他与筹资活动有关的现金		

续表

项目	本期金额	上期金额
筹资活动现金流入小计		
偿还债务支付的现金		
分配股利、利润或偿付利息支付的现金		
支付的其他与筹资活动有关的现金		
筹资活动现金流出小计		
筹资活动产生的现金流量净额		
四、汇率变动对现金及现金等价物的影响		
五、现金及现金等价物净增加额		
加：期初现金及现金等价物余额		
六、期末现金及现金等价物余额		

二、现金流量表的填列方法

（一）经营活动产生的现金流量

经营活动，是指企业投资活动和筹资活动以外的所有交易和事项。各类企业由于行业特点不同，对经营活动的认定存在一定差异，就工商企业来说，经营活动主要包括销售商品、提供劳务、经营租赁、购买商品、接受劳务、广告宣传、推销产品、交纳税款等。通过经营活动产生的现金流量，可以说明企业的经营活动对现金的流入和流出的影响程度，判断企业在不动用对外筹得资金的情况下，是否足以维持生产经营、偿还债务、支付股利、对外投资等。

在我国，企业经营活动产生的现金流量应当采用直接法填列。直接法，是指通过现金收入和支出的主要类别列示经营活动的现金流量。按照新的会计准则规定，直接法下经营活动现金流入类别主要包括：①销售商品、提供劳务收到的现金（不包括收到的增值税销项税额），扣除因销货退回支付的现金；②收到的租金；③收到的增值税销项税额和退回的增值税款；④收到的除增值税外的其他税费返还。经营活动现金流出类别主要包括：①购买商品、接受劳务支付的现金（不包括能够抵扣增值税销项税额的进项税额），扣除因购货退回收到的现金；②经营租赁所支付的现金；③支付给职工以及为职工支付的现金；④支付的增值税款（不包括不能抵扣增值税销项税额的进项税额）；⑤支付的所得税款；⑥支付的除增值税、所得税以外的其他税费。在实务中，一般是以利润表中的营业收入为起算点，调整与经营活动各项目有关的增减变动，然后分别计算出经营活动各现金流量。直接法的主要优点是显示了经营活动现金流量的各项流入与流出内容。相对于间接法而言，它更能体现编制现金流量表的目的，在现金流量表中列示各项现金流入的来源和现金流出的用途，有助于预测未来的经营活动现金流量，更能揭示企业从经营活动中产生足够的现金来偿付其债务的能力、进行再投资的能力和支付股利的能力。间接法是在净利润的基础上，调整不涉及现金收支的收入、费用、营业外收支和应收应付等项目，据以确定并列示经营活动现金流量，从而有助于分析影响现金流量的原因以及从现金流量角度分析企业净利润的质量。为此，企业会计准则要求企业按直接法编制现金流量表。

1. "销售商品、提供劳务收到的现金"项目

该项目反映企业销售商品、提供劳务实际收到的现金（含销售收入和应向购买者收取的增值税额），包括本期销售商品、提供劳务收到的现金，以及前期销售和前期提供劳务本期收到的现金和本期预收的账款，减去本期退回本期销售的商品和前期销售本期退回的商品支付的现金。企业销售材料和代购代销业务收到的现金，也在该项目反映。

该项目可以根据"库存现金""银行存款""应收账款""应收票据""预收账款""主营业务收入""其他业务收入"等账户的记录分析填列。

2. "收到的税费返还"项目

该项目反映企业收到返还的各种税费，如收到的增值税、消费税、营业税、所得税、教育费附加返还等。该项目可以根据"库存现金""银行存款""营业外收入""其他应收款"等账户的记录分析填列。

3. "收到的其他与经营活动有关的现金"项目

该项目反映企业除上述各项目外，收到的其他与经营活动有关的现金流入，如罚款收入、流动资产损失中由个人赔偿的现金收入等。其他现金流入价值较大的，应单列项目反映。

该项目可以根据"现金""银行存款""营业外收入"等账户的记录分析填列。

4. "购买商品、接受劳务支付的现金"项目

该项目反映企业购买材料、商品、接受劳务实际支付的现金，包括本期购入材料、商品、接受劳务支付的现金（包括增值税进项税额），以及本期支付前期购入商品、接受劳务的未付款项和本期预付款项。本期发生的购货退回收到的现金应从该项目内减去。

该项目可以根据库存"库存现金""银行存款""应付账款""应付票据""主营业务成本"等账户的记录分析填列。

5. "支付给职工以及为职工支付的现金"项目

该项目反映企业实际支付给职工以及为职工支付的现金，包括本期实际支付给职工的工资、奖金、各种津贴和补贴等，以及为职工支付的其他费用。不包括支付的离退休人员的各项费用和支付给在建工程人员的工资等。企业支付给离退休人员的各项费用，包括支付的统

筹退休金以及未参加统筹的退休人员的费用，在"支付的其他与经营活动有关的现金"项目反映；支付的在建工程人员的工资，在"购建固定资产、无形资产和其他长期资产支付的现金"项目反映。

该项目可以根据"应付职工薪酬""库存现金""银行存款"等账户的记录分析填列。

企业为职工支付的养老、失业等社会保险基金、补充养老保险、住房公积金、支付给职工的住房困难补助，以及企业支付给职工或为职工支付的其他福利费用等，应按职工的工作性质和服务对象，分别在该项目和"购建固定资产、无形资产和其他长期资产支付的现金"项目反映。

6．"支付的各项税费"项目

该项目反映企业按规定支付的各项税费，包括本期发生并支付的税费，以及本期支付以前各期发生的税费和预交的税金，如支付的教育费附加、矿产资源补偿费、印花税、房产税、土地增值税、车船使用税、预交的营业税等。不包括计入固定资产价值、实际支付的耕地占用税等，也不包括本期退回的增值税、所得税，本期退回的增值税、所得税在"收到的税费返还"项目反映。

该项目可以根据"应交税费""库存现金""银行存款"等账户的记录分析填列。

7．"支付的其他与经营活动有关的现金"项目

该项目反映企业除上述各项目外，支付的其他与经营活动有关的现金流出，如罚款支出、支付的差旅费、业务招待费现金支出、支付的保险费等，其他现金流出价值较大的，应单列项目反映。

该项目可以根据"管理费用""库存现金""银行存款""营业外支出"等有关账户的记录分析填列。

（二）投资活动产生的现金流量

投资活动，是指企业长期资产的购建和不包括在现金等价物范围内的投资及其处置活动。编制现金流量表所指的"投资"既包括对外投资，又包括长期资产的购建与处置。投资活动包括取得和收回投资、购建和处置固定资产、购买和处置无形资产等。通过投资活动产生的现金流量，可以判断投资活动对企业现金流量净额的影响程度。

1．"收回投资收到的现金"项目

该项目反映企业出售、转让或到期收回除现金等价物外的短期投资、长期股权投资而收到的现金，以及收回长期债权投资本金而收到的现金。不包括长期债权投资收回的利息，以及收到的非现金资产。

该项目可以根据"可供出售金融资产""持有至到期投资""长期股权投资""库存现金""银行存款"等账户的记录分析填列。

2. "取得投资收益收到的现金"项目

该项目反映企业因股权性投资和债权性投资而取得的现金股利、利息,以及从子公司、联营企业和合营企业分回利润收到的现金,不包括股票股利。

该项目可以根据"库存现金""银行存款""投资收益"等账户的记录分析填列。

3. "处置固定资产、无形资产和其他长期资产收回的现金净额"项目

该项目反映企业处置固定资产、无形资产和其他长期资产所取得的现金,减去为处置这些资产而支付的有关费用后的净额。由于自然灾害所造成的固定资产等长期资产损失而收到的保险赔偿收入,也在该项目反映。

该项目可以根据"固定资产清理""库存现金""银行存款"等账户的记录分析填列。

4. "处置子公司及其他营业单位收到的现金净额"项目

该项目反映企业处置子公司及其他营业单位收到的现金,减去相关处置费用以及子公司及其他营业单位持有的现金和现金等价物后的净额。

该项目可以根据"长期股权投资""库存现金""银行存款"等账户的记录分析填列。

5. "收到的其他与投资活动有关的现金"项目

该项目反映企业除上述各项外,收到的其他与投资活动有关的现金流入。其他现金流入价值较大的,应单列项目反映。

该项目可以根据"应收股利""应收利息""库存现金""银行存款"等有关账户的记录分析填列。

6. "购建固定资产、无形资产和其他长期资产支付的现金"项目

该项目反映企业购买、建造固定资产,取得无形资产和其他长期资产所支付的现金,不包括为购建固定资产而发生的借款利息资本化的部分,以及融资租入固定资产支付的租赁费,借款利息和融资租入固定资产支付的租赁费,在筹资活动产生的现金流量中反映。

该项目可以根据"固定资产""在建工程""无形资产""库存现金""银行存款"等账户的记录分析填列。

7. "投资支付的现金"项目

该项目反映企业取得除现金等价物外的对其他企业的权益工具、债务工具和合营中的权益投资所支付的现金,以及支付的佣金、手续费等交易费用。

该项目可以根据"可供出售金融资产""持有至到期投资""长期股权投资""长期债权投资""库存现金""银行存款"等账户的记录分析填列。

8. "取得子公司及其他营业单位支付的现金净额"项目

该项目反映企业购买子公司及其他营业单位购买出价中以现金支付的部分,减去子公司及其他营业单位持有的现金和现金等价物后的净额。

该项目可以根据"长期股权投资""库存现金""银行存款"等账户的记录分析填列。

9."支付的其他与投资活动有关的现金"项目

该项目反映企业除上述各项目外,支付的其他与投资活动有关的现金流出。其他现金流出价值较大的,应单列项目反映。

该项目可以根据"应收股利""应收利息""库存现金""银行存款"等有关账户的记录分析填列。

(三)筹资活动产生的现金流量

筹资活动,是指导致企业资本及债务规模和构成发生变化的活动。筹资活动包括发行股票或接受投入资本、分配现金股利、取得和偿还银行借款、发行和偿还公司债券等。通过筹资活动产生的现金流量,可以分析企业通过筹资活动获得现金的能力,判断筹资活动对企业现金流量净额的影响程度。

1."吸收投资收到的现金"项目

该项目反映企业收到的投资者投入的现金,包括以发行股票、债券等方式筹集的资金实际收到款项净额(发行收入减去支付的佣金等发行费用后的净额)。以发行股票、债券等方式筹集资金而由企业直接支付的审计、咨询等费用,在"支付的其他与筹资活动有关的现金"项目反映,不从本项目内减去。

该项目可以根据"实收资本(或股本)""库存现金""银行存款"等账户的记录分析填列。

2."取得借款收到的现金"项目

该项目反映企业举借各种短期、长期借款所收到的现金。

该项目可以根据"长期借款""库存现金""银行存款"等账户的记录分析填列。

3."收到的其他与筹资活动有关的现金"项目

该项目反映企业除上述各项目外,收到的其他与筹资活动有关的现金流入,如接受现金捐赠等。其他现金流入价值较大的,应单列项目反映。

该项目可以根据"库存现金""银行存款""营业外收入"等有关账户的记录分析填列。

4."偿还债务支付的现金"项目

该项目反映企业以现金偿还债务的本金,包括偿还金融企业的借款本金、偿还债券本金等。企业偿还的借款利息、债券利息,在"分配股利、利润或偿付利息支付的现金"项目反映,不包括在该项目内。

该项目可以根据"长期借款""库存现金""银行存款"等账户的记录分析填列。

5."分配股利、利润或偿付利息支付的现金"项目

该项目反映企业实际支付的现金股利,支付给其他投资单位的利润以及支付的借款利息、债券利息等。

该项目可以根据"应付股利""财务费用""长期借款""库存现金""银行存款"等账户

的记录分析填列。

6. "支付的其他与筹资活动有关的现金"项目

该项目反映企业除上述各项目外，支付的其他与筹资活动有关的现金流出，如捐赠现金支出、融资租入固定资产支付的租赁费等。其他现金流出价值较大的，应单列项目反映。

（四）汇率变动对现金及现金等价物的影响

该项目反映企业外币现金流量及境外子公司的现金流量折算为人民币时，所采用的现金流量发生日的汇率或平均汇率折算的人民币金额与"现金及现金等价物净增加额"中外币现金净增加额按期末汇率折算的人民币金额之间的差额。

（五）现金流量表补充资料

除现金流量表反映的信息外，企业还应在附注中披露将净利润调节为经营活动现金流量、不涉及现金收支的重大投资和筹资活动、现金及现金等价物净变动情况等信息。具体格式见表12-4。

表12-4　现金流量表补充资料

补充资料	本期金额	上期金额
1. 将净利润调节为经营活动现金流量		
净利润		
加：资产减值准备		
固定资产折旧、油气资产折耗、生产性生物资产折旧		
无形资产摊销		
长期待摊费用摊销		
处置固定资产、无形资产和其他长期资产的损失（收益以"-"号填列）		
固定资产报废损失（收益以"-"号填列）		
公允价值变动损失（收益以"-"号填列）		
财务费用（收益以"-"号填列）		
投资损失（收益以"-"号填列）		

续表

补充资料	本期金额	上期金额
递延所得税资产减少（增加以"–"号填列）		
递延所得税负债增加（减少以"–"号填列）		
存货的减少（增加以"–"号填列）		
经营性应收项目的减少（增加以"–"号填列）		
经营性应付项目的增加（减少以"–"号填列）		
其他		
经营活动产生的现金流量净额		
2. 不涉及现金收支的重大投资和筹资活动		
债务转为资本		
一年内到期的可转换公司债券		
融资租入固定资产		
3. 现金及现金等价物净变动情况		
现金的期末余额		
减：现金的期初余额		
加：现金等价物的期末余额		
减：现金等价物的期初余额		
现金及现金等价物净增加额		

1. 将净利润调节为经营活动现金流量

现金流量表采用直接法反映经营活动产生的现金流量，同时，企业还应采用间接法反映经营活动产生的现金流量。所谓间接法，是指以本期净利润为起算点，调整不涉及现金的收入、费用、营业外收支以及应收应付等项目的增减变动，据此计算并列示经营活动的现金流量。

利润表中反映的净利润是按权责发生制确定的，其中有些收入、费用项目并没有实际发生现金流入和流出，通过对这些项目的调整即可将净利润调节为经营活动现金流量。间接法的原理就在于此。采用间接法将净利润调节为经营活动的现金流量时，需要调整的项目可分为四大类：①实际没有支付现金的费用；②实际没有收到现金的收益；③不属于经营活动的损益；④经营性应收应付项目的增减变动。此外，与增值税有关的现金流量没有包括在净利润中，但全属于经营活动的现金流量，所以也应进行调整。上述调整项目具体包括计提的坏账准备或转销的坏账、固定资产折旧、无形资产和长期待摊费用摊销、待摊费用摊销、处置固定资产、无形资产和其他资产损益、固定资产报废损失、固定资产盘亏、财务费用、投资损益、递延税款、存货、经营性应收应付项目、增值税增减净额等。

（1）资产减值准备。

该项目反映企业本期计提的各项资产减值准备。

该项目可以根据"资产减值损失"等账户的记录分析填列。

（2）固定资产折旧、油气资产折耗、生产性生物资产折旧。

该项目反映企业本期累计提取的折旧。

该项目可以根据"累计折旧""累计折耗"账户的贷方发生额分析填列。

（3）无形资产摊销。

该项目反映企业本期累计摊入成本费用的无形资产价值。

该项目可以根据"累计摊销"账户的贷方发生额分析填列。

（4）长期待摊费用摊销。

该项目反映企业本期累计摊入成本费用的长期待摊费用。

该项目可以根据"长期待摊费用"账户的贷方发生额分析填列。

（5）处置固定资产、无形资产和其他长期资产的损失。

该项目反映企业本期由于处置固定资产、无形资产和其他长期资产而发生的净损失。

该项目可以根据"营业外收入""营业外支出""其他业务收入""其他业务支出"账户所属有关明细账户的记录分析填列。如为净收益，以"-"号填列。

（6）固定资产报废损失。

该项目反映企业本期固定资产盘亏（减盘盈）后的净损失。

该项目可以根据"营业外支出""营业外收入"账户所属有关明细科目中固定资产盘亏损失减去固定资产盘盈收益后的差额填列。

（7）公允价值变动损失。

该项目反映企业持有的交易性金融资产、交易性金融负债、采用公允价值模式计量的投资性房地产等公允价值变动形成的净损失。如为净收益，以"-"号填列。

该项目可以根据"公允价值变动损益"科目所属有关明细科目的记录分析填列。

（8）财务费用。

该项目反映企业本期发生的应属于投资活动或筹资活动的财务费用。

该项目可以根据"财务费用"账户的本期借方发生额分析填列。如为收益,以"-"号填列。

(9)投资损失。

该项目反映企业本期投资所发生的损失减去收益后的净损失。

该项目可以根据利润表"投资收益"项目的数字填列。如为投资收益,以"-"号填列。

(10)递延所得税资产减少。

该项目反映企业资产负债表"递延所得税资产"项目的期初余额与期末余额的差额。

该项目应根据"递延所得税资产"科目发生额分析填列。

(11)递延所得税负债增加。

该项目反映企业资产负债表"递延所得税负债"项目的期初余额与期末余额的差额。

该项目应根据"递延所得税负债"科目发生额分析填列。

(12)存货的减少。

该项目反映企业资产负债表"存货"项目的期初余额与期末余额的差额。期末数大于期初数的差额,以"-"号填列。

(13)营性应收项目的减少。

该项目反映企业本期经营性应收项目(包括应收账款、应收票据和其他应收款中与经营活动有关的部分及应收的增值税销项税额等)的减少(减:增加)。

(14)经营性应付项目的增加。

该项目反映企业本期经营性应付项目(包括应付账款、应付票据、应付福利费、应交税费、其他应付款中与经营活动有关的部分以及应付的增值税进项税额等)的增加(减:减少)。期末数大于期初数的差额,以"-"号填列。

2. 不涉及现金收支的重大投资和筹资活动

该项目反映企业一定期间内影响资产或负债但不形成该期现金收支的所有投资和筹资活动的信息。这些投资和筹资活动是企业的重大理财活动,对以后各期的现金流量会产生重大影响,因此,应单列项目在补充资料中反映。目前我国现金流量表补充资料中列示的不涉及现金收支的投资和筹资活动项目主要有以下几项。

(1)"债务转为资本"项目,反映企业本期转为资本的债务金额。

(2)"一年内到期的可转换公司债券"项目,反映企业一年内到期的可转换公司债券的本息。

(3)"融资租入固定资产"项目,反映企业本期融资租入固定资产计入长期应付款账户的金额。

3. 现金及现金等价物的构成

企业应当在附注中披露与现金及现金等价物有关的下列信息。

（1）现金及现金等价物的构成及其在资产负债表中的相应金额。

（2）企业持有但不能由母公司或集团内其他子公司使用的大额现金及现金等价物金额。企业持有现金及现金等价物余额但不能被集团使用的情形多种多样，例如，国外经营的子公司，由于受当地外汇管制或其他立法的限制，其持有的现金及现金等价物，不能由母公司或其他子公司正常使用。

三、现金流量表的编制方法及程序

（一）现金流量表的编制方法

编制现金流量表时，列报经营活动现金流量的方法有两种：一是直接法；二是间接法。

（二）现金流量表的编制程序

编制现金流量表的程序可以分为三大类：一是工作底稿法；二是 T 形账户法；三是分析填列法。

1. 工作底稿法

采用工作底稿法编制现金流量表，就是以工作底稿为手段，以利润表和资产负债表数据为基础，对每一项目进行分析并编制调整分录，从而编制出现金流量表。

在直接法下，整个工作底稿纵向分成三段：第一段是资产负债表项目，其中又分为借方项目和贷方项目两部分；第二段是利润表项目；第三段是现金流量表项目。工作底稿横向分为五栏，在资产负债表部分，第一栏是项目栏，填列资产负债表各项目名称；第二栏是期初数，用来填列资产负债表项目的期初数；第三栏是调整分录的借方；第四栏是调整分录的贷方；第五栏是期末数，用来填列资产负债表项目的期末数。在利润表和现金流量表部分，第一栏也是项目栏，用来填列利润表和现金流量表项目名称；第二栏空置不填；第三栏、第四栏分别是调整分录的借方和贷方；第五栏是本期数，利润表部分这一栏的数字应和本期利润表数字核对相符，现金流量表部分这一栏的数字可直接用来编制正式的现金流量表。

采用工作底稿法编制现金流量表的程序如下。

第一步，将资产负债表的期初数和期末数过入工作底稿的期初数栏和期末数栏。

第二步，对当期业务进行分析并编制调整分录。调整分录大体有这样几类：第一类涉及利润表中的收入、成本和费用项目以及资产负债表中的资产、负债及所有者权益项目。通过调整，将权责发生制下的收入与费用转换为现金基础。第二类是涉及资产负债表和现金流量表中的投资和筹资项目，反映投资和筹资活动的现金流量。第三类是涉及利润表和现金流量表中的投资和筹资项目，目的是将利润表中有关投资和筹资方面的收入和费用列入现金流量表投资和筹资现金流量中去。此外，还有一些调整分录并不涉及现金收支，只是为了核对资产负债表项目的期末期初变动。

在调整分录中，有关现金和现金等价物的事项，并不直接借记或贷记"现金"，而是分别记入"经营活动产生的现金流量""投资活动产生的现金流量""筹资活动产生的现金流量"有关项目。借记表明现金流入，贷记表明现金流出。

第三步，将调整分录过入工作底稿中的相应部分。

第四步，核对调整分录，借贷合计应当相等，资产负债表项目期初数加减调整分录中的借贷金额以后，应当等于期末数。

第五步，根据工作底稿中的现金流量表项目部分编制正式的现金流量表。

2. T形账户法

采用T形账户法，就是以T形账户为手段，以利润表和资产负债表数据为基础，对每一项目进行分析并编制调整分录，从而编制现金流量表。采用T形账户法编制现金流量表的程序如下。

第一步，为所有的非现金项目（包括资产负债表项目和利润表项目）分别开设T形账户，并将各自的期末期初变动数过入各对应账户。

第二步，开设一个大的"现金及现金等价物"T形账户，每边分为经营活动、投资活动和筹资活动三个部分，左边记现金流入，右边记现金流出。与其他账户一样，过入期末期初变动数。

第三步，以利润表项目为基础，结合资产负债表分析每一个非现金项目的增减变动，并据此编制调整分录。

第四步，将调整分录过入各T形账户，并进行核对，该账户借贷相抵后的余额与原先过入的期末期初变动数应当一致。

第五步，根据大的"现金及现金等价物"T形账户编制正式的现金流量表。

3. 分析填列法

分析填列法是直接根据资产负债表、利润表和有关会计科目明细账的记录，分析计算出现金流量表各项目的金额，并据以编制现金流量表的一种方法。

第五节　所有者权益变动表

一、所有者权益变动表的内容和结构

（一）所有者权益变动表的内容

所有者权益变动表是反映构成所有者权益各组成部分当期增减变动情况的报表。所有者权益变动表应当反映一定时期所有者权益变动的情况，不仅包括所有者权益总量的增减变动，还包括所有者权益增减变动的重要结构性信息，让报表使用者准确理解所有者权益增减变动的根源。

在所有者权益变动表中，综合收益和与所有者（或股东）的资本交易导致的所有者权益的变动，应当分别列示。企业至少应当单独列示反映下列信息的项目：①综合收益总额；②会计政策变更和差错更正的累积影响金额；③所有者投入资本和向所有者分配利润等；④提取的盈余公积；⑤所有者权益各组成部分的期初和期末余额及其调节情况。

（二）所有者权益变动表的结构

为了清楚地表明构成所有者权益的各组成部分当期的增减变动情况，所有者权益变动表应当以矩阵的形式列示：一方面，列示导致所有者权益变动的交易或事项，不同于以往仅仅按照所有者权益的各组成部分反映所有者权益变动情况，而是从所有者权益变动的来源对一定时期的所有者权益变动情况进行全面反映；另一方面，按照所有者权益各组成部分（包括实收资本、资本公积、其他综合收益、盈余公积、未分配利润和库存股等）及其总额列示交易或事项对所有者权益的影响。此外，企业还需要提供比较所有者权益变动表。

所有者权益变动表就各项目再分为"本年金额"和"上年金额"两栏分别填列。所有者权益变动表的基本格式见表 12-5。

表 12-5 所有者权益变动表

编制单位：　　　　　　　　　　　　　　　　　　　　　年度　　　　　　　　　　　　　　　　　　　　　会企 04 表
单位：元

项目	本年金额						上年金额					
	实收资本（或股本）	资本公积	减：库存股	盈余公积	未分配利润	所有者权益合计	实收资本（或股本）	资本公积	减：库存股	盈余公积	未分配利润	所有者权益合计
一、上年年末余额												
加：会计政策变更												
前期差错更正												
二、本年年初余额												
三、本年增减变动金额（减少以"−"号填列）												
（一）净利润												
（二）直接计入所有者权益的利得和损失												
1. 可供出售金融资产公允价值变动净额												
2. 权益法下被投资单位其他所有者权益变动的影响												
3. 与计入所有者权益项目相关的所得税影响												
4. 其他												
上述（一）和（二）小计												
（三）所有者投入和减少资本												
1. 所有者投入资本												
2. 股份支付计入所有者权益的金额												
3. 其他												
（四）利润分配												
1. 提取盈余公积												
2. 对所有者（或股东）的分配												
3. 其他												
（五）所有者权益内部结转												
1. 资本公积转增资本（或股本）												
2. 盈余公积转增资本（或股本）												
3. 盈余公积弥补亏损												
4. 其他												
四、本年年末余额												

二、所有者权益变动表的填列方法

1. "上年年末余额"项目

反映企业上年资产负债表中实收资本或股本、资本公积、盈余公积、未分配利润的年末余额。

2. "会计政策变更""前期差错更正"项目

分别反映企业采用追溯调整法处理的会计政策变更的累积影响金额和采用追溯重述法处理的会计差错更正的累积影响金额。

3. "本年增减变动金额"项目

(1) "净利润"项目，反映企业当年实现的净利润（或净亏损）金额。

(2) "直接计入所有者权益的利得和损失"项目，反映企业当年直接计入所有者权益的利得和损失金额。

① "可供出售金融资产公允价值变动净额"项目，反映企业持有的可供出售金融资产公允价值变动的金额。

② "权益法下被投资单位其他所有者权益变动的影响"项目，反映企业对按照权益法核算的长期股权投资，在被投资单位除当年实现的净损益外其他所有者权益当年变动中应享有的份额。

③ "与计入所有者权益项目相关的所得税影响"项目，反映企业根据《企业会计准则第18号——所得税》规定应计入所有者权益项目的当年所得税影响金额。

(3) "所有者投入和减少资本"项目，反映企业当年所有者投入的资本和减少的资本。

① "所有者投入资本"项目，反映企业接受投资者投入形成的实收资本和资本溢价。

② "股份支付计入所有者权益的金额"项目，反映企业处于等待期中的权益结算的股份支付当年计入所有者权益的金额。

(4) "利润分配"项目，反映企业当年的利润分配金额。

① "提取盈余公积"项目，反映企业按照规定提取的盈余公积。

② "对所有者（或股东）的分配"项目，反映对所有者（或股东）分配的利润金额。

(5) "所有者权益内部结转"项目，反映企业构成所有者权益的组成部分之间的增减变动情况。

① "资本公积转增资本（或股本）"项目，反映企业以资本公积转增资本（或股本）的金额。

② "盈余公积转增资本（或股本）"项目，反映企业以盈余公积转增资本（或股本）的

金额。

③"盈余公积弥补亏损"项目，反映企业以盈余公积弥补亏损的金额。

第六节　财务报表附注披露

一、附注披露的总体要求

报表附注是对资产负债表、利润表、现金流量表和所有者权益变动表等报表中列示项目的文字描述或明细资料，以及对未能在这些报表中列示项目的说明等。附注是财务报表的重要组成部分。

附注披露的信息应是定量、定性信息的结合，从而能从量和质两个角度对企业经济事项完整地进行反映，满足信息使用者的决策需求。

附注应当按照一定的结构进行系统合理的排列和分类，从而有顺序地披露信息。附注相关信息应当与资产负债表、利润表、现金流量表和所有者权益变动表等报表中列示的项目相互参照，以有助于信息使用者联系关联的信息，并由此从整体上更好地理解财务报表。

二、报表附注的内容

企业应当按照规定披露附注信息，主要包括以下内容。

（一）企业的基本情况

（1）企业注册地、组织形式和总部地址。
（2）企业的业务性质和主要经营活动。
（3）母公司以及集团最终母公司的名称。
（4）财务报告的批准报出者和财务报告批准报出日。

（二）财务报表的编制基础

包括会计年度、计量属性、记账本位币及列报货币等。

（三）遵循企业会计准则的声明

企业应当声明编制的财务报表符合企业会计准则的要求，真实、完整地反映了企业的财务状况、经营成果和现金流量等有关信息。

(四) 重要会计政策和会计估计

企业应当披露采用的重要会计政策和会计估计，不重要的会计政策和会计估计可以不披露。在披露重要会计政策和会计估计时，应当披露重要会计政策的确定依据和财务报表项目的计量基础，以及会计估计中所采用的关键假设和不确定因素。

(五) 会计政策和会计估计变更及差错更正的说明

企业应当按照《企业会计准则第28号——会计政策、会计估计变更和差错更正》及其应用指南的规定，披露会计政策、会计估计变更和差错更正的有关情况。

(六) 报表重要项目的说明

企业应当按照资产负债表、利润表、现金流量表、所有者权益变动表及其项目列示的顺序，采用文字和数字描述相结合的方式进行披露。报表重要项目的明细金额合计，应当与报表项目金额相衔接。

(七) 或有事项

按照《企业会计准则第13号——或有事项》第十四条和第十五条的相关规定进行披露。

(八) 资产负债表日后事项

（1）企业应当披露每项重要的资产负债表日后非调整事项的性质、内容及其对企业财务状况和经营成果的影响。无法作出估计的，应当说明原因。

（2）企业应当披露资产负债表日后，企业利润分配方案中拟分配的以及经审议批准宣告发放的股利或利润。

(九) 关联方关系及其交易

在企业与关联方发生交易的情况下，企业应在报表附注中披露关联方关系的性质、交易类型及其交易要素。

扫描二维码,查看
第十二章同步测试题

附录 A 模拟试卷

模拟试卷（一）

一、名词解释（共 5 小题，每小题 2 分，共 10 分）

1. 会计
2. 货币资金
3. 存货的确认条件
4. 累计折旧
5. 投资性房地产转换形式

二、单项选择题（共 10 小题，每小题 1 分，共 10 分）

1. 为了进行资产减值测试，企业需要对资产未来现金流量进行预计，并选择恰当的折现率对其进行折现，以确定资产预计未来现金流量的现值。根据企业会计准则的规定，预计资产未来现金流量的期限应当是（　　）。

　　A. 5 年　　　　　　B. 永久　　　　　C. 资产剩余使用寿命　　D. 企业经营期限

2. 2021 年 3 月 8 日，甲公司董事会通过将其自用的一栋办公楼用于出租的议案，并形成书面决议。2021 年 4 月 30 日，甲公司已将该栋办公楼全部腾空，达到可以出租的状态。2021 年 5 月 25 日，甲公司与乙公司签订租赁合同，将该栋办公楼出租给乙公司。根据租赁合同的约定，该栋办公楼的租赁期为 10 年，租赁期开始日为 2021 年 6 月 1 日，首两个月为免租期，乙公司不需要支付租金。不考虑其他因素，甲公司上述自用办公楼转换为投资性房地产的转换日是（　　）。

　　A. 2021 年 3 月 8 日　　　　　　　　　B. 2021 年 4 月 30 日

C. 2021年6月1日　　　　　　　D. 2021年5月25日

3. 甲公司是乙公司和丙公司的母公司，丁公司和戊公司分别是乙公司的合营企业和联营企业，己公司和庚公司分别是丙公司的合营企业和联营企业。下列各种关系中，不构成关联方关系的是（　　）。

　　A. 甲公司和丁公司　　　　　　B. 乙公司和己公司
　　C. 戊公司和庚公司　　　　　　D. 丙公司和戊公司

4. 2021年12月17日，甲公司因合同违约被乙公司起诉。2021年12月31日，甲公司尚未收到法院的判决。在咨询了法律顾问后，甲公司认为其很可能败诉，预计将要支付的赔偿金额在400万元至800万元之间，而且该区间内每个金额的可能性相同。如果甲公司败诉并向乙公司支付赔偿，甲公司将要求丙公司补偿其因上述诉讼而导致的损失，预计可能获得的补偿金额为其支付乙公司赔偿金额的50%。不考虑其他因素，甲公司2021年度因上述事项应当确认的损失金额是（　　）。

　　A. 300万元　　B. 400万元　　C. 500万元　　D. 600万元

5. 2021年9月16日，甲公司发布短期利润分享计划。根据该计划，甲公司将按照2021年度利润总额的5%作为奖金，发放给2021年7月1日至2022年6月30日在甲公司工作的员工，如果有员工在2022年6月30日前离职，离职的员工将不能获得奖金，利润分享计划支付总额也将按照离职员工的人数相应降低，该奖金将于2022年8月30日支付。2021年度，在未考虑利润分享计划的情况下，甲公司实现利润总额20 000万元。2021年年末，甲公司预计职工离职将使利润分享计划支付总额降低至利润总额的4.5%。不考虑其他因素，甲公司2021年12月31日因上述短期利润分享计划应当确认的应付职工薪酬金额是（　　）。

　　A. 450万元　　B. 500万元　　C. 1 000万元　　D. 900万元

6. 甲公司为房地产开发企业，2021年1月通过出让方式取得一块土地，支付土地出让金210 000万元。根据土地出让合同的约定，该块土地拟用于建造住宅，使用期限为70年，自2021年1月1日起算。2021年年末，上述土地尚未开始开发，按照周边土地最新出让价格估计，其市场价格为195 000万元，如将其开发成住宅并出售，预计售价总额为650 000万元，预计开发成本为330 000万元，预计销售费用及相关税费为98 000万元。不考虑增值税及其他因素，上述土地在甲公司2021年12月31日资产负债表中列示的金额是（　　）。

　　A. 195 000万元　　B. 207 000万元　　C. 222 000万元　　D. 210 000万元

7. 2021年10月12日，甲公司与乙公司、丙公司共同出资设立丁公司。根据合资合同和丁公司章程的约定，甲公司、乙公司、丙公司分别持有丁公司55%、25%、20%的表决权资本；丁公司设股东会，相关活动的决策需要60%以上表决权通过才可作出，丁公司不设董事会，仅设一名执行董事，同时兼任总经理，由职业经理人担任，其职责是执行股东会决议，主持经营管理工作。不考虑其他因素，对甲公司而言，丁公司是（　　）。

A. 子公司　　　　　B. 联营企业　　　　　C. 合营企业　　　　　D. 共同经营

8. 甲公司是乙公司的股东。2021年7月31日，甲公司应收乙公司账款4 000万元，采用摊余成本进行后续计量。为解决乙公司的资金周转困难，甲公司、乙公司的其他债权人共同决定对乙公司的债务进行重组，并于2021年8月1日与乙公司签订了债务重组合同。根据债务重组合同的约定，甲公司免除80%应收乙公司账款的还款义务，乙公司其他债权人免除40%应收乙公司账款的还款义务，豁免的债务在合同签订当日解除，对于其余未豁免的债务，乙公司应于2021年8月底前偿还。2021年8月23日，甲公司收到乙公司支付的账款800万元。不考虑其他因素，甲公司2021年度因上述交易或事项应当确认的损失金额是（　　）。

A. 零　　　　　B. 800万元　　　　　C. 3 200万元　　　　　D. 1 600万元

9. 公允价值计量所使用的输入值划分为三个层次，下列各项输入值中，不属于第二层输入值的是（　　）。

A. 活跃市场中相同资产或负债的报价

B. 活跃市场中类似资产或负债的报价

C. 非活跃市场中类似资产或负债的报价

D. 非活跃市场中相同资产或负债的报价

10. 2021年2月16日，甲公司以500万元的价格向乙公司销售一台设备。双方约定，1年以后甲公司有义务以600万元的价格从乙公司处回购该设备。对于上述交易，不考虑增值税及其他因素，甲公司正确的会计处理方法是（　　）。

A. 作为融资交易进行会计处理

B. 作为租赁交易进行会计处理

C. 作为附有销售退回条款的销售交易进行会计处理

D. 分别作为销售和购买进行会计处理

三、多项选择题（共10小题，每小题1分，共10分）

1. 下列各项中，影响企业对股份支付预计可行权情况作出估计的有（　　）。

A. 市场条件　　　　　　　　　　B. 非市场条件

C. 非可行权条件　　　　　　　　D. 服务期限条件

2. 民间非营利组织按照是否存在限定将收入区分为限定性收入和非限定性收入，在判断收入是否存在限定时，应当考虑的因素有（　　）。

A. 时间　　　　　B. 金额　　　　　C. 来源　　　　　D. 用途

3. 下列各项关于企业取得的政府补助会计处理的表述中，错误的有（　　）。

A. 财政直接拨付受益企业的贴息资金采用总额法进行会计处理

B. 同时使用总额法和净额法对不同类别的政府补助进行会计处理

C. 同时包含与资产相关部分和与收益相关部分的政府补助难于区分时，全部作为与资产相关的政府补助进行会计处理

D. 总额法下在相关资产处置时尚未摊销完的与资产相关的政府补助继续按期摊销计入各期损益

4. 甲公司持有乙公司80%的股权，能够对乙公司实施控制。2021年12月20日，甲公司与无关联关系的丙公司签订股权转让协议，拟将所持乙公司60%的股权转让给丙公司，转让后甲公司将丧失对乙公司的控制，但能够对乙公司施加重大影响。截至2021年12月31日，上述股权转让尚未成功，甲公司预计将在3个月内完成转让。假定甲公司所持乙公司股权投资在2021年12月31日满足划分为持有待售类别的条件，不考虑其他因素，下列各项关于甲公司会计处理的表述中，错误的有（   ）。

A. 自满足划分为持有待售类别的条件起不再将乙公司纳入2021年度合并财务报表的合并范围

B. 在2021年12月31日个别财务报表中将所持乙公司80%的股权投资在"一年内到期的非流动资产"项目列示

C. 在2021年12月31日个别财务报表中将所持乙公司60%的股权投资在"持有待售资产"项目列示，将所持有乙公司20%的股权投资在"长期股权投资"项目列示

D. 在2021年12月31日合并财务报表中将所持乙公司60%的股权投资在"持有待售资产"项目列示，将所持有乙公司20%的股权投资在"长期股权投资"项目列示

5. 下列各项情形中，根据企业会计准则的规定应当重述比较期间每股收益的有（   ）。

A. 报告年度发放股票股利

B. 报告年度因发生同一控制下企业合并发行普通股

C. 报告年度资产负债表日后事项期间以盈余公积转增股本

D. 报告年度因前期差错对比较期间损益进行追溯重述

6. 下列各项资产中，后续计量时不应当进行摊销的有（   ）。

A. 持有待售的无形资产

B. 使用寿命不确定的无形资产

C. 非同一控制下企业合并中取得、法律保护期还剩10年的专利权

D. 尚未达到预定用途的开发阶段支出

7. 下列各项关于增值税会计处理的表述中，正确的有（   ）。

A. 小规模纳税人将自产的产品分配给股东，视同销售货物计算交纳的增值税计入销售成本

B. 一般纳税人购进货物用于免征增值税项目，其进项税额计入相关成本费用

C. 一般纳税人月终计算出当月应交或未交的增值税,在"应交税费——未交增值税"科目核算

D. 一般纳税人核算使用简易计税方法计算交纳的增值税在"应交税费——简易计税"明细科目核算

8. 下列各项资产负债表日至财务报表批准报出日之间发生的事项中,不应作为调整事项调整资产负债表日所属年度财务报表相关项目的有(   )。

A. 发生销售退回

B. 发生同一控制下企业合并

C. 拟出售固定资产在资产负债表日后事项期间满足划分为持有待售类别的条件

D. 发现报告年度财务报表存在重要差错

9. 下列各项金融资产或金融负债中,因汇率变动导致的汇兑差额应当计入当期财务费用的有(   )。

A. 外币应收账款

B. 外币债权投资产生的应收利息

C. 外币衍生金融负债

D. 外币非交易性权益工具投资

10. 下列各项中,在合并资产负债表中应当计入资本公积的有(   )。

A. 同一控制下企业合并中支付的合并对价账面价值小于取得的净资产账面价值的差额

B. 存货转换为采用公允价值模式进行计量的投资性房地产时转换日公允价值大于账面价值的差额

C. 母公司在不丧失控制权的情况下部分处置对子公司的长期股权投资,处置价款大于处置长期股权投资相对应享有子公司自购买日开始持续计算的净资产份额的差额

D. 因联营企业接受新股东的资本投入,投资方仍采用权益法核算时相应享有联营企业净资产份额发生变动的部分

四、是非判断题(共10小题,每小题1分,共10分)

1. 采用公允价值模式计量的,不对投资性房地产计提折旧或摊销,应当以资产负债表日投资性房地产的公允价值为基础调整其账面价值,公允价值与原账面价值之间的差额计入当期损益。(   )

2. 企业对固定资产盘点,发现账小于实,在批复处理意见下来之前,借:固定资产;贷:以前年度损益调整。(   )

3. 月末一次加权平均法是指以当月全部进货成本加上月初存货成本,除以全部进货数量

加上月初存货数量，从而计算出存货加权平均单位成本，以此为基础计算当月发出存货和期末存货成本的一种方法。（　　）

4. 企业在一定期间内发生亏损，企业在该会计期间内的所有者权益不一定减少。（　　）

5. 企业对投资性房地产无论采用何种计量模式，均应计提折旧或进行摊销。（　　）

6. 销售净利率能够排除管理费用、财务费用、营业费用对主营业务利润的影响。（　　）

7. 企业以资本公积转增资本会导致企业所有者权益增加。（　　）

8. 设备账面原价 230 000 元，已计提折旧 150 000 元，计提减值准备 20 000 元，现准备将其出售。该设备公允价值 50 000 元，预计处置费用 5 000 元，该设备不需要计提减值准备。（　　）

9. 企业发行的一般公司债券，应区别是面值发行，还是溢价或折价发行，分别记入"应付债券——一般公司债券（面值）、（溢价）或（折价）"科目。（　　）

10. 企业借入长期借款，应按实际收到的金额，借记"银行存款"科目，贷记"长期借款——本金"科目。如存在差额，还应将差额借记"长期借款——利息调整"科目。（　　）

五、简答题（共 2 小题，每小题 5 分，共 10 分）

1. 简述投资性房地产与自用房地产的区别。
2. 简述获利能力分析的意义。

六、业务处理题（50 分）

甲公司 2021 年财务报表经董事会批准于 2022 年 3 月 15 日向外报出。甲公司与 20×5 年度财务报表相关的交易或事项如下。

（1）2021 年 1 月 1 日，甲公司从无关联关系的第三方处受让了其所持乙公司 30% 的股权，转让价格为 2 000 万元，款项已用银行存款支付，乙公司的股东变更登记手续已经办理完成。取得投资当日，乙公司净资产账面价值为 5 000 万元，可辨认净资产公允价值为 7 000 万元，除账面价值为 1 000 万元、公允价值为 3 000 万元的专利权外，其他资产、负债的公允价值与账面价值相同。该专利权预计使用 20 年，已使用 10 年，自甲公司取得乙公司股权起尚可使用 10 年，预计净残值为零，采用直线法摊销。受让乙公司股权后，甲公司能够对乙公司施加重大影响。甲公司拟长期持有乙公司的股权。

20×5年度，乙公司账面实现净利润1 000万元，因金融资产公允价值变动确认其他综合收益50万元。

（2）2021年12月31日，甲公司与所在地政府签订协议。根据协议的约定，甲公司将按照所在地政府的要求开发新型节能环保建筑材料，政府将在协议签订之日起一个月向甲公司拨付款项2 000万元，新型建筑材料的研究成果将归政府所有。当日，甲公司收到当地政府拨付的款项2 000万元。

（3）2022年1月26日，甲公司的办公楼完成竣工决算手续，实际成本为68 000万元。上述办公楼已于2020年12月28日完工并达到预定可使用状态，甲公司按预算金额62 000万元暂估入账。该办公楼预计使用50年，预计净残值为零，采用年限平均法计提折旧。

其他有关资料：第一，乙公司的会计政策和会计期间与甲公司相同。第二，甲公司和乙公司均为国内居民企业，其适用的企业所得税税率均为25%。第三，取得乙公司股权日，乙公司可辨认净资产公允价值与账面价值的差额不考虑企业所得税的影响。第四，除题目要求外，本题不考虑税费及其他因素。

要求：

1. 根据资料（1），计算甲公司对乙公司股权投资的初始入账价值，并编制相关的会计分录。

2. 根据资料（1），计算甲公司对乙公司股权投资20×5年度应确认的投资收益和其他综合收益，并编制相关的会计分录。

3. 根据资料（1），判断甲公司对乙公司长期股权投资形成的暂时性差异是否应确认递延所得税，并说明理由；如应确认递延所得税，计算递延所得税金额并编制相关的会计分录。

4. 根据资料（2），判断甲公司从政府取得的款项是否为政府补助，说明理由，并编制相关会计分录。

5. 根据资料（3），判断甲公司完成办公楼竣工决算手续的事项是否为资产负债表日后调整事项，并说明理由；如为调整事项，计算该固定资产在2021年12月31日资产负债表中列示的金额，编制调整2021年度财务报表的会计分录。

模拟试卷（二）

一、名词解释（共5小题，每小题2分，共10分）

1. 固定资产清理
2. 现金流量表
3. 杜邦财务分析法
4. 未分配利润
5. 交易性金融负债

二、单项选择题（共10小题，每小题1分，共10分）

1. 2021年3月20日，甲公司将所持账面价值为7 800万元的5年期国债以8 000万元的价格出售给乙公司。按照出售协议的约定，甲公司出售该国债后，与该国债相关的损失或收益均归乙公司承担或享有。该国债出售前，甲公司将其分类为以公允价值计量且其变动计入其他综合收益的金融资产。不考虑其他因素，下列各项关于甲公司出售国债会计处理的表述中，正确的是（　　）。

   A. 将出售国债取得的价款确认为负债
   B. 出售国债取得的价款与其账面价值的差额计入所有者权益
   C. 国债持有期间因公允价值变动计入其他综合收益的金额转为留存收益
   D. 终止确认所持国债的账面价值

2. 按照企业会计准则的规定，确定企业金融资产预期信用损失的方法是（　　）。

   A. 金融资产的预计未来现金流量与其账面价值之间的差额
   B. 应收取金融资产的合同现金流量与预期收取的现金流量之间差额的现值
   C. 金融资产的公允价值减去处置费用后的净额与其账面价值之间的差额的现值
   D. 金融资产的公允价值与其账面价值之间的差额

3. 2020年12月30日，甲公司以发行新股作为对价，购买乙公司所持丙公司60%股份。乙公司在股权转让协议中承诺，在本次交易完成后的3年内（2021年至2023年）丙公司每年净利润不低于5 000万元，若丙公司实际利润低于承诺利润，乙公司将按照两者之间的差额及甲公司作为对价发行时的股票价格计算应返还给甲公司的股份数量，并在承诺期满后一次性予以返还。2021年，丙公司实际利润低于承诺利润，经双方确认，乙公司应返还甲公司相应的股份数量。不考虑其他因素,下列各项关于甲公司应收取乙公司返还的股份在 2021 年 12 月 31 日合并资产负债表中列示的项目名称是（　　）。

A. 其他债权投资

B. 交易性金融资产

C. 其他权益工具投资

D. 债权投资

4. 2022 年 1 月 20 日,甲公司与丙公司签订租赁协议,将原出租给乙公司并即将在 2022 年 3 月 1 日到期的厂房租赁给丙公司。该协议约定,甲公司 2022 年 7 月 1 日起将厂房出租给丙公司,租赁期为 5 年,每月租金为 60 万元,租赁期首 3 个月免租金。为满足丙公司租赁厂房的需要,甲公司 2022 年 3 月 2 日起对厂房进行改扩建,改扩建工程 2022 年 6 月 29 日完工并达到预定可使用状态。甲公司对出租厂房采用成本模式进行后续计量。不考虑其他因素,下列各项关于甲公司上述交易或事项会计处理的表述中,正确的是（　　）。

A. 2022 年确认租金收入 180 万元

B. 改扩建过程中的厂房确认为投资性房地产

C. 厂房改扩建过程中发生的支出直接计入当期损益

D. 厂房在改扩建期间计提折旧

5. 2022 年 12 月 31 日,甲公司持有的投资包括：(1) 持有联营企业（乙公司）30% 的股份；(2) 持有子公司（丙公司）60% 的股份；(3) 持有的 5 年期国债；(4) 持有丁公司发行的期限为 2 个月的短期债券。不考虑其他因素,甲公司在编制 2022 年度个别现金流量表时,应当作为现金等价物列示的是（　　）。

A. 对丙公司的投资

B. 所持的 5 年期国债

C. 所持丁公司发行的期限为 2 个月的短期债券

D. 对乙公司的投资

6. 2022 年 6 月 30 日,甲公司与乙公司签订租赁合同,从乙公司租入一栋办公楼。根据租赁合同的约定,该办公楼不可撤销的租赁期为 5 年,租赁期开始日为 2022 年 7 月 1 日,月租金为 25 万元,于每月末支付,首 3 个月免租金,在不可撤销的租赁期到期后,甲公司拥有 3 年按市场租金行使的续租选择权。从 2022 年 7 月 1 日起算,该办公楼剩余使用寿命为 30 年。假定在不可撤销的租赁期结束对甲公司将行使续租选择权,不考虑其他因素,甲公司对该办公楼使用权资产计提折旧的年限是（　　）。

A. 5 年　　　　B. 8 年　　　　C. 30 年　　　　D. 4.75 年

7. 甲公司 2021 年度归属于普通股股东的净利润为 5 625 万元。2021 年 1 月 1 日,甲公司发行在外普通股股数为 3 000 万股。2021 年 4 月 1 日,甲公司按照每股 10 元的市场价格发行普通股 1 000 万股。2022 年 4 月 1 日，甲公司以 2021 年 12 月 31 日股份总额 4 000 万股为基数，每 10 股以资本公积转增股本 2 股。不考虑其他因素，甲公司在 2022 年度利润表中列示的 2021 年度基本每股收益是（　　）。

  A. 1.25 元   B. 1.41 元   C. 1.50 元   D. 1.17 元

  8. 下列各项关于企业应遵循的会计信息质量要求的表述中，正确的是（　　）。

  A. 企业应当以实际发生的交易或事项为依据进行确认、计量和报告

  B. 企业对不同会计期间发生的相同交易或事项可以采用不同的会计政策

  C. 企业在资产负债表日对尚未获得全部信息的交易或事项不应进行会计处理

  D. 企业对不重要的会计差错无须进行差错更正

  9. 下列各项关于或有事项会计处理的表述中，正确的是（　　）。

  A. 基于谨慎性原则将具有不确定性的潜在义务确认为负债

  B. 或有资产在预期可能给企业带来经济利益时确认为资产

  C. 在确定最佳估计数计量预计负债时考虑与或有事项有关的风险、不确定性、货币时间价值和未来事项

  D. 因或有事项预期可获得补偿在很可能收到时确认为资产

  10. 下列各项交易或事项产生的差额中，应当计入所有者权益的是（　　）。

  A. 企业发行可转换公司债券的发行价格与负债公允价值之间的差额

  B. 企业将债务转为权益工具时债务账面价值与权益工具公允价值之间的差额

  C. 企业购入可转换公司债券实际支付的价款与可转换公司债券面值之间的差额

  D. 企业发行公司债券实际收到的价款与债券面值之间的差额

三、多项选择题（共 10 小题，每小题 1 分，共 10 分）

  1. 甲公司相关固定资产和无形资产减值的会计处理如下：(1) 对于尚未达到预定可使用状态的无形资产，在每年年末进行减值测试；(2) 如果连续 3 年减值测试的结果表明，固定资产的可收回金额超过其账面价值的 20%，且报告期间未发生不利情况，资产负债表日不需重新估计该资产的可收回金额；(3) 如果固定资产的公允价值减去处置费用后的净额与该资产预计未来现金流量的现值中，有一项超过了该资产的账面价值，不需再估计另一项金额；(4) 如果固定资产的公允价值减去处置费用后的净额无法可靠估计，以该资产预计未来现金流量的现值作为其可收回金额。不考虑其他因素，下列各项关于甲公司固定资产和无形资产减值的会计处理中，正确的有（　　）。

  A. 连续 3 年固定资产可收回金额超过其账面价值 20%时的处理

  B. 固定资产的公允价值减去处置费用后的净额无法可靠估计时的处理

C. 固定资产的公允价值减去处置费用后的净额与该资产预计未来现金流量的现值中有一项超过该资产账面价值时的处理

D. 未达到预定可使用状态的无形资产减值测试的处理

2. 2022 年，甲公司及其子公司发生的相关交易或事项如下：（1）因乙公司的信用等级下降，甲公司将持有并分类为以摊余成本计量的乙公司债券全部出售，同时将该类别的债权投资全部重分类为以公允价值计量且其变动计入其他综合收益的金融资产；（2）因考虑公允价值变动对净利润的影响，甲公司将持有丙公司 8% 的股权投资从以公允价值计量且其变动计入当期收益的金融资产，重分类为以公允价值计量且其变动计入其他综合收益的金融资产；（3）甲公司的子公司（风险投资机构）新取得丁公司 36% 的股权并对其具有重大影响，对其投资采用公允价值模式计量；（4）甲公司对戊公司增资，所持戊公司股权由 30% 增加至 60%，并能够对戊公司实施控制，甲公司将对戊公司的股权投资核算方法由权益法改为成本法。下列各项关于甲公司及其子公司上述交易或事项会计处理的表述中，正确的有（　　）。

A. 风险投资机构对所持丁公司股权投资以公允价值模式计量

B. 甲公司对戊公司股权投资核算方法由权益法改为成本法

C. 甲公司出售所持乙公司债券后对该类别的债权投资予以重分类

D. 甲公司对所持丙公司股权投资予以重分类

3. 甲公司发生的相关交易或事项如下：（1）经拍卖取得一块土地，甲公司拟在该土地上建造一栋办公楼；（2）经与乙公司交换资产取得土地使用权，甲公司拟在该土地上建造商品房；（3）购入一厂房，厂房和土地的公允价值均能可靠计量；（4）将原自用的土地改为出租。不考虑其他因素，下列各项关于甲公司持有土地会计处理的表述中，正确的有（　　）。

A. 购入厂房取得的土地确认为固定资产

B. 交换取得用于建造商品房的土地确认为存货

C. 将自用改为出租的土地从租赁期开始日起确认为投资性房地产

D. 拍卖取得用于建造办公楼的土地确认为无形资产

4. 2022 年，甲公司发生的相关交易或事项如下：（1）为给境外派到境内的 10 名高管人员提供临时住所，租入 10 套住房，每年租金共 120 万元；（2）因业务调整，拟解除 150 名员工的劳动关系，经与被辞退员工协商一致，向每位被辞退员工支付 20 万元补偿；（3）实施员工带薪休假制度，发生员工休假期间的工资 80 万元；（4）为 40 名中层干部团购商品房，2 500 万元购房款由甲公司垫付。下列各项中，甲公司应当作为职工薪酬进行会计处理的有（　　）。

A. 为高管人员租房并支付租金

B. 支付员工带薪休假期间的工资

C. 为中层干部团购商品房垫付款项

D. 向被辞退员工支付补偿

5. 甲公司持有乙公司3%的股权，对乙公司不具有重大影响。甲公司在初始确认时将对乙公司股权投资指定为以公允价值计量且其变动计入其他综合收益的金融资产。2022年5月，甲公司对乙公司进行增资，增资后甲公司持有乙公司20%的股权，能够对乙公司施加重大影响。不考虑其他因素，下列各项关于甲公司对乙公司股权投资会计处理的表述中，正确的有（　　）。

　　A. 增资后原持有3%股权期间公允价值变动金额从其他综合收益转入增资当期损益

　　B. 原持有3%股权的公允价值与新增投资而支付对价的公允价值之和作为20%股权投资的初始投资成本

　　C. 增资后20%股权投资的初始投资成本小于应享有乙公司可辨认净资产公允价值份额的差额计入增资当期损益

　　D. 对乙公司增资后改按权益法核算

6. 2022年，甲公司发生的相关交易或事项如下：(1) 购入乙公司2%的股份，对乙公司不具有重大影响；(2) 根据与丙公司签订的战略合作协议，开始就某项高新技术项目进行十年期的合作研究；(3) 与母公司（M公司）的子公司（丁公司）共同投资戊公司，甲公司持有戊公司10%的股权，对戊公司不具有控制、共同控制或重大影响，丁公司持有戊公司30%的股权并对戊公司具有重大影响；(4) 投资己公司，持有己公司25%的股份并对其具有重大影响。除上述情形外，各公司间不存在其他任何关系。下列各项中，构成甲公司关联方的有（　　）。

　　A. 丙公司　　B. 戊公司　　C. 己公司　　D. 乙公司

7. 2022年1月1日，甲公司初次购买增值税税控系统专用设备，取得的增值税专用发票注明的价款为300万元，增值税额为39万元。甲公司将购买的增值税税控系统专用设备作为固定资产核算和管理。当年，甲公司计提增值税税控系统专用设备折旧80万元，发生技术维护费50万元。不考虑其他因素，下列各项关于甲公司上述交易或事项会计处理的表述中，正确的有（　　）。

　　A. 发生的50万元技术维护费计入当期管理费用

　　B. 购买增值税税控系统专用设备支付的增值税额39万元计入当期管理费用

　　C. 购买增值税税控系统专用设备支付的价款及增值税额339万元计入固定资产的成本

　　D. 计提的8万元折旧计入当期管理费用

8. 甲公司以人民币为记账本位币，下列各项关于甲公司外币折算会计处理的表述中，错误的有（　　）。

　　A. 对境外经营财务报表进行折算产生的外币财务报表折算差额在合并资产负债表所有者权益中单设项目列示

B. 资产负债表日外币预付账款按即期汇率折算的人民币金额与其账面人民币金额之间的差额计入当期损益

C. 为购建符合资本化条件的资产而借入的外币专门借款本金及利息发生的汇兑损益在资本化期间内计入所购建资产的成本

D. 收到投资者投入的外币资本按合同约定汇率折算

9. 下列各项关于甲公司发生的交易或事项中，不适用非货币性资产交换准则进行会计处理的有（   ）。

A. 甲公司以专利权作价对其合营企业进行增资

B. 甲公司以出租的厂房换取乙公司所持联营企业的投资

C. 甲公司以持有的 5 年期债券投资换取丙公司的专有技术

D. 甲公司以生产用设备向股东分配利润

10. 2022 年 1 月 1 日，甲公司出售所持联营企业（乙公司）的全部 30%的股权，出售所得价款 1 800 万元。出售当日，甲公司对乙公司股权投资的账面价值为 1 200 万元，其中投资成本为 850 万元，损益调整为 120 万元，因乙公司持有的非交易性权益工具投资公允价值变动应享有其他综合收益的份额为 50 万元，因乙公司所持丙公司股权被稀释应享有的资本公积份额为 180 万元。另外，甲公司应收乙公司已宣告但尚未发放的现金股利 10 万元。不考虑税费及其他因素，下列各项关于甲公司出售乙公司股权会计处理的表述中，正确的有（   ）。

A. 应收股利 10 万元在出售当期确认为信用减值损失

B. 因乙公司所持丙公司股权被稀释应享有资本公积份额 180 万元从资本公积转入出售当期的投资收益

C. 因乙公司非交易性权益工具投资公允价值变动应享有其他综合收益份额 50 万元从其他综合收益转入出售当期的留存收益

D. 确认出售乙公司股权投资的转让收益 600 万元

四、是非判断题（共 10 小题，每小题 1 分，共 10 分）

1. 自行研发并按法律程序申请取得的无形资产，应按在研发过程中发生的材料费用、直接参与开发人员的工资及福利费、开发过程中发生的租金、借款费用，以及注册费、聘请律师费等费用作为无形资产的实际成本。（   ）

2. 企业取得的投资性房地产的租金收入，应借记"银行存款"等科目，贷记"投资收益"科目。（   ）

3. 无形资产应自无形资产可供使用时起开始摊销，摊销方法的选择应当反映与该项无形资产有关的经济利益的预期实现方式,无法可靠确定预期实现方式的,应采用直线法摊销。
(   )

4. 盘盈的存货,应按其重置成本作为入账价值,并通过"待处理财产损溢"科目进行会计处理,按管理权限报经批准后,冲减当期管理费用。(   )

5. 设备账面原价 230 000 元,已计提折旧 150 000 元,计提减值准备 20 000 元,现准备将其出售。该设备公允价值 50 000 元,预计处置费用 5 000 元,该设备不需要计提减值准备。
(   )

6. 一般来说,固定资产周转率高,固定资产周转天数长,说明固定资产周转快,利用充分。(   )

7. 股份有限公司回购股票时,直接减少股本金额。(   )

8. 用盈余公积转增资本,所有者权益总额不变。(   )

9. 企业取得的正在研发过程中应予资本化的项目,在取得后发生的支出,如果符合资本化条件,可以资本化,否则应当费用化。(   )

10. 职工薪酬是企业为获得职工服务而给予的各种形式的报酬以及其他相关支出。
(   )

五、简答题(共 2 小题,每小题 5 分,共 10 分)

1. 加强货币资金管理与控制有何意义?
2. 有哪些情形可表明存货的可变现净值低于成本?

六、业务处理题(50 分)

2022 年,甲公司发生的相关交易或事项如下。

(1) 1 月 1 日,甲公司以 2 500 万元从乙公司购入其发行的 3 年期资产管理计划的优先级 A 类资产支持证券,该证券的年收益率为 5.5%。

该资产管理计划系乙公司将其所有的股权投资和应收账款作为基础资产履行的资产支持证券,该证券分为优先级 A 类、优先级 B 类和次级类三种。按照发行协议的约定,优先级 A 类和优先级 B 类按固定收益率每年初支付上一年的收益,到期偿还本金和最后一年的收益,基础资产中每年产生的现金流量,按优先级和次级顺序依次支付优先级 A 类、优先级 B 类和次级类持有者的收益。该资产管理计划到期时,基础资产所产生的现金流量按上述顺序依次偿付持有者的本金及最后一年的收益;如果基础资产产生的现金流量不足以支付所有持有者的本金及收益的,按上述顺序依次偿付。

（2）8月7日，甲公司以2 000万元购入由某银行发行的两年期理财产品，预计年收益率为6%。根据该银行理财产品合同的约定，将客户投资理财产品募集的资金投资于3A级公司债券、申购新股和购买国债。

（3）9月30日，甲公司与其开户银行签订保理协议，将一年后到期的5 000万元不带息应收账款，按照4 800万元的价格出售给其开户银行。按照保理协议的约定，如果应收账款到期后债务人不能按期支付款项，甲公司有义务向其开户银行偿付。当日，甲公司收到其开户银行支付的4 800万元款项。

甲公司对应收账款进行管理的目标是，将应收账款持有到期后收取款项，同时兼顾流动性要求转让应收账款。

（4）10月1日，甲公司向特定的合格机构投资者按面值发行永续债3 000万元。根据募集说明书的约定，本次发行的永续债无期限，票面年利率为4.8%，按年支付利息；5年后甲公司可以赎回，如果不赎回，票面年利率将根据当时的基准利率上浮1%，除非利息支付日前12个月发生甲公司向普通股股东支付股利等强制付息事件，甲公司有权取消支付永续债当期的利息，且不构成违约，在支付约定的永续债当期利息前，甲公司不得向普通股股东分配股利；甲公司有权按照永续债票面金额加上当期已决议支付但尚未支付的永续债利息之和赎回本次发行的永续债，本次发行的永续债不设置投资者回售条款，也不设置强制转换为普通股的条款；甲公司清算时，永续债持有者的清偿顺序劣后于普通债务的债权人，但在普通股股东之前。

甲公司根据相应的议事机制，能够自主决定普通股股利的支付。

（5）12月31日，经董事会批准，甲公司与丙公司签订出售其所持丁公司20%股权的协议。协议约定，出售价格为3 500万元，甲公司应于2023年4月末前办理完成丁公司股权的产权转移手续。甲公司预计能够按照协议约定完成丁公司股权的出售，预计出售该股权发生的税费为400万元。

甲公司持有丁公司30%股权并对其具有重大影响。截至2022年12月31日，甲公司对丁公司股权投资的账面价值为3 600万元，其中投资成本为2 400万元，损益调整为900万元，其他综合收益为300万元。本题不考虑税费及其他因素。

要求：

1. 根据资料（1），判断甲公司购入的优先级A类资产支持证券在初始确认时应当如何分类，并说明理由。

2. 根据资料（2），判断甲公司购入的银行理财产品在初始确认时应当如何分类，并说明理由。

3. 根据资料（3），判断甲公司保理的应收账款在初始确认时应当如何分类，并说明理由；判断甲公司保理的应收账款能否终止确认，说明理由，并编制与应收账款保理相关的会计分录；说明该保理应收账款在甲公司 2022 年 12 月 31 日资产负债表中列示的项目名称。

4. 根据资料（4），判断甲公司发行的永续债在初始确认时应当如何分类，说明理由，并编制相关会计分录。

5. 根据资料（5），判断甲公司对拟出售的丁公司股权应当如何分类及计量，编制相关会计分录；说明甲公司保留所持丁公司 10%股权投资在完成出售 20%股权前的会计处理原则。

参 考 文 献

[1] 中华人民共和国财政部. 企业会计准则. 北京：经济科学出版社，2006.
[2] 中华人民共和国财政部. 企业会计准则：应用指南. 北京：中国财政经济出版社，2006.
[3] 财政部会计司. 企业会计准则讲解2010. 北京：人民出版社，2010.
[4] 注册会计师考试教研组. 会计. 上海：立信会计出版社，2022.
[5] 财政部会计资格评价中心. 中级会计实务. 北京：经济科学出版社，2020.
[6] 陈文军. 财务会计. 南京：南京师范大学出版社 2003.
[7] 刘永泽，陈立军. 中级财务会计. 5版. 大连：东北财经大学出版社，2016.
[8] 路国平，黄中生. 中级财务会计. 北京：高等教育出版社，2014.
[9] 石本仁，曾亚敏. 中级财务会计. 4版. 北京：人民邮电出版社，2019.
[10] 高绍福. 中级财务会计. 北京：经济科学出版社，2020.